作者简介

曾远，法学博士，西南政法大学博士后研究人员，西南政法大学经济法学院教师，中国财税法治研究院研究员，主要从事财税法方向的教学研究工作。主持司法部法治建设与法学理论研究部级科研项目、中国法学会部级课题、中国博士后面上资助项目、重庆市社科规划项目、重庆市教委人文社科项目、重庆市教委软科学项目等多项课题，发表CSSCI核心论文十余篇，部分为人大复印资料全文转载。

Southwest University
of Political Science
and Law

西南政法大学

经 济 法 学 系 列

李昌麒 主编

本书系司法部法治建设与法学理论研究部级科研项目
"中国纳税失信治理行为研究2003-2017"（17SFB3036）的研究成果

中国纳税失信治理研究

A study on the Management of
Tax Default in China

曾 远／著

厦门大学出版社
XIAMEN UNIVERSITY PRESS
国家一级出版社
全国百佳图书出版单位

图书在版编目（CIP）数据

中国纳税失信治理研究 / 曾远著. -- 厦门：厦门
大学出版社，2022.10
（西南政法大学经济法学系列 / 李昌麒主编）
ISBN 978-7-5615-8768-3

Ⅰ. ①中… Ⅱ. ①曾… Ⅲ. ①纳税－税收管理－研究
－中国 Ⅳ. ①F812.423

中国版本图书馆CIP数据核字(2022)第182118号

出 版 人	郑文礼
责任编辑	李　宁　郑晓曦
出版发行	厦门大学出版社
社　　址	厦门市软件园二期望海路 39 号
邮政编码	361008
总　　机	0592-2181111　0592-2181406(传真)
营销中心	0592-2184458　0592-2181365
网　　址	http://www.xmupress.com
邮　　箱	xmup@xmupress.com
印　　刷	厦门兴立通印刷设计有限公司

开本	720 mm×1 020 mm　1/16
印张	12.25
插页	2
字数	215 千字
版次	2022 年 10 月第 1 版
印次	2022 年 10 月第 1 次印刷
定价	68.00 元

本书如有印装质量问题请直接寄承印厂调换

厦门大学出版社
微信二维码

厦门大学出版社
微博二维码

▪ 丛书总序 ▪

中国经济法学作为一门新兴的学科，经过广大法律学人的苦苦探索，已经走过了从无到有、从不成熟到逐步成熟的发展历程。现在，经济法作为与行政法、民法、刑法、诉讼法以及社会法等并行不悖的独立的法律部门，已经得到了立法的确认，对此法学界也达成了基本的共识。

20余年来，广大法律学人坚持改革开放路线，紧扣时代脉搏，围绕着经济建设这个中心环节，把经济法理论和实践扎根于我国现实的经济土壤之中，并借鉴其他市场经济国家在法制实践中所形成的共同的法律文化，辛勤耕耘，求实创新，不断开拓进取，使经济法学在我国法学百花丛中蓓蕾初绽，繁花似锦，硕果累累。这极大地促进了我国经济法理论和实践的发展，推动了整个中国法学的繁荣，并为世界法学界所瞩目。但是，经济法作为一门发展中的学科，仍然存在许多不成熟的地方，还需要广大的法律学人更多地培育，才能使它更好地成长。正是怀着这样一种愿望，西南政法大学经济法学科作为教育部确立的国家级高等学校重点学科点，一方面想为广大经济法理论和实务工作者展示学术研究成果和进行学术交流提供一个平台，另一方面也想为西南政法大学经济法学科建设开辟一个新的学术阵地，为此，我们与厦门

大学出版社共同策划出版了"西南政法大学经济法学系列"。

对于怎样编辑本丛书,我们除了遵循学术性、实践性和开放性的宗旨之外,还有一个重要的思考,就是要使本丛书能够适应经济法理论界、实务界和教学界等多方面的需要,力求使本丛书以其广泛的适应性以飨读者。因此,本丛书拟由三个部分构成,既包括学术专著,又包括教材和案例。学术专著主要来源于经济法博士论文。考虑到我国现在有七个经济法博士授权点,每年都要产出一批具有一定开拓性、前沿性和创新性的优秀博士论文,如果这些成果尘封在作者的抽屉里,无疑是对知识财产的一种浪费。本丛书可以为这些博士论文的发表提供一个载体。对于教材,我们是这样思考的:学生知识首先来源于教材,从某种意义上讲教材是构筑学生知识大厦的基石,没有理由不重视它。我们之所以把教材也列为本丛书的重要组成部分,也正是基于这种考虑。我们认为,教材与科研应该是彼此依赖、相辅相成的,教材的写作过程也应当是进行科学研究的过程。经济法作为一门新兴的法学学科,其教材的编写不能仅仅停留在简单地重复已有的教材内容的基础上,而是要力图避免编写那些没有任何新意和创见的"拼凑式"的教材。因此,本丛书将按照这个原则选择或者组织出版那些适合本科生和研究生研习的优秀教材。对于案例,我们考虑到:从总体上讲,问世的经济法案例与其他法学学科问世的案例相比,仍然嫌少,以致在教学和实践中,很难找到足够的经济法案例。为此,我们将有意识地采取教师与实际部门人员相结合的办法,将现实生活中存在的大量的、鲜活的、具有典型意义的经济法案例精选成册,其形式既可以是案例评析,也可以是案例教程,以此弥补过去运用案例进行经济法教学之不足。

需要说明的是,本丛书含涉外经济法系列,它将以专集的形式出版;本丛书中各种类型的著述并不完全按照经济法学体系结构的顺序出版,而是成熟一部,出版一部。我们热忱地欢迎全国经济法学同人惠赐佳作,为经济法学的进一步发展和繁荣,携手共进!

李昌麒

2005 年元月于重庆

目　录 CONTENT

在我国信用体系治理的格局中,协同治理已经成为一种普遍趋势,国家对纳税失信的协同治理也逐渐加以重视。2014年至今,国家税务总局联合国务院各部委展开了一系列纳税失信联合惩戒的行动,这是我们对长期以来纳税失信由税务机关单打独斗式的治理格局的反思。单打独斗式的治理格局不仅增加了税务机关的征管成本,减弱了国家提供公共产品和公共服务的能力,更阻碍了社会信用体系的构建和市场公平竞争秩序的形成。这些纳税失信的联合惩戒行动能够在一定范围内改变我国纳税失信的状况,但尚未真正形成纳税失信的协同治理格局。纳税失信的协同治理应贯彻党的十九大报告提出的"深化依法治国实践"战略,"必须坚持厉行法治",这是实现纳税失信协同治理的必由之路,也是实现《社会信用体系建设规划纲要(2014—2020年)》提出的"完善税务领域信用体系"改革目标的必由之路。

一、国内外相关研究的学术史梳理及研究动态

已有的国外研究文献没有对纳税失信作出严格的定义,但我们仍能从一些典型文献中看到其研究要义。纳税失信治理的研究框架有两个基本点:一是纳税信用的理论基础与制度构建研究,主要研究构建纳税信用的基本理论、制度设计与指标体系;二是纳税信用的管理与应用研究,主要分析纳税信用管理在税收工作中的应用现状以及存在的问题和难点,提出优化纳税信用管理体系的措施建议。

纳税信用的理论基础研究最早散见于西方经济学文献中,其经历了纳税信用的"古典经济学—新古典经济学"的进路分析,随后逐渐拓展至社会学、管理学、心理学、法学等领域。从契约理论来看,税收契约的缔结必须遵循社会正义与诚实信用原则。在此基础上,西方学者对税收契约信用的研究延续了两种不同的路线。一种路线是从政府与民众的税收权利关系角度研究税收契约信用。政府与纳税人之间的税收分配对各方的权利关系产生了重要的影

响,推动着税收法制的演化和进步。另一种路线是从优化税收分配关系角度研究税收契约信用。企业信誉机制一直是作为保证契约诚实履行的重要机制,同时,"责任""诚实""正派"等是公众共认的价值观。经济学家们把信誉运用于市场交易契约和企业内部,探讨了信誉的本质、信誉的建立及组织信誉与个人信誉问题,经理人信誉和道德风险的产生机理。

从纳税信用与税收遵从关系研究结果来看,征信水平是影响企业纳税遵从的重要因素。在此基础上,西方学者从"成本—收益"角度注意到提高税收遵从度是通过增加税收守法成本或税收行政管理成本来实现的。随后,在纳税信用与纳税信息质量研究过程中,拉美学者认为通过会计评估、审计评估等提高纳税人纳税信息质量的方法能促成纳税人遵守税法的积极效果;瑞士学者发现当公民/纳税人直接控制政府预算时,纳税违规率明显降低,而在没有这种控制的情况下则相反。该类文献可能是最早涉及纳税失信协同治理的研究文献之一。有趣的是,后续的多中心政治参与经验研究与心理研究证据都被证明能够对纳税失信治理起到作用。

在纳税信用管理和应用研究上,西方国家的治理研究经历了纳税信用管理理念到纳税服务理念的转变;在纳税信用管理结构上由科层制到扁平化管理架构的转型。尤其美国学者对美国国家税务局(Internal Revenue Service, IRS)在纳税人信用管理应用的研究对我们很有助益。

纳税失信治理在中国走的是"先实践,后理论"之路。国内有关纳税信用管理制度早见于我国为开征增值税而配套设计的增值税一般纳税人的分类分级制度:依据增值税一般纳税人适用的会计核算准则等级评定其纳税人身份的税务管理等级。税务管理等级越低的增值税一般纳税人受到的税务管理越严格,反之则越宽松。随着社会经济的发展,逃税漏税行为日益加重,国家税务总局在 2003 年颁布了《纳税信用等级评定管理试行办法》,建立了一套较为闭塞的纳税信用管理体系。现有国内研究基本围绕这一体系展开:

(1)纳税失信治理的理论与实证研究不断发展。纳税失信治理的基本思路是将信用评价系统和失信惩罚机制相结合,对省级及以下层面纳税信用评价环境、主体分层等亦有探索。[①] 此外,我国有关纳税失信治理个案的实证案

---

① 孙玉山、刘新利:《推进纳税服务现代化　营造良好营商环境——基于优化营商环境的纳税服务现代化思考》,载《税务研究》2018 年第 1 期。

例研究正在起步,如李建人对欠税公告一般构成要件和认定标准进行了解构与重构。①

（2）针对税务机关组织运作与治理行为的特征,国内学界作出积极的探讨。陈隆剖析了目前监管制度和行政管理的困境。② 陈果等以点带面地描述了银税互动的重要作用。③ 但文章数量仍相对有限,不利于全面、深入地理解税务机关的治理行为:对被处罚对象与《税收征管法》第63条至第71条的规范关系缺乏深入的研究。

（3）在纳税失信治理的比较研究方面,我国学界为纳税失信治理行为提供了有力的支撑。我国学者从中、美、加视角区分了纳税信用的本国认定要件。④ 税收信用管理模式是通过构建信用管理法律体系和良好的社会信用意识而形成的规范的税收信用管理体系。税收信用管理模式主要有以日本、欧盟和美国为代表的三种模式,分别以政府和央行、会员单位和商业公司为主体建立税收信用管理体系,虽然这三种税收信用管理模式各有特点,但也存在一些基本的共性。

二、学术价值和应用价值

当前,国家税务总局对纳税失信案件呈现出处罚周期短、频发性强、"厚此薄彼"和法律责任标准龃龉等特征,亟须在全面实证研究的基础上,深入剖析其内在动因、特征、困难和执法瓶颈,发展符合现实语境的纳税失信治理理论。

从实际意义上来看,我国不断增加的纳税失信处罚案件为系统反思纳税失信治理行为提供了扎实基础与现实支撑。截至2021年,全国税务部门运用纳税信用评价结果实施守信联合激励和失信联合惩戒,依法公布"黑名单"案

---

① 李建人:《欠税公告制度的完善》,载《税务研究》2014年第2期。

② 陈隆:《国家治理体系和能力现代化框架下税收征管"新常态"的构建》,载《税收经济研究》2015年第2期。

③ 陈果、陈文裕:《协同治理视角下的银税互动》,载《税务研究》2017年第2期。

④ 陈金保、邢堃:《加拿大税收信用体系中的"自我遵从"和"失信惩戒"》,载《涉外税务》2008年第3期;张为民:《美国纳税信用治理的经验及借鉴》,载《国际税收》2018年第12期;任梦华、巫晓帅、徐小琴:《纳税信用建设的国际经验与启示》,载《中国财政》2015年第22期;孙杰:《完善我国税收信用体系的构想——借鉴美国、加拿大经验》,载《财政监督》2012年第11期。

件信息 2.5 万余件,纳税信用在社会信用体系中的作用越来越突出。① 这些不同身份、情节、类型和处罚强度的纳税失信处罚案件为系统地反思纳税失信监管行为提供了扎实的基础,也为促进解决上述监管困境提供了现实支撑。因此,本书将在纳税失信治理的权力配给、程序规则与责任规范设置方面作出努力,为优化治理资源配置提供可行建议。

三、研究对象、总体框架、主要目标

(一)研究对象

我国纳税失信治理效果与社会观感差距很大,究竟是何种原因所导致的?必须搞清楚的是,一场与信息技术相关的变革并非通信技术领域中的突变,而是在与政治中介相关的新机会和限制可能改变权力的分配时,一整套技术变革才成为革命性的技术治理基础。② 因此,要解决这个问题,首先就要回答我国纳税失信治理的行为特征是怎样的。其次,尽管比较法上的经验能够激发我们的后发优势,但零散、非系统的制度借鉴难以系统地描绘出纳税失信治理的路径。因此,我们需要尝试探寻我国纳税失信的治理之道,即在我国的社会、行政和制度语境下,因地制宜地探究到底是哪些关键因素(变量)塑造了国家税务总局治下的纳税失信治理格局,重点探究国家税务总局基于不同的关键治理变量应如何扬其所长、避其所短,这是优化国家税务总局纳税失信治理效果的必经步骤。

(二)总体框架

我国纳税失信行为长期存在、花样繁多,税务机关难以对其进行全面有效的监管。本书以纳税失信治理的理论支撑、纳税失信行为的构成要素、纳税失信治理的案例实效性剖析与纳税失信治理的制度化模式为切入点对纳税失信治理行为进行系统阐述。本书以递进式的结构,从理论到实践,在实践中发现问题,再结合域外类似实践经验的基础上,提出制度上的完善路径。第一章论述纳税失信治理的基本范畴,对纳税失信治理有关的基础概

---

① 蔡岩红:《2021 年税务部门公布失信"黑名单"2.5 万余件》,http://epaper.legaldaily.com.cn/fzrb/content/20220107/Articel06003GN.htm,下载日期:2022 年 1 月 17 日。

② [美]布鲁斯·宾伯:《信息与美国民主:技术在政治权力演化中的作用》,刘钢等译,科学出版社 2011 年版,第 19 页。

念进行系统性介绍，从诚信与失信、纳税失信治理及其功能等三个维度介绍纳税失信治理基本要义。第二章从立法与实践层面，介绍我国纳税失信治理制度的发展现状。立法层面侧重于社会信用体系框架下的规范性文件梳理，探究其在信用基本立法上的实现路径问题。实践层面主要是对纳税失信治理案例数据进行规整，对典型案例中纳税失信惩戒制度的实效性功能进行深入分析。第三章主要基于纳税失信治理行为结构与发现问题，进行成因分析。通过检思纳税信用信息的定位、治理主体角色定位与治理技术功能定位，讨论在规则适用和衔接上如何把握标准，在信用立法与税收征管立法间进行协调和解释。第四章对域外经验进行借鉴和吸收，参考外部经验并为我所用。该章侧重于域外的比较法借鉴，阐释美国、欧陆国家的纳税信息嵌入市场征信治理模式和日本直接纳税信用与间接纳税信用混合治理模式，通过对不同纳税失信治理制度运行模式的具体内容和侧重点分析，在体系化论证的基础上甄别吸收经验教训。第五章系统论证我国纳税失信治理的制度性建构问题。以税收法治中心与治理体系融贯性为理念前提，以信用法治与税收法治为形式保障，以信用信息应用与纳税信用评级为制度根本，实现我国纳税失信治理制度理念建构、分项制度推进方案、程序本位回归等层次制度内容的完善。

（三）主要目标

1.构建纳税失信协同治理理论研究模型。从多地出台的众多文件来看，纳税失信协同治理内容阐述过于宏观与笼统，至于"为何协同""如何协同"，抑或协同的"指导思想"、"一般原则"、"基本方法"、"实施路径"以及"注意事项"均缺乏明确而详细的阐述。本书将基于法律、管理与操作等多个层面进行全方位构建纳税失信的协同治理研究模型。

2.完成纳税失信治理协同运作的现实探索。依据法定权责，税务机关对纳税失信是专业监督，其他主体则是对纳税失信的全面监管，二者内容交叉之处在于都涵盖对诚信守法纳税方面的监督，尤其是与经济往来相关联的监督，都发挥着协同治理下对诚信纳税监督的作用。本书将根据二者交叉的具体表现形式，强化协同观念与意识，科学规划纳税失信治理的协同框架；明晰协同类型与方式，合理选择纳税失信治理的协同模式；组建正式或虚拟组织，全面履行纳税失信治理的协同制度。

四、基本研究思路、具体研究方法

(一)基本思路

本书将"社会协同治理、深化法治理念"作为理论指导,梳理纳税协同治理法治化的理论渊源与演化机制,搭建起本书的研究理论分析框架。在此基础上,深入剖析纳税失信协同治理法治化面临的挑战和困境,综合测度现状,实证不同地区以税务机关为核心的纳税失信协同治理体系在缺乏法治化前提下存在治理目标不一、理念差异等状况,实施精准识别,分析境内外典型案例,进而在治理目标不一、理念差异等情况下,构建起符合我国实际情况的纳税失信协同治理的法律制度体系。

(二)具体研究方法

1.实证与调研法。本书将采取实证研究的方法对 2004 年到 2017 年间公布的纳税失信治理案件进行多层次的特征分析,具体探究纳税失信协同的理论基础及相应的治理主体范围、纳税信用的范围、查处对象身份、处罚类型、数额与违法情节等特征。在此基础上,本书将借助数据统计的方法进一步挖掘数据间的相互关系(譬如,违法所得金额与处罚金额间的相互关系,罚没金额与国有、民营性质的关系等)。

2.案例分析法。本书将以案例研究的分析方法,以小见大地探究税务机关对纳税信用法律法规的适用情况,挖掘其法律适用的问题所在。同时,本书将通过案例分析的方法来观察美国国家税务局在多年的实践中如何解释及运用《美国国内收入法》的相关纳税信用治理条款。最终,在对这些条款的分析、解释和梳理的基础上,全面理解我国纳税失信的处罚和监管行为,充分掌握纳税失信处罚案件的最新形态和理论发展。

3.比较法研究。经济全球化与法律全球化的发展要求我们借鉴欧美等国的纳税协同治理经验,但基于资本主义的精神与他国特殊的社会背景,尤其在执法方式、裁判方法等方面存在巨大差异,我们不能直接移植他国的制度。本书将对主要国家的纳税信用法律制度进行适用性分析,并以此作为制度借鉴与移植的前提性条件。

五、特色和创新

(一)学术思想的特色和创新

本书紧抓纳税失信协同治理所体现的平等价值。一是秉持平等原则,有助于参与各方充分享受表达自身利益诉求的权利,承担充分倾听他方利益诉求的义务,在相互理解尊重的基础上进行自我利益与公共利益的不断调适,增强主动意识、提升纳税遵从度,最终形成一致的行动;二是强调参与各方在平等的基础上进行公开理性的对话、交流和协商,包容不同观点。

(二)学术观点的特色和创新

本书将探寻我国纳税失信的治理之道,即在我国的社会、行政和制度语境下,因地制宜地探究到底是哪些关键因素塑造了税务机关治理下的纳税失信治理格局。纳税失信协同治理的法治化路径即经由法律许可,以政府职能转型为基础,由政府、社会与市场共同承担服务职责、治理职责,并最终以为纳税人服务为宗旨。

(三)研究方法的特色和创新

本书从方法论角度出发,站在现代国家治理的角度服务经济社会发展,采用制度分析与问题导向相结合、实证调研与理论借鉴相结合、个案分析与案群分析相结合、利益分析与制度设置相结合的综合特色研究方法,形成了协同治理的方法论系统。

第一章
中国纳税失信治理的理论基础

第一节　纳税失信治理制度的概述

一、纳税失"信"的概念释明

"信"在各国语言表达上有着截然不同的意义表述。"信"在社会道德层面视为诚信之意,在经济市场层面视为信誉之意,在制度层面视为信用之意。在中文构词的语义框架下,纳税失信中的"信"通常指基于纳税行为形成的信用评级,而信用评级的英文表达为"credit",在国内纳税信用相关文献的英文表达上,纳税信用通常被表述为"tax credit",但"tax credit"的正确含义应为纳税抵免之意,这显然是一种错误的翻译表达。这一现象体现了中西方的学科差异,也体现了纳税失信在中西方语言表达上存在根本的逻辑差异。国内通说将税收法律关系视为债务关系,在税收之债的产生上适用构成要件实现说。因此,在税收之债中的权利义务人关系是围绕构成要件成立的。税收之债的设定涉及人民的基本财产权和基本经济自由。① 值得注意的是,在西方世界,税收通常被看成是应该尽可能避免的负担。但是如果没有税收,国家就无法完成它的任务,社会中的个人就无法施展自己的才能、享受自己的权利,税收是使社会生活成为可能的前提。因此,拒绝纳税不仅有违团结,而且在一个以福利社会国家方式形成的共同体中,对国家制度的基础构成了挑战。税收作为个人对国家的经济贡献需要通过法律的约束来完成,以使其成为国家一个可规划的量值来确定任务范围和任务完成的财政空间;对个人而言,税收必须是其实现经济自由情况下的一个可预见和可计算的复合因素。正是和法律相

---

① 　陈少英:《税收债法制度专题研究》,北京大学出版社 2013 年版,第 16～17 页。

联系,税收才成为国家制度的一部分,也正是税法使税收负担分担呵护公平信义。因此,对诚实纳税的准备,并不建立在国家控制与刑罚上,而是首先建立在一个易于理解并且可实行规则指导的税收体系上。[①] 尤其在西方学科研究思维框架下,涉及"信"的词都有相对独立的学科面向、学术表达与研究思维。因此,纳税失信被理解为"纳税人在纳税行为过程中因不诚信纳税降低其纳税信用评价"的行为。是故,纳税信用的英文表达应为"taxpayers credit"。但纳税信用在中文语境下呈现出的则是多重连续性的思维表达,即将纳税人自我诚信道德、外界的国家信任、社会信誉与信用评价都集中表达在纳税信用这一词语概念中。纳税人信用既是社会道德评价的载体,也是市场评价的载体,还是国家信任评价的载体,即纳税人的诚信道德是在道德层面以纳税人自我人格为表现形式;纳税人的国家信任是在征纳关系中国家对纳税人自我道德的正面信赖;信用评价是国家对纳税人纳税行为的制度评价;社会信誉则是纳税人的诚信道德受到社会的正面评价表现。换言之,在征纳关系中,国家对纳税人的信赖是基于纳税人良好的自我诚信道德,并通过信用评级制度外化纳税人的诚信道德,使其形成一定的社会信誉。这四层含义在逻辑上是层层递进、紧密联系的,是以信用、信誉、信任和诚信语义解构到纳税信用、纳税诚信、纳税信赖等词义重构的过程。

二、纳税失信的三种样态

如前所述,纳税失信可以在三个层面进行表述,在道德层面可以表述为纳税人自我道德诚信的缺失状态,在价值层面可以表述为纳税人对税收契约的价值违背,在实践层面可以表述为纳税人辜负国家信任的具体行为。

(一)道德层面的纳税失信

道德层面的纳税失信可以从诚实信用这一基本原则返本而来。作为道德标准的诚实信用原则,其内生的诚实与信义,不仅反映主体自我认知、自我尊重、自我约束和相互尊重他人情感的内外要求,其出发点更是为了维护当事人交易的平等性、公平性和安全性,是确保及维护国家、集体、第三人和社会公共利益。[②] 在此意义上,诚实信用不仅是纳税人自觉自为的客观行为状态,也是

---

① [德]迪特尔·比尔克:《德国税法教科书》(第十三版),徐妍译,北京大学出版社2018年版,第1页。

② 卢代富、刘云亮:《诚实信用原则的经济法解读》,载《政法论丛》2017年第5期。

纳税人道德观的主观表现。与之对应的是,纳税失信也随着诚实信用的主客观分离而产生纳税失信的主客观失信样态。细言之,纳税人的主观失信可以理解为,纳税人对诚信纳税的坚持受到客观因素或非过于自信的过失的影响,导致其诚信纳税状态的缺失。即明知失信而仍然恶意行之,不顾及失信后果及其影响,且置先前的诺言和品行于不顾,追求失信之状发生,此乃双故意恶行之。纳税人的客观失信则强调纳税人对诚信纳税价值的放弃,其根源在于当纳税人的失信收益大于纳税收益、失信成本小于纳税成本时,纳税人内心的诚信纳税标准会被趋利心理所异化。即明知失信而放任为之,其表现状态是将诺言或信义弃之不顾,或消极为之或为之不利,形成践行不利或不能达的状态,此乃有意放任之恶行。

(二)价值层面的纳税失信

纳税信用被认为是纳税人与国家之间基于税收契约形成的信用状态。税收契约必须坚持诚实信用原则,诚实信用是税收契约的基石。"税收契约精神的'诚信'要求纳税人以诚信为纳税之本。诚实信用原则也要求政府必须依法治税用税公开税款征收和国家预算开支的信息。税收契约有助于树立税收信用观念。"①即在税收征纳关系中,国家与纳税人之间应基于信赖利益实现各自利益的最大化。在信用层面的纳税失信可以表达为纳税人基于自身的税收利益和纳税成本的衡量,在征纳过程中滥用国家对纳税人的信赖利益,通过不诚信纳税行为破坏税收契约所体现的诚实信用原则。因此,纳税失信也是纳税人利用其与国家间的信息不对称,通过隐蔽涉税信息和隐蔽纳税行为达成少缴税款的目的。隐蔽信息与隐蔽行为都可视为纳税失信的组成部分。其中,纳税人隐蔽涉税信息是基于其对自有信息的先占,从而具有隐蔽信息获取失信利益的动机;纳税人隐蔽纳税行为的前提是在税收征纳过程中,通过不作为方式减少自己的纳税成本,损害国家税收利益。如企业故意通过非正常手段增加生产成本、经营亏损,自然人故意通过非正常手段增加扣除项目以此实现少纳税的最终目的。也有论者认为,纳税信用是纳税人在履行税务登记、纳税申报、税收缴纳、发票使用、财务会计核算义务等方面,依法按时足额纳税,自觉遵守国家制定的财税、财务法律法规,财务会计管理制度完备,会计资料

---

① 蔡昌:《论税收契约的源流嬗变:类型、效力及实施机制》,载《税务研究》2012 年第6 期。

齐全,信息披露及时真实,无其他不良信用记录。[①]

(三)实践层面的纳税失信

良好的社会信誉意味着纳税人因其道德与行为都体现出诚实信用,获得外界的高度评价,形成良好的社会声誉。因此,纳税失信则意味着纳税人破坏了外界对其确定的信任关系,丧失了社会信誉。从本质上说,纳税信用声誉机制功能的发挥有赖于特定的制度路径发展。纳税人与国家的税收契约形成过程,是国家与纳税人对税收契约信任的过程,从而形成了特定的社会声誉。亦即纳税人与国家之间对税收契约的制度基础——法律规范制度的信任,源于纳税人相信国家能够基于税收法律合法合理地征税用税,国家相信纳税人能够遵守基于税收法律诚信纳税,从而实现相互利益的合理交换,防止相互侵犯对方的合理利益。但逐利冲动的表征又使纳税人有着破坏其税收契约的可能性,使得纳税信用的声誉机制无法制约纳税人的失信冲动。

三、纳税失信的特征

纳税失信不仅损害他人税收利益、国家税收利益,也间接影响诚实信用原则、税收公平原则的实现,更破坏了体现社会公共价值的税收信用秩序。

(一)损害国家与他人的税收利益

传统理论认为国家税收利益与纳税人税收利益间是零和关系,国家与纳税人之间存在利益博弈。但在当代国内外公共财政理论下,税收利益的公共色彩得到了公共利益学说的支撑。[②] 因此,众多纳税人个人税收利益可集中体现在国家税收利益中,进而形成大众所认同的良好税收秩序。可见纳税人的失信行为首先损害的是他人的税收利益,进而波及国家税收利益,最终伤及自身利益。"损他人"是失信人利己主义的本能所致,失信人的自私本性,注定了失信是失信人自私的重要表现形式之一。将自私解释成失信人失信的缘由,并不是以此减轻对失信人的惩罚,而是以此论证及说明防止失信的难度及恪守信用秩序的重要性。

---

① 陈新:《纳税信用体系研究》,人民出版社 2008 年版,第 12 页。
② 闫坤、马蔡琛:《我国公共财政体系演进轨迹与总体方略》,载《改革》2013 年第 10 期。

（二）影响诚实信用原则、税收公平原则的实现

纳税失信破坏了纳税人与国家基于信任产生的税收契约，损害了其他纳税人的税收公平。纳税失信的行为标准在于将其利润最大化，因此，守信或失信的主要选择标准，即权衡成本与收益，这成为是否失信的判断因素。鉴于此，提出强化失信惩戒或联合惩戒力度，其意也正是加大失信人失信成本，促其守信，激励守信人。

（三）破坏社会税收信用秩序

税收信用秩序是国家在履行纳税信用管理职能过程中，受制度、社会、文化、经济等因素影响形成的一种纳税人与国家的信赖活动状态。当纳税人失信于国时，将导致这一信赖活动呈现无序状态，纳税信用管理职能作用不能得到充分发挥，从而影响税收征管活动的有序进行，最终置税收法制秩序、国家财政利益与社会公共利益于失序、危险状态。

四、纳税失信的影响因素

纳税失信的成因不是单一的，有历史、市场、制度等多重因素。其中，历史因素是导致纳税失信的引导要素，市场因素是纳税失信的诱导因素，制度影响是强化纳税失信市场因素的外部要素。具体而言，历史传统因素在观念上建立了纳税人纳税失信行为的观念先导，在"成本—利益"理论指导下，纳税人以趋利观念为标准，确信失信行为是降低经营成本的重要手段，而守信行为是增加经营成本的基本措施，在纳税信用制度的缺位、错位和越位等要素影响下，进一步导致失信获益，守信吃亏的结果，导致纳税人不愿坚持诚信观，从而形成"失信—获益—失信"的恶性循环。

（一）历史传统因素

一方面，纳税失信的形成在一定程度上源于纳税人对外部不确定因素的恐惧感，这种恐惧感的形成是我国历史上长期的封建专制制度在人们内心深处留下的影响的结果。[①] 在我国两千多年的封建专制时代，虽然强调国家征税要"取于民有度"，但长期战乱、统治者盘剥导致百姓承担了各种名

---

① 李颖：《我国企业失信行为的文化根源探析》，载《西安财经学院学报》2004 年第 5 期。

目的苛捐杂税，以致"赋敛厚，则下怨上矣"①。这与传统的"取之于民，用之于民"②、"取信于民，大事可成"③等政治目标截然相反。因此，古代老百姓在纳税上讲诚信往往吃亏遭殃，这种根深蒂固的文化意识扭曲百姓的诚信意识，是纳税失信意识缺失的深层原因。从作用范围来看，中国传统社会是一种重亲缘关系的社会，信用只限于具有血缘、地缘、人缘关系的亲属、邻居或朋友之间。中国传统信用文化侧重的往往是与名誉相关的精神价值，它不仅无视商人牟利行为的正当性，也否定一般平民百姓对自身利益的维护，即"君子不言利"④。

　　另一方面，古代统治者也强调"义然后取，人不厌其取"⑤、"有君子之道……其使民也义"⑥，这里强调的义是统治阶层对百姓实行仁政，其核心思想是"财聚则民散，财散则民聚"⑦，但传统的诚信文化的诚信精神并没有把言行一致作为人与人之间最高的和不变的模式。思想家们认为，一个人是否兑现承诺，是否诚信，取决于他所处的情境。孔子曰："言必信，行必果，然小人哉！"⑧孟子亦云："大人者，言不必信，行不必果，唯义所在。"⑨南宋的朱熹就提出"常则守经，变则行权"⑩，即在权变与守经之间，实现道义与结果的有机统一。古代有不少思想家都持类似的观点，他们认为只有合乎正义、礼仪的诚信才是真正的诚信，而违背正义、伦理的诚信则不是诚信的范围。⑪ 他们把不辨是非（承诺或履约是否符合社会正义）而固执于言必信、行必果的人称为"小人"，而把明辨是非且符合正义则承诺和履约、反之则不

---

　　① 《管子》三章《权修》。

　　② 《荀子》第十二篇《君道》。

　　③ 《汉书·楚元王传》。

　　④ 涂永珍：《从"人伦"到"契约"：中西方信用文化的比较分析及法律调整》，载《河南大学学报（社会科学版）》2004 年第 2 期。

　　⑤ 《论语·宪问》。

　　⑥ 《论语·公冶长》。

　　⑦ 《礼记·大学》。

　　⑧ 《论语·子路》。

　　⑨ 《孟子·离娄上》。

　　⑩ 《朱子语类》卷三十七《论十九》。

　　⑪ 在古人看来，一个道德高尚的人是否承诺某件事情、是否履行其承诺，要看该事情和该承诺是否符合社会道义或正义，符合则做，不符合则不做；而一个道德平庸甚或低下的人，则承诺那些不符合道义或正义的事情，并履行这样的承诺。

承诺和履约的人称为"君子"、"大人"甚至"圣人"。①

(二)成本影响因素

降低税收成本是市场主体提升市场竞争力的重要手段,因此,激烈的市场竞争将促使市场主体采取更加激进的手段降低税收成本,并压缩降低税收成本手段的合法合理空间,最后演化为纳税失信行为,使税收成本异化为"机会主义"的收益。在竞争环境中通过纳税失信获得竞争优势,而不给予必要的制裁,反而使得纳税守信的市场主体承担额外的纳税成本,并处于竞争劣势,使其与市场经济的正常秩序相违背,也与市场经济的价值导向背道而驰。此外,纳税失信的存在环境是国家与纳税人之间的信息不对称。纳税人凭借信息优势进行纳税失信活动,将降低纳税人的失信风险,增加失信收益,因此,国家与纳税人之间的信任危机将持续不断,也将促使国家采取针对性的激进征税措施应对纳税人的失信危机。

(三)制度影响因素

纳税失信的制度影响因素,确切地讲是诚信纳税的制度规范约束效力对纳税人没有起到应有的作用。在纳税信用评价制度建立前,对不诚信的纳税行为要么给予道德层面的遣责,要么给予明确的法律层面的制裁。但道德层面的遣责约束力过于单薄,而法律层面的制裁则过于刚猛。道德与法律的纯粹二分治理框架制度显然难以完全满足有效规制徘徊在道德与法律边缘的诸多失信行为的现实需求。由于缺乏过渡性的治理框架制度的有效约束,纳税人逐利本性驱使他们通过失信行为规避制度的靶向点,寻找二分治理框架的缺位部分,实现自身利益的最大化。因此,将纳税诚信从道德层面的约束转化为制度层面的约束,无疑有利于改善纳税失信纯粹二分法的治理逻辑。

五、纳税失信的类型

纳税失信可根据主体标准、主观标准、后果标准与程序标准有不同的类型划分。

第一,根据税法义务的主体不同,可将纳税失信分为纳税人失信、扣缴义务人失信。纳税义务人失信是指直接负有税法义务的自然人和单位在履行纳税义务时,没有按照税法规定如期或足额缴纳税款的行为。扣缴义务人失信

---

① 杨君武:《诚信的三个限度》,载《伦理学研究》2006 年第 1 期。

是指作为税法上的代扣代缴义务人、代收代缴义务人没有按照税法规定代为扣缴、收缴，并缴纳税款，表现为不扣不缴、全扣不缴、少扣不缴、全扣少缴、少扣少缴等行为。此外，对没有纳税义务的其他主体与纳税人协商约定代为缴纳税款但没有缴纳税款的，也应视为纳税失信的主体。

第二，根据主体的主观状态不同，可将纳税失信分为故意失信与过失失信。纳税失信主体的主观状态对判断失信行为至关重要，其与纳税失信的构成、纳税失信的损害程度和纳税失信的治理措施都直接相关。故意失信是指纳税失信主体主观意图和实施失信行为，为追究自身税收利益的最大化而罔顾国家、他人合法利益，其主观恶意程度较高。故意失信又可分为两类：第一类是基于主动明知故犯，以拖延、欺骗甚至暴力等手段延迟纳税或拒绝纳税而导致纳税失信；第二类是基于明知放任状态，追求自身利益而不顾他人利益，以拖延、欺骗等手段导致纳税失信。基于过失的纳税失信在主观状态上不属于主观恶意，但对自己纳税诚信的主观判断存在过于自信的情况，甚至在行为上积极主动纳税。因此，其主观状态需要分情况讨论。其一，纳税主体没有意识到自己的行为属于失信行为；其二，纳税主体主观意识存在失信的可能，但主观意识错误导致未按法律法规发生失信行为，如税款计算错误、纳税申报时间过期等。此外，对于因不可抗力发生的不能及时申报、纳税等行为，不能界定为纳税失信。

第三，根据纳税失信的后果程度不同，可将纳税失信划分为轻微纳税失信、一般纳税失信与重大纳税失信。轻微纳税失信是指主观上恶意较小或者没有恶意的过失，在失信后果上没有对国家、他人的利益产生直接的损害或损害轻微的行为。一般纳税失信行为是指主观存在故意或者过失，在后果上对国家、他人的税收利益产生了直接的损害的行为。重大纳税失信是主观恶意较重或特别重大，在后果上对国家、他人的税收利益造成重大损害，社会影响恶劣的失信行为。

第四，根据税收征管程序标准，可将纳税失信划分为登记失信、账簿凭证失信、申报失信、缴纳失信与检查失信。《税收征管法》将税收征管流程分为税收登记、账簿凭证管理、纳税申报、税款征收、税务检查五个阶段，纳税义务相关主体在每个阶段都有其对应的实体法和程序法义务。因此，在税务登记阶段的失信行为可称为纳税登记失信，与账簿凭证管理有关的失信行为可称为账簿凭证管理失信，在纳税申报阶段的失信行为可称为纳税申报失信，在税款征收阶段的失信行为可称为税款缴纳失信，在税务检查阶段的失信行为可称为税务检查失信。

六、纳税失信的危害表现

纳税失信的危害波及主体道德层面、主体经济层面与社会秩序层面,影响社会生活的方方面面,逐渐被社会公众所关注并形成了一种道德谴责与舆论抵制,具体而言包括以下三个方面。

(一)纳税失信对市场道德的危害

纳税失信对诚实信用道德的危害在于降低了诚实信用的道德水平。如前所述,市场主体在纳税过程中通过不诚信行为减少其税收成本,积累了更多的社会财富,而诚信纳税的市场主体则因其恪守诚信而处于竞争劣势。因此,纳税失信淡化诚实信用在道德层面的约束力,弱化诚实信用是税收契约与税收道德不可或缺的核心价值的引导作用。基于对市场竞争的"丛林法则"的信奉,不诚信纳税主体利用失信行为取得所谓的成功,极易为其他个体所效仿,这样的恶性循环,不仅增加了国家与纳税人之间的紧张关系,也加剧了市场主体间的不信任,破坏了市场道德的稳定性。

(二)纳税失信对市场经济的危害

纳税失信对市场经济的危害在于扰乱国家与市场间的稳定协调状态,增强了国家对市场主体的干预程度,影响市场经济的持续性发展。研究表明政府财政压力显著提高了企业的纳税信用评级,而税收竞争将显著降低本地企业的纳税信用评级。由于在财政压力的作用下,政府部门会通过增加征税努力、提高征管强度等措施锁定税源,提高企业避税机会成本,促使企业诚信申报、足额纳税。而在税权较为集中的背景下,地方政府采取税收竞争措施的主要目的是降低税收征管强度,税收征管和执法力度的下降会显著降低企业避税成本,使企业更加倾向于实施隐瞒真实利润水平、申报虚假纳税等失信行为。市场经济的正常运转需要纳税人诚实守信,因为纳税人的失信行为会引发国家对市场主体交易行为的税收监管措施,从而在一定程度上增加市场资源的配置成本。[①]

(三)纳税失信对税收契约的市场机制危害

从社会契约论中可以发现,税收契约不仅是人民与国家间的契约,也是人

---

① 高跃、冀云阳、吴莉昀:《企业纳税信用影响因素研究——基于征纳双方特征的实证分析》,载《税务研究》2019 年第 8 期。

民之间的契约。税收契约不仅是国家征税的基础,也是市场经济运行的发展之本。因此,纳税失信不仅是人民与国家间互信程度降低的表现,也是市场内部的人际关系淡漠的显露。纳税失信不仅损害纳税人自身的社会信誉,侵蚀自身赖以发展的根本,亦产生严重的负面效应。若不对其整顿治理,将使社会个体对他人的防范和戒备之心普遍增强,使社会个体对外界的不信任感蔓延传播,最终危及税收契约对市场经济秩序的作用机制,导致"劣币驱逐良币"现象的发生,从而使得市场交易的正常秩序无法展开。

第二节　纳税失信治理的理论基础

纳税失信治理是国家治理体系和治理能力现代化的组成部分。我国失信惩戒方略应以现代化为指向,以法治为底线,以德治为支撑,以问题为导向,以联合施策为依托。

一、纳税失信治理

治理(governance)概念源自古典拉丁文或古希腊语"引领导航"(steering)一词,原意是控制、引导和操纵,指的是在特定范围内行使权威。它隐含着一个政治进程,即在众多不同利益共同发挥作用的领域建立一致或取得认同,以便实施某项计划。[①] 为应对纳税失信在市场经济、国家制度与社会文化中所产生的负面影响,并防止纳税失信的负面行为后果的继续发生,因此,应从纳税失信的源头出发,促使纳税失信涉及的各利益关系方充分认识到纳税失信在道德层面产生的诚信倒退、制度层面产生的制度败坏、市场层面产生的不当竞争与国家层面产生的秩序破坏等负面影响,并能够对纳税失信的治理逻辑建立一致的认同,以便对纳税失信实施正向激励与反向惩戒的治理路径。将纳税失信传统治理的道德约束与制度规制的二分思路转换为将道德约束融入制度规制体系中,通过建立以纳税信用评级为基础的正向激励与反向惩戒制度体系,强化正向激励的诚信引导、成本优惠保证纳税人的诚信道德、市场的公平竞争,威慑潜在的纳税失信,预防国家财政的减损。

---

① 范可:《人类学与"人地关系"视野里的"边疆"》,载《云南社会科学》2020 年第5 期。

（一）纳税失信治理的概念

纳税失信治理在广义上是对在税收领域中因市场主体不诚信的纳税行为通过声誉机制、制裁机制在道德、经济与法律层面进行治理，其分为正向激励治理与反向规制治理两种思路。正向激励治理包括评级提升、政治褒奖、程序简化等措施，反向规制治理包括评级降低、道德责难、资格限制、行政追责等措施。因此，纳税失信治理的内涵有两个层面：治理层面与预防层面。治理层面是纳税失信治理的依据，即将道德标准、行为规范、经济秩序通过法律形式的制度表达作为治理依据，由此为多方参与纳税失信治理，形成共治善治的合法性基础。在预防层面，纳税失信治理的首要目标是将失信主体的行为公之于众，通过声誉机制造成社会对失信主体的道德谴责，形成失信主体的自我压力，增加其失信成本，形成警示效果，以逐步引导社会主体关注自身纳税行为的失信风险，提高其自身的诚实信用价值导向。

（二）纳税失信治理的特征

1.纳税失信治理以纳税失信主体信息归集为基础

纳税失信治理的对象是发生不诚信纳税行为的纳税人。这些失信纳税人的涉税信息一般通过税务登记、纳税申报等方式由税务机关掌握，但实践中仅由税务机关掌握的涉税信息并不足以满足税务机关进行日常的税收执法活动要求，更勿论对纳税失信主体采取失信治理的问题。纳税主体失信行为的信息采集实质上是纳税失信治理的信息基础。国家税务总局早在20世纪90年代即开始建立涉税信息采集的金税系统工程，并联合金融、公安、市场监管等行业部门开展涉税信息的采集交换工作。经过多年的发展，金税系统经过四期建设，已发展成为外部信息采集、内部信息处理的强大涉税信息处理系统。纳税失信治理的信息基础就是以金税系统的信息应用为载体，从而实现对纳税主体行为的识别，进而形成纳税信用评价等级。

2.纳税失信治理需要多层次、多方面的治理逻辑

大数据在形成信息规模和处理技术日臻成熟的同时，也加剧了信息孤岛和信息壁垒的形成。[①] 因此，纳税失信及于道德价值、市场秩序与国家法律产生多层面的危害，需要多层面的治理；而纳税失信及于社会个体、市场主体与

---

① 徐伟学：《大数据语境下的涉税信息共享与信用规制》，载《学术界》2019年第12期。

国家政府产生的多方利益损害,亦需要各方利益主体的参与。为实现对纳税失信的有效治理,需要多管齐下督促纳税人履行纳税义务。税务行政机关应当完善纳税失信治理的法律规范;政府其他部门应当积极开展纳税信用信息的共享与推送;其他社会组织应当完善基于数字科技的社会信用共治机制[①];纳税人应树立诚信纳税意识,维护自身合法权益。

(三)纳税失信治理的构成

纳税失信治理的构成是纳税失信的组织机构基于对纳税失信行为的认定而对其采取的治理措施,涉及纳税失信治理的机构、认定标准、客体和治理措施。

1.纳税失信治理机构

纳税失信治理机构,是指根据纳税信用法律规范实施治理行为的机构,分为纳税主体纳税信用的评级机构与对其失信行为采取措施的机构。前者是指各级税务机关以及提供涉税信息的第三方机构,后者则是基于对纳税失信主体采取治理措施的机构,包括税务机关以及参与失信联合惩戒的主体。由于对纳税失信治理是我国社会信用治理体系的重要组成部分,因此对纳税失信治理的机构是以税务机关为中心,其他金融、工商和交通等领域主体为构成的协助机构,实施失信联合惩戒措施。除此之外,随着社会信息化程度的提高,纳税失信行为的隐蔽性越来越强,为税务机关提供涉税信息的其他市场主体也是纳税失信的治理主体构成。

(1)各级税务机关

纳税失信属于纳税义务相关主体与国家之间在交往过程中的失信行为,应当归属于税务征收机关的管辖范围。税务机关因此成为纳税失信认定与治理的主要机构。国家各级税务机关应依据其法定职责对纳税义务相关主体的行为予以监管,并对相关主体在纳税过程中的失信行为依法依规认定是否构成失信,并给予相应的评级,以及决定是否启动失信惩戒或联合惩戒机制。如《纳税信用管理办法(试行)》(国家税务总局公告 2014 年第 40 号,以下简称"40 号公告")规定,国家税务总局主管全国纳税信用管理工作,省以下税务机关负责所辖地区纳税信用管理工作的组织和实施。因此,纳税失信认定与治理主体,最核心的是各级税务机关。

---

① 曾远:《税银互动多元目标机制的实证检视与路径优化》,载《金融理论与实践》2020 年第 5 期。

（2）其他各级政府部门以及公权力机构

各级政府部门以及其他公权力机构依法行使社会公共事务与公共事业管理的权力，能对纳税义务相关主体的其他社会领域的信用评级起到监管作用，因此，对于提供纳税义务相关主体的其他涉税信息与联合惩戒都能起到很好的辅助作用，如铁路运营公司、水电气热等公用企业、市政交管部门等，这些部门能为税务机关提供纳税义务相关主体的涉税经济信息，并可以实施诸如限制高铁出行、航空出行等联合惩戒措施。

（3）各类行业协会、企业集团组织

在纳税失信治理过程中，行业协会等自律组织的功能发挥体现在两个方面。一是惩戒部分纳税失信治理职能。这是一个"国家与社会"关系维度下的政社合作问题。例如，浙江温岭新河镇众多产业集聚，个体纳税人行业性、地域性特征比较明显，形成了多个专业村、专业市场。税收征管以核定定额为主。自 2011 年开始，在实行定额行业性调整前组织行业协会、纳税人、村委会等与国地税人员进行面对面恳谈，充分利用行业协会对行业内生产经营情况比较了解的实际情况，征求他们对行业税收收入整体增幅和行业内纳税人相互之间平衡的意见与建议，对行业内企业上门核查设备数及从业人员数和销售情况，开展纳税自评和互评，摸清税负平衡状况。2011 年至 2015 年，共参与行业内纳税人 910 多户与税务人员面对面恳谈，调整定额将近 700 户，每个行业的定额调整幅度均在 30％以上。行业协会参与税收征收协商活动，给征纳双方提供了一个互相交流的平台，提高了社会的参与度，促进了税收环境的和谐。[1] 二是通过行业、企业集团自治功能实现内部成员企业的自律，防止个别成员企业的败德行为影响整个行业的发展，行业自律有利于企业守信，但这一功能在纳税失信治理过程中常处于虚置状态。企业集团总部通常十分重视自身的纳税信用，但由于集团体量大、组织架构复杂，有些成员企业的纳税信用管理能力不强，进而拉低了集团整体的纳税信用水平。2020 年，深圳市千户集团企业的纳税信用评价结果显示，2/3 的企业集团纳税信用评级为 A 级，但这些集团的成员企业纳税信用评级为 A 级的占比却只有 35％左右。[2]

---

[1] 徐家良、薛美琴：《行业协会承接政府职能转移特征分析》，载《上海师范大学学报（哲学社会科学版）》2015 年第 5 期。

[2] 蔡佳红、杨佳骏：《集团企业：请留意成员企业纳税信用"短板"》，载《中国税务报》2021 年 11 月 24 日。

（4）其他拥有信用治理功能的主体

数字经济平台企业通过对平台内经营者、消费者信息的掌握，形成大数据优势地位，能够对平台内经营者的经营行为进行评级管理，形成平台内部市场的信用治理权。如淘宝、京东等平台企业对平台内经营者的不良经营行为通过信用评价，实施罚款、删除链接、封号等处罚行为，这印证了在数字经济平台中的企业对客户失信行为有一定的认定权，因而企业成为失信行为的认定主体。税务机关应当鼓励数字经济平台企业在其信用评价规则中加入包括纳税信用记录等公共信用评价因素，更全面、真实、有效、及时地反映纳税人的市场经营行为的合法性与合理性。

2.纳税失信的认定标准与构成

纳税失信的界定，是适用失信惩戒措施和机制的前提和基础。纳税失信的认定应该遵循一定的规则和程序要求，由相应的认定主体依据失信行为情形、状态等标准要件，在适用相应程序和保障性措施下，认定失信行为是否构成，并认定失信行为等级状况。失信认定应该考虑失信行为要素、失信责任豁免规则、失信异议及其救济措施、失信行为种类及其对应适用惩戒等实际情形、失信行为后果影响力等。

（1）纳税失信的认定标准

首先，要考虑纳税失信基础——纳税信用基础信息。纳税信用基础信息是税务机关根据纳税信用的社会性、经济性与道德性特点，按照信用管理的普遍方法，采集与纳税行为相关的信用信息内容，按照信用评级统计规则，记录纳税义务相关主体的失信行为。

其次，纳税信用基础信息的采集使用也应考虑其信息质量问题。信用质量标准是指有关信用等级评价鉴定规则和技术的一般规则要求指标，诸如信用考核环节、信用状态特征、信用信息种类、信用体系适用率、信用资产指标等。该标准直接体现和反映信用主体信用能力、信用程度、信用持续状态等。该标准与失信状态是逆向所现，信用质量标准高，其失信可能性则小。反之，其失信可能性则大。

最后，对不同纳税失信相关义务主体的失信行为要明确各自的认定标准。如"40号公告"规定其适用于已办理税务登记，从事生产、经营并适用查账征收的企业纳税人。而扣缴义务人、自然人纳税信用管理办法由国家税务总局另行规定。个体工商户和其他类型纳税人的纳税信用管理办法由省税务机关制定。这表明失信行为的认定标准，并不可能实施社会统一认定标准，而是由相应的监管职权部门,依其实际情况及失信状态治理所需,来具体明确规定具体认定标准,并在失信治理当中不断给予完善规范。

(2)纳税失信的构成要件

判断一个行为是否构成纳税失信,除了失信行为符合构成要件之外,行为人还必须负有责任,也就是说一个行为要构成纳税失信必须符合三个递进式组合的条件,包括纳税失信构成该当性、纳税失信的危害性、纳税失信的有责性。

第一,纳税失信构成的该当性。纳税失信构成的该当性是指构成要件的实现,即所发生的事实应与税务机关公布纳税信用评级规定失信行为的规范要求相一致。具体来说,纳税失信构成该当性中包括行为主体、主观过错、失信行为、失信结果等要素。首先,纳税失信人是界定纳税失信的基础。纳税失信人作为实施违法违规的行为人,其行为的发生与后果都是纳税失信人的主客观因素加诸一体的结果,因此,失信主体是连接纳税失信构成各要素的桥梁。其次,纳税失信人的主观状态是判断纳税失信行为的重要因素。纳税失信人的主观过错与否与其实施行为的构成、责任的承担、惩戒的强弱都有重要联系,而且主观过错的存在也与过失失信行为在社会危害性方面存在较大的差别。再次,纳税失信的行为表现是判断纳税人是否担责的关键因素。由于纳税失信行为表现多种多样,需要设定合适的认定条件,才能决定某一具体行为是否属于失信行为,并进行归责惩戒。最后,纳税失信行为的后果是决定纳税人承担何种后果的依据。需要准确判定纳税失信对国家、社会与他人的合法利益产生损害,并且此种损害应具有关联性。

第二,纳税失信的危害性。纳税失信行为都会产生一定的危害性,且与税收行政违法行为的违法性要求有所衔接。税收行政违法行为实质上是税收程序法所不允许的行为。"通常认为,当出现法律规定的阻却事由时,该行为原本导致的法律效果将不再发生。但该阻却事由的出现并不必然意味着该行为不具违法性,尚需进一步厘清阻却事由的不同性质。"①法律规定的阻却事由分为阻却违法性事由和阻却责任性事由,税收行政违法行为的判断标准在于是否有税收行政违法阻却事由。而阻却责任性事由的出现,只能阻却税收行政违法责任的承担而不能阻却税收行政违法行为的违法性判定。区分阻却事由类型事关纳税失信行为的判断。若该行为具有违法阻却事由,则该行为不

---

① 孙成军:《税收之债不履行的构成要件》,载《税务研究》2014 年第 5 期。

具有违法性。如《税收征管法》第 27 条第 1 款规定：纳税人、扣缴义务人不能按期办理纳税申报或者报送代扣代缴、代收代缴税款报告表的，经税务机关核准，可以延期申报。根据该款规定，税务机关一般在"不可抗力""财务处理上的特殊困难"等情况下，可以核准纳税人延期申报。但延期申报未经核准的，仍逾期申报，或经核准后，在延期申报期内未申报的，根据《税收征管法》第 62 条的规定：纳税人未按照规定的期限办理纳税申报和报送纳税资料，或者扣缴义务人未按照规定的期限向税务机关报送代扣代缴、代收代缴税款报告表和有关资料的，由税务机关责令限期改正，可以处 2000 元以下的罚款；情节严重的，可以处 2000 元以上 1 万元以下的罚款。可见经核准的延期申报行为即属于有违法阻却事由的义务违反行为。国家税务总局在《关于发布税务行政处罚"首违不罚"事项清单》（国家税务总局公告 2021 年第 6 号）中规定：纳税人未按照《税收征收管理法》及实施细则等有关规定的期限办理纳税申报和报送纳税资料，且危害后果轻微，在税务机关发现前主动改正或者在税务机关责令限期改正的期限内改正的，不予行政处罚。此类纳税申报行为仍然具有违法性，只是基于《行政处罚法》《税收征收管理法》的规定，存在责任阻却事由而免于承担法律责任。同时，根据《国家税务总局关于纳税信用评价与修复有关事项的公告》（国家税务总局公告 2021 年第 31 号，以下简称"31 号公告"）的规定："自 2021 年度纳税信用评价起，税务机关按照'首违不罚'相关规定对纳税人不予行政处罚的，相关记录不纳入纳税信用评价。"这表明纳税失信的危害性要求比违法性要求低一些，将有助于提高社会诚信体系的建设水平。

　　第三，纳税失信的有责性。有责性是指能够满足复合性和危害性条件的纳税失信行为对行为人进行谴责和惩戒。是否具有有责性应该从行为人主观状态考察，以对不同性质的纳税失信行为适用不同处理方案。纳税信用评价指标的设置根据"信用是能够履行诺言而取得的信任"的词义解释，设计指标扣分分值时，主要考量纳税人主观态度、遵从能力、实际结果和失信程度四个方面。① 可见，对于国家税务总局假设纳税人在主观方面不具备"无意识"过

---

① 国家税务总局：《关于〈纳税信用评价指标和评价方式（试行）〉的解读》，http://www.chinatax.gov.cn/n810341/n810760/c1152523/content.html，下载日期：2022 年 1 月 19 日。

错的情形①,只是在主观态度上存在过错程度高低的差异。例如,纳税信用评价指标中扣分标准存在直接 11 分扣除与多次重复相同分值扣除②的设置。显然,纳税失信惩戒对纳税失信行为的惩戒标准是以客观失信结果为准的,没有区分故意或过失的危害性差异。换言之,一项失信行为的重复发生在主观上显然应当细分首次失信行为与后续失信行为的主观差异,进而考虑每次失信行为发生后的危害性与有责性。具体而言,在首次失信行为发生后,应当考察其主观的故意或过失状态,进而与"首违不罚""首违不记"等制度相衔接。但纳税人在后续若仍有该项行为的重复发生,就应认定其在主观上具有故意的过错状态。因此,相比故意或恶意失信,有时因过失导致的失信对信用秩序的危害更大,如重复多次的过失失信。此外,纳税失信的有责性还存在法定的阻却事由即"首违不罚""首违不记"制度,但这一阻却事由也是以客观失信结果为规则标准的,没有区分首次失信行为的主观差异,在制度上产生了给予首次故意失信、首次过失失信与首次无意识失信相同的免责空间,显然会给纳税人给予不同的责任待遇,不利于"激励守信、惩戒失信"的纳税失信治理基本原则的贯彻。

二、纳税失信治理的思想渊源

纳税失信的治理思想,一方面源自社会传统对失信危害及其成因透析的重视,另一方面也随着治理模式的更新而实现治理价值理念的革新。西方国

---

① 柯林霞:《失信惩戒制度下失信行为的范围及限度》,载《河南社会科学》2021 年第 1 期。

② 多次重复扣分行为类型:010101.未按规定期限纳税申报(按税种按次计算);010102.未按规定期限代扣代缴(按税种按次计算);010103.未按规定期限填报财务报表(按次计算);020301.已代扣代收税款,未按规定解缴的(按次计算);020302.未履行扣缴义务,应扣未扣,应收不收税款(按次计算);030101.应当开具而未开具发票;030102.使用电子器具开具发票,未按照规定保存、报送开具发票数据的(按次计算);030103.未按规定开具发票;030104.纸质发票未加盖发票专用章;030105.未按规定保管纸质发票并造成发票损毁、遗失的;030106.未按照规定缴销发票;030107.未按规定向税务机关报告发票使用情况的;030108.违规跨境或跨使用区域携带、邮寄、运输或者存放纸质空白发票(按次计算);030109.擅自损毁发票的(按次计算);030204.未按规定保管税控专用设备造成遗失的(按次计算);040101.未按规定期限办理税务登记或扣缴税款登记或变更税务登记的;040102.未按规定开具或核销外出经营管理证明的(按次计算);050105.无补税,行为罚 2000 元或以下且已缴纳(按次计算);050106.无补税,行为罚 2000 元以上且已缴纳(按次计算)。

家不仅在私法和公法领域中制定了大量的诚信规范,而且建立了比较完善的社会信用立法,从而使诚信成为人们日常行为中最基本的行为准则。中国自古就倡导诚信,但长期以来,诚信一直处于道德层面,约束力不强。①

(一)中国古代的纳税失信治理的思想渊源

诚实信用是中国历代王朝治国理政的重要思想基石,必然体现在历朝历代的赋税征收治理活动中。历代王朝对税收中违反诚实信用的行为都进行了严格管制。如历代王朝对商人始终保持警惕,认为商人"唯利是图",以各种方式隐匿偷漏税赋,汉元狩四年(公元前 119 年)武帝颁布算缗和"告缗令"对商贾征收财产税,并任用杨可主持征税,最后"缗遍天下,中家以上,大抵皆遇告"②,以至"民偷甘食好衣,不事畜藏之产业"③。唐初年间,宰相李峤称:"黠商大贾,诡作台符,羼名伪度。"④为应对富商巨贾的逃税,唐玄宗在赦文中要求御史和地方州县"严审其户……赋役商贾"⑤。在宋宁宗时,监察御史石宗万指出:"州郡商税,经费之所繇出,惟赖富商大贾趁办课利。今沿江场务,所至萧条,较之往年,所收十不及四五。推原其繇,皆士大夫之贪黩者为之。巨艘西下,舳舻相衔,捆载客货,安然如山,问之,则无非士大夫之舟也。"⑥"商旅探伺,争为奔趋。为士大夫者从而要索重价,一周所获,几数千缗,经由常务,曲为覆护。"⑦宋淳化五年(公元 994 年)诏令规定:"应算物货而辄藏匿,为官司所捕获,没其三分之一,以半畀捕者。贩鬻而不由官路者罪之。"⑧《庆元条法事类》中规定:"匿税者,笞四十,税钱满十贯,笞八十,持杖匿税,不以财本异同,杖八十。"⑨明永历年间,巡按山东监察御史陈济曾建言:"淮安、济宁、东昌、临清、德州、直沽,商贩往来之所聚。今建都背景,而四方百货倍于往时,其

---

①　杨福忠:《诚信价值观法律化视野下社会信用立法研究》,载《首都师范大学学报(社会科学版)》2018 年第 5 期。

②　《史记·平准书第八》。

③　《史记·平准书第八》。

④　《新唐书·李峤传》。

⑤　《四库全书·唐会要》(卷八十五)。

⑥　《庆元条法事类》(卷四十七)。

⑦　《宋会要辑稿·食货》。

⑧　《宋史》(卷一百三十九)。

⑨　《庆元条法事类》(卷十五)。

商税宜遣人监闸一年,以为定额,庶无侵欺之弊。"①

(二)古罗马纳税失信治理的思想

西方的诚信思想起源于古罗马,纳税失信治理的思想同样也能在相关古罗马帝国政府运转中寻觅到踪迹。古罗马帝国的财政理念是贯彻权利义务平等的原则,以尽可能低的税率、以尽量宽广的税基,为帝国的治理输送稳定的财源。事实上,古罗马的税法在共和国与帝国前期对罗马公民和非公民在税收待遇上有明显的差别。罗马公民可以免交直接税,但需要服兵役,被称为"血税",而非罗马本土的行省居民要承担 10% 的直接税税负。因此,古罗马帝国的税收基础薄弱。事实上,罗马贵族阶层的捐献为维持罗马帝国的运转起了很大的作用。作为回报,罗马贵族阶层世代名列元老院的议席,对国家决策保持着巨大的影响力,保持他们的崇高声望、光耀门楣的荣誉感。此外,在共和时代罗马采取的包税制,是交由包税人通过包税制度来完成的,政府不直接控制征管过程。② 在对包税人征税行为规制过程中曾有过客观诚信的立法实践。通常而言,罗马的包税制度,需要由适格的骑士阶级成员通过向罗马公民公开进行招投标活动与政府订立包税合同,从而获得有期限的征税权。由于包税制下的征税行为涉及非罗马居民的财产、人身权利,罗马公法对包税人的滥权行为采取包税公示宣告等手段进行相应的控制。③ 昆图斯、西塞罗等学者在担任总督时期,对本行省内包税人行为规范的告示中采用了"依诚信"客观诚信的抗辩,平衡包税人与非罗马居民之间的利益冲突。④ 因此,在共和国与帝国前期留下的史料里,几乎看不到行省因为抗税引发暴动、骚乱的记载,说明低税率的税收负担与柔性的征管措施得以有效施行。古罗马纳税失信治理的观念基础是古罗马诚信价值观渗透到了其社会的每一个角落,只有这样,才能支撑古罗马帝国庞大的公共活动支出。

---

① 《太宗永乐实录》(卷一二五),载郭厚安:《明实录经济资料选编》,中国社会科学出版社 1989 年版,第 546 页。

② [美]腾尼·弗兰克:《罗马帝国主义》,宫秀华译,生活·读书·新知三联书店2008 年版,第 174 页。

③ 徐国栋:《罗马的包税人——公务承包制、两合公司在古罗马》,载《吉林大学社会科学学报》2010 年第 6 期。

④ 徐国栋:《罗马法学家昆图斯·穆丘斯·谢沃拉与客观诚信和主观诚信的聚合》,载《暨南学报(哲学社会科学版)》2012 年第 9 期。

(三)中西传统纳税失信治理思想评述

中国古代社会对赋税逃匿活动的关注主体始终集中在商人群体。统治阶层在"重农抑商"与"诚信为本"等儒家传统思想指引下,对商人群体施以严刑峻法,足见中国古代社会所体现的诚信观是一种"位阶诚信观",而非"行为诚信观",中国封建小农经济的性质决定了这种"位阶诚信观"具有强烈的伦理道德色彩,而无法向市场法治方向转换,与现代意义上的诚信原则大相径庭。与之相反的是,西方纳税失信治理的诚信源泉是罗马法中的诚信观,其原因在于在包税制度所依据的合同订立、纳税人财产权等私法内容向公法领域的渗透中,诚信观产生无可回避的影响。但在历史考证中,公法领域中的税法征收制度多是客观诚信的表现,显示出作为统治阶层在主观层面也出现与中国古代统治阶层相似的、对被统治阶层不信任的征税观。因此,只有当主客观诚信结合在一起时,才能弥补公法层面的价值观缺陷,从而形成现代意义上的诚信价值观。这就要求"借助当事人的诚实、善意和合作精神来履行契约"构筑高贵的道德品质。①

三、税收道德治理的价值、约束与效力

(一)税收道德的价值生成

纳税失信治理的维度之一是对失信行为的道德治理。税收道德是纳税人在纳税过程中表现出来的一种特殊的自觉意识,是纳税人基于公序良俗和文化因素产生的道德意识、道德规范以及道德行为实践的总和。② 由于税收道德所内含的诚实信用价值观彰显,国家与社会能够对损害国家公益与财税秩序的纳税失信行为进行道德约束。因此,对纳税失信治理的价值基础源于税收道德的诚信价值观,并且诚信价值观也促成了税收道德秩序规范的形成。本诺·托格勒认为:"在规范人的行为方面,道德规范的影响力比经济处罚手段的影响力大得多。所以在税收制度改革的实践中,必须重道德之评判,重道德之约束,重道德之弘扬。"诚实信用是税收道德的内化价值导向。因为诚实

---

① 李嘉莉、党志峰:《西方诚信观念:历史嬗变中的综合》,载《伦理学研究》2014 年第 4 期。

② 何乐:《关于完善公司税收道德约束机制若干问题的思考》,载《国际税收》2020 年第 5 期。

信用通过价值形态进入税收道德范畴,使税收参与主体在价值观表达上具有一致性,在纳税行为动机上具有融通性。同时,诚实信用也是税收道德与税收法律共同的价值基础。但是,如果从"道德是社会制定或认可的关于人们具有社会效用(亦即利害人自己)的行为应该而非必须如何的非权力规范"的定义出发,税收道德便是指社会制定或认可的关于征纳税人具有社会效用(亦即利害征纳)之行为应该而非必须如何的非权力规范。诚实信用也将税收道德外化为道德评价。[①]

历史各代对逃税匿税者施以单纯的严刑治理也无法彻底避免上述行为的发生。北宋真宗、仁宗时期,国家不抑兼并,豪强富商大量聚集土地,隐匿田土,逃避税赋。真宗言及:"天下赋税不均,豪富、形势者田多而税少,贫弱者地薄而税重。由是富者益富,贫者益贫。"[②]北宋政府除了采取严刑峻法之外,还采取千步方田法、经界法、括田、公开税制等方法强化豪家大族的诚信意识。朱熹称:"结局以后,田土狭阔,产前轻重,条理粲然,各有归著。在民无业去产存之嫌,在官无逃亡倚阁之欠,豪家大姓不容侥幸隐瞒,贫民下户不至偏受苦楚。"[③]因此,纳税失信的道德评价实质是对税收违法行为的道德评价,或者说给税收违法行为披上道德评价的外衣,冠以纳税失信行为的称谓,并给予法律与道德的双重评价,从而达到失信行为的根本治理和道德伦理关系修复的根本目标。

(二)税收道德的约束机制

税收道德的约束是指对纳税失信的道德治理是通过道德的自我内化与评价外化相结合形成的自我道德约束和他者权威约束构成的纳税失信治理机制,主要体现在以下几点:

其一,税收道德的自我内化驱动纳税人诚信价值观的树立和自我道德约束力度的提升。纳税人的自我约束是税收道德发挥约束作用的重要因素,但税收道德的非强制性使得纳税人缺乏自我约束的动力。因此,当纳税人缺乏

---

① 姚轩鸽、马岩:《税收道德的核心价值——国内税收伦理研究现状述评》,载《社会科学论坛》2019 年第 3 期。

② 《宋会要·食货一》(卷十八)。转引自薛政超:《论唐宋以来富民逃避赋役之影响》,载《求索》2016 年第 2 期。

③ 朱熹:《晦菴集·条奏经界状》(卷十九)。转引自郭丽冰:《南宋经界法实施利弊之探讨》,载《黑龙江社会科学》2008 年第 2 期。

自我约束动力时,需要给予其增加自我约束的动力来源,如各种税收优惠的激励机制,使纳税人能从自我约束中获得利益,促使其树立诚信价值观。

其二,税收道德的他者权威约束促使纳税失信治理。税收道德的外在约束效果也受其非强制性的影响,但外化的约束会通过其他主体对纳税人本体产生一定的作用效果。显然,就治理范围而言,纳税失信的道德治理领域明显广于法律治理与经济治理的领域,若道德治理的效果不尽如人意,将对国家正常的财税秩序产生很大的影响,因此,赋予税收道德外化约束以相应的约束后果,尤其是具有一定强度的约束措施,不仅能够实现道德治理、法律治理与经济治理的有机结合,也将有助于推动纳税人税收道德价值观的树立。

(三)税收道德的效力局限

纳税失信的道德治理多以非强制性的自我约束与外在约束的方式实现,尽管其适应范围相当广泛,但是治理的成效与法律治理、经济治理仍存在一定的差距。税收道德强调人的自律性,因而不同纳税人对诚信纳税的认知往往各有不同,这使得税收道德的实质内涵在每个纳税人那里缺乏固定的标准,造成治理效果的不确定性。如纳税信用评价的降级对纳税人而言,其首要目的是通过对纳税人施加一定外在压力促使其履行纳税义务,但若缺乏后续的惩戒措施,单一的、无后果的降级处理很难促使纳税人放弃其追逐非道德且违法的税收利益的动机,因此,纳税失信的道德治理与法律治理、经济治理比较而言,其作用应定在为纳税失信治理提供道德价值基础。

四、纳税失信的经济治理

(一)纳税失信治理的经济学解释

"信用在经济领域有特定含义,指基于资产状况和交易历史等经济信息对个人或企业的履约情况和未来履约能力进行评价、预测,其功能在于消除信息不对称、降低交易成本、控制信贷风险、扩大信贷规模、优化资源配置等。"[1]因此,信用是诚实信用从道德价值向经济价值过渡转化的结果,即产生信用经济。同理,纳税信用在经济领域能够为纳税人基于其纳税历史等信息对其诚信纳税情况与未来纳税能力进行的评价,从而获得经济利益。纳税信用的经

---

① 戴昕:《理解社会信用体系建设的整体视角:法治分散、德治集中与规制强化》,载《中外法学》2019 年第 6 期。

济逻辑以税收契约和诚实信用为价值导向,以信用管理制度为载体,以纳税失信的经济治理后果为根据。

因此,"经济人"理论假设认为经济主体的最根本出发点就是追求自身利益最大化,这也是纳税失信的最根本原因。对于失信的纳税人而言,他们可能承认纳税人与国家之间缔结了税收契约,并且受到税收道德的制约,需要遵循诚实信用的价值观。在他们看来,其纳税的义务更多是国家与纳税人之间基于法律上的权利义务关系而产生的,纳税成本是其承担的一种额外负担。因此,影响纳税失信的因素就包括失信所产生的可量化各类成本要素与收益要素。成本要素包括:失信声誉成本、失信措施成本、失信责任成本。其中失信声誉成本是指因各种纳税失信等反信用行为的发生导致纳税人声誉受损产生的成本;失信措施成本是指在实施各种失信行为时所产生的支出成本;失信责任成本是指因失信行为而被惩戒后的经济损失。收益要素主要是指直接失信收益,是实施失信行为所获得的额外税收利益。

纳税失信的经济治理,即将纳税失信的成本与收益比倒置,通过纳税失信的经济惩戒,掐断纳税失信人获得税收利益的途径,增加其失信成本。若纳税失信行为涉及违法,将归入纳税失信的法律治理范围中。但纳税失信的经济治理的逻辑起点不在事后的经济惩戒,而意欲通过经济惩戒实现预防纳税失信产生的社会性信用危机。

(二)纳税失信经济治理中的博弈机制

博弈论作为重要的经济分析工具,广泛运用于各种经济活动中,其基本原理是参与经济活动的主体基于自身利益的最大化进行战略选择。在每一个战略选择和行动策略的改变中,参与者都会得到收益或者是支付成本,并在互动过程中逐渐形成一个各主体相对稳定的均衡,称为"纳什均衡"(nash equilibrium)。就税收信用而言,征税人、纳税人之间分别存在各自的利益,都会从自身理性经济人的角度出发,制定在不同时间、地点、条件下的战略决策。税收信用的履行程度往往取决于对相关法律法规的掌握程度以及信息是否对称,但最后都会在各自利益的取舍之间形成一种均衡。

税收信用活动本身就是一种博弈行为。从国家的角度出发,国家希望纳税人能够诚信主动纳税,从而达成征管成本低廉、双方关系和谐的目标。但在这一条件下,纳税人的最优选择不是诚信纳税,而是实施逃税漏税等失信行为,其能够降低纳税人的税收成本。在纳税人实施失信行为的条件下,国家的最优选择将变更为积极评价纳税人的失信行为,从而促使纳税人减少偷税漏税等失信行为对国家税收秩序利益的损害。纳税失信产生的信用危机归根结底是国家与纳税人之间在税收征纳过程中,所产生的"义利之争",当纳税人与国家都遵循税收道德的诚实信用价值导向,遵循税收契约所形成的权利义务内容时,便会形成良好的纳税信用环境。若双方背弃了税收道德所倡导的诚实信用价值观,破坏税收契约的权利义务关系,将引发征纳关系的紧张,进而导致税收征纳风险与成本的上升,形成高风险、低信誉的纳税信用环境。易言之,国家与纳税人在纳税信用的博弈上受到了失信成本与失信收益诸多因素的影响。

(三)纳税失信经济治理的环境构造

纳税人的失信行为会受到外部纳税信用制度环境的影响。纳税信用的制度环境包括纳税信用的道德、经济与法律等要素的制度化,强调在纳税失信的博弈过程中,纳税信用制度化对纳税失信治理的价值导向、成本支出与治理措施的设定产生的指引作用。因此,完善纳税信用环境关乎税收道德伦理、税收信用秩序与税收法律环境的建立。申言之,纳税信用环境需要从三个方面予以关注:其一,纳税信用环境的形成。纳税信用环境的形成是在国家与纳税人之间的信用博弈活动过程中,基于诚实信用价值逐渐形成的。纳税信用环境的形成能够降低税收征纳活动的信用风险,控制征纳成本。其二,纳税信用环境对失信行为的影响。完善的纳税信用环境能够通过外部制度的作用机制降低纳税人的失信收益,从而改变其行为目的与行为模式。反之,在缺乏纳税信用的制度环境中,纳税失信的发生概率则会显著增加。其三,纳税信用环境的变化发展。纳税失信经济治理的信用环境不是一成不变的,它会随着市场、社会、经济发展而变化,只有不断改变并适应纳税人在市场活动、社会活动、征纳活动中的目的与行为变化,使得国家能够全面知悉纳税人的信用信息,并信赖道德、经济和法律全方位的信用惩戒保障,才能控制风险、降低成本、提升道德色彩,从而营造良好的信用环境。

五、纳税失信的法律治理

(一)纳税失信治理的法律定位

纳税失信的法律治理是以法律为基础的治理模式,与之相关的是纳税信用治理法律体系由纳税信用基本元素、信用活动及其法律制度构成。我国纳税信用的法律规范来自国务院财政、税务、海关等行政部门,这些关涉纳税信用的规范组成了我国纳税失信治理的法律体系。从功能角度来看,纳税失信治理制度是税收征管威慑制度的组成部分。具体而言,是将其作为保障税收征收、降低税收征管成本的重要制度组成。纳税失信惩戒的规范如《重大税收违法案件信息公布办法(试行)》《重大税收违法失信案件信息公布办法》等部门规章,把对纳税人的失信惩戒力度放在极为重要的位置上。从程序上看,纳税失信治理的定位是落实诚实信用的价值道德观的重要程序规则。纳税失信适用惩戒有多种模式,主要因为不同失信行为的情形及其性质,分别考虑适用不同的惩戒模式。失信惩戒模式不同,也会适用不同的惩戒措施,并根据其行为情形及后果影响,确定是否列入联合惩戒机制,实施共同惩戒。联合惩戒机制的核心内涵在于确定对所适用的相应行为实施相适应的惩戒措施,并致力于追求实现制止或防止其危害性或不利状况的发生,减少失信行为造成的负面影响,还原或鼓励守信和诚信主体的信心和积极性。

(二)纳税失信治理的类型设置

如前文所述,纳税失信的行为模式与性质各有不同,需要设置与其对应的治理措施,制定相应的责任后果。纳税失信法律治理的目的在于维护国家与纳税人之间基于税收契约的信任与秩序稳定,促进社会合作。当国家与纳税人之间的"信用承诺关系被破坏时,法律必须对这一关系予以重申,惩罚是实现这一目的的有效手段"①。前文已论述过,纳税失信的道德治理有其局限性。道德治理以降低纳税人的纳税信誉度为基础,其作用机制前提是纳税人的纳税信用的有用性,但当纳税人信用对纳税人不具备有用性或价值性时,也就无法产生道德谴责这一道德治理的基本机制作用。纳税失信的法律治理有如下两个不同的法律作用机制。其一是传统的"命令—制裁"机制,实现对纳税失信行为的行政性惩戒;其二是市场中的信用机制,实现纳税失信行为的市场性惩戒。

纳税失信的行政性惩戒是税务行政机关利用行政手段获取纳税人信用信息,实施直接对应的纳税失信惩戒措施,其他联合惩戒行政机关则根据税务机关的信息推送对纳税失信人实施间接的惩戒措施。"40 号公告"规定了纳税失信行政惩戒的具体措施,包括"增值税发票限制""加强资格审核""提高处罚幅度""行政许可限制"等。同时,纳税失信行政惩戒的实施需要遵循一定的法

---

① 王伟:《失信惩戒的类型化规制研究——兼论社会信用法的规则设计》,载《中州学刊》2019 年第 5 期。

定程序,包括纳税信用评价、结果的确定和发布、纳税信用评价结果的应用。"40 号公告"规定纳税信用评价结果的确定和发布遵循"谁评价、谁确定、谁发布"的原则,当税务机关确定纳税信用评价结果后,有权将结果通知、提醒纳税人,并且根据需要定期或不定期发布各级纳税人名单,尤其是根据"纳税失信黑名单"公布重大税收违法案件信息。纳税失信的直接惩戒和间接惩戒部门从失信惩戒系统中获知被执行人的失信信息,形成"隐性"的信用惩戒。一旦失信被执行人从事失信惩戒规范所禁止的行为,相关惩戒部门和单位便开始启动"显性"的失信惩戒程序,限制失信被执行人的违规行为。

纳税失信的市场性失信惩戒是市场征信机构、金融机构及其他各类市场主体根据纳税信用信息对纳税失信人信息纳入信用记录、信用报告和信用评级报告,在投融资、授信、贷款、保荐、承销、保险及其他市场交易行为等方面进行资格限制,以提高其失信成本的方式惩戒失信行为。[①] 就传统的信用法律的制度逻辑而言,市场主体需要根据交易对方的信用记录判断其交易行为预期的成本、潜在风险,从而选择适当的交易策略,以保障自己的交易安全。因此,市场性惩戒措施是基于信用机制作用,由市场主体在不受干预的条件下自主作出的交易选择。对于市场性惩戒措施而言,纳税信用信息的记录、更新、传递与共享的速度滞后于市场信用信息的记录、更新、传递与共享速度,这导致市场主体在启动市场惩戒措施的问题上往往瞻前顾后。例如,纳税人的信用评价结果从高等级降为低等级甚至 D 级状态时,若信息更新不及时,而其他企业与之建立交易关系。当交易企业得知其存在纳税失信信息后往往有断绝交易关系的倾向,但这些企业主体会考虑断绝交易往来是否涉及违约赔偿的事由。因此,行政性失信惩戒措施若与市场性失信惩戒措施搭配不当,反而将弱化市场性失信惩戒措施的效果。换言之,市场性惩戒措施的裁量权基准在缺乏相应法律制度支持下,很难实施所谓的原则性与灵活标准相统一。

第三节 纳税失信治理措施与边界

纳税失信重在治理,由于不同类型纳税人的失信惩戒有不同的制度内涵,因此对不同纳税失信人的治理力度也有所不同。"40 号公告"规定了从事生

[①] 参见《全国失信惩戒措施基础清单(2021 年版)》。

产经营并使用查账征收的企业纳税人的纳税信用管理制度。自然人是信用的直接承载对象和社会信用体系的基础单位,也是我国税收法律制度所不可或缺的基本主体。较高的自然人纳税信用可充分提升税收遵从连同征纳双方的互信程度;反之,则无从排解税收抗拒连同征纳双方互疑的紧张社会关系,势必不利于我国税收社会信用体系的构建和完善。2019年9月,国家发展和改革委员会财金司联合国家税务总局印发了《关于加强个人所得税纳税信用建设的通知(征求意见稿)》,就全面实施个人所得税申报信用承诺制、建立健全个人所得税纳税信用记录、建立自然人失信行为认定机制等作出了明确的规定。通知要求全面实施个人所得税申报信用承诺制,建立健全个人所得税纳税信用记录、自然人失信行为认定机制。而个体工商户等纳税主体在国家层面尚未建立具体的制度,相关制度实践仅在浙江等省份开展试点。浙江省实施的《浙江省个体工商户和其他类型纳税人纳税信用管理办法(试行)》,适用对象主要包括个体工商户、非独立核算的企业、个人所得税实行核定征收的个人独资企业和个人合伙企业,以及从事生产、经营的非企业性单位。该办法明确对纳税信用管理遵循客观公正、标准统一、分级分类、动态管理的原则,具体规定了对 D 级纳税人的惩戒措施。总体而言,这类以主体类型为制度划分标准的逻辑在一定程度上存在局限性,容易将某类具体类型的纳税失信人的治理措施局限在一定的范围内,无法对纳税失信行为形成有效治理的态势。是故,有必要捋清纳税失信治理的各环节措施,增进对其内涵机制的有效认知。一般而言,纳税失信治理的措施包含纳税信用信息采集、纳税信用信息公示、纳税信用评级、纳税失信黑名单、纳税失信惩戒与纳税失信救济等内容。

一、纳税失信治理措施

(一)纳税信用信息采集措施

纳税信用信息采集措施是纳税信用评价与纳税失信治理的基础。《税收征管法》、《税收征管法实施条例》、"40号公告"对纳税信用信息采集范围、采集方式进行了明确的规定,构建了以企事业单位为对象的纳税信用信息采集措施体系。

1.经申报的纳税信用信息记录与收集

纳税信用信息采集措施中最重要的是纳税人自身的纳税信用信息申报措施。其中申报措施是以税收征管法所确立的纳税申报措施为基础,"40号公告"

中关于纳税人评价年度内的涉税申报信息、税(费)款缴纳信息、发票与税控器具信息、登记与账簿信息等的记录与收集都需要依靠申报措施。随着网络报税制度与技术体系的日臻完善,网络申报、财务信息、缴款信息与发票信息已经实现自主上传、自动编码、自动规整与智能审核,极大提高了纳税信用信息记录与收集的效率,降低了采集措施的错误率,体现了"智慧税务""互联网＋税务"有利的一面。但也应注意到,在这一模式中,纳税人处于主动申报相关信息的地位,税务机关则是被动接受其信息,此模式并未根本脱离税务机关与纳税人二元博弈的沟通模式,仍然需要拓展税务机关获取纳税信用信息的渠道。

2.经征税机关数据库的信息记录与收集

记录在税务机关内部征管系统数据库中的纳税人信用历史信息是另一类重要的纳税信用信息,包括基本信息和评价年度之前的纳税信用记录,以及相关部门评定的优良信用记录和不良信用记录。税务机关根据纳税人的生产经营业务收入、涉税违法行为等指标建立纳税评级体系,确定纳税人历史信用等级,建立"纳税信用等级初评清册"。税务机关内部税务管理系统数据库记载的纳税信用信息直接、真实而客观,但这些信息仅仅对内具有评价效力,税务机关尚须结合纳税人申报的信息、其他渠道信息进行比对,才能确定最后对外具有约束力的评价结果。

3.外部信用信息的记录与收集

外部信用信息记录与收集是税务机关对纳税人信用等级、信用信息的真实性判断的必要措施。"40 号公告"将外部信用信息分为外部参考信息和外部评价信息。外部参考信息包括评价年度相关部门评定的优良信用记录和不良信用记录,不对纳税人纳税信用评价结果产生影响。外部评价信息是指从税务管理系统、国家统一信用信息平台、相关部门官方网站等取得的影响纳税人纳税信用评价的指标信息,包括银行账户设置数大于纳税人向税务机关提供数、已经在工商部门完成股权转让变更登记或其他涉税变更登记的纳税人至评价年度结束时未向税务机关报告相关信息,欠税 5 万元以上纳税人处置其不动产或大额资产之前未向税务机关报告、进口货物报关数小于增值税进项申请抵扣数等内容。外部第三方涉税信息作为一种间接信息,来源渠道复杂,信息量大,存在税源分散隐蔽、结构多元化、取证难度大、信息滞后等采集技术瓶颈。随着管理技术和决策模型朝"定量化"的方向发展,从存储在分布方式虚拟化的现代化数据渠道获取涉税相关数据,已成为大数据时代对纳税评估信息采集的基本需求。

(二)纳税信用评价措施

纳税信用评价是税务机关将纳税人的纳税相关行为进行信用评级的措施。目前,纳税信用评价措施有两种方式:一是纳税信用等级评价,即在采集纳税人的纳税信用信息的基础上,按照评分指标对纳税信用情况打分,进而确定纳税信用等级;二是直接定性判断纳税信用情况,即对于涉及重大税收违法失信案件的纳税人,可直接确认为税收失信主体。纳税信用评价是纳税信用管理的基础,建立在纳税人遵从税法的基础行为之上,如纳税人诚信纳税,纳税信用评价的等级或分数就会较高,反之则会较低。[①] 纳税信用评价措施是纳税失信治理的基础措施,关系到纳税人在税收征纳过程中所享有的优惠条件、限制待遇等涉及纳税人核心利益的事项。在守信激励方面,税务机关对守信纳税人采取简化征管流程、给予税收征管优惠待遇等直接激励措施。在联合激励方面,国家税务总局、银保监会推出针对守信的小微企业的"以税定贷"措施,帮助其解决融资困境问题。在失信惩戒方面,国家税务总局与 33 个部门签署的《关于对重大税收违法案件当事人实施联合惩戒措施的合作备忘录(2016 版)》将对 D 级纳税失信人进行联合惩戒,使其"一处失信,处处受限"。

(三)纳税信用信息公示措施

纳税失信的表现、情节、程度与治理措施等相关信息与纳税人的利益存在联系,纳税失信信息公示制度是保障纳税治理最关键的制度,其功能在于保证纳税信息采集体系搜集的信息准确。纳税信用信息公示是通过将纳税人失信的行为、主客观方面、具体内容、认定要件、惩戒、适用对象、信息披露等情况,通过网络公开途径向社会媒介披露,适应社会化、市场化、公开化、信息化和网络化等要求,实现失信惩戒效应的社会化、市场化、网络化和联动化,加大失信的社会成本代价。纳税信用信息公示的核心是将纳税失信人"家丑外扬",扩大因其失信而引发负面受制影响和制约。"40 号公告"明确纳税信用评价结果确定和发布的责任与时间、分级分类依法有序开放的原则。《涉税信息查询管理办法》规定了涉税信息查询的渠道与范围。《企业信息公示暂行条例》要求企业披露其社保缴纳、违法失信行为等涉及其失信行为及失信受惩戒情况。这些涉及纳税信用信息的披露将直接关联纳税人纳税信用状况。

同时,为保障纳税信用信息公开在社会公共利益与纳税人私人利益之间

---

① 陈娟:《从法律视角看纳税信用管理》,载《国际税收》2020 年第 2 期。

的平衡,纳税信用信息公示制度应保障信息公示的合法性基础、体现信息公示的公信力权威、代表信息公示的公共性范围。纳税信用信息公示是将纳税失信行为暴露于众,对纳税失信人而言,其主观不愿让社会周知其失信行为,因而常以损害纳税人个人隐私为由抗辩纳税失信信息公示行为,因此纳税失信信息公示需要基于法律的合法授权与规范执行。纳税失信公示所显示的公信力权威则是应对纳税人失信行为所引发的失信危机,以信息公示制度具有方式展现其影响力与约束力。纳税信用信息公示的公众性,即主体失信信息一经公示,即可产生积极意义,尤其是经网络披露失信信息,其公示的内容实现网络化自动传播,互联网用户自由获取。失信信息的易得性及传播广泛性,也注定了失信信息的公众知晓性。

(四)纳税失信黑名单措施

2014 年 10 月,国家税务总局颁布《重大税收违法案件信息公布办法(试行)》(国家税务总局公告 2014 年第 41 号,以下简称"41 号公告"),标志着纳税失信黑名单制度的建立。"41 号公告"要求对于达到一定涉案金额的偷税、逃税、骗税、抗税、虚开增值税专用发票、虚开普通发票等行为直接判定为 D 级纳税人的失信信息予以公布。公布的信息包括纳税人的名称(姓名)、组织机构代码(身份证号码)、主要违法事实、相关法律依据、行政处理及处罚情况、实施检查单位等。对于纳税失信黑名单的制度属性,有的将其归为惩罚性的行政强制措施,有的将其归为带有预警功能的行政监管,这些分类认知都有一定的道理,但其都有共性,即涉及失信人信用警示、信用减等、市场负面评价、行为限制或禁止、限制商业交易等法律效应,是推进实现"一处违法、处处受限"的最佳监管措施之一。纳税失信黑名单制度凭借税收违法处罚的强制性和纳税信用评价公示的约束性合力,彰显了纳税失信黑名单的核心内容价值。将纳税人的重大违法失信行为记录在案,通过公示制度,在行政处罚基础上,进一步限制其在非税领域里的部分权能。虽然纳税失信黑名单制度在纳税人隐私与社会公共利益之间存在一定的紧张关系,但其制度本身所蕴含的社会公共利益保护与社会信用治理的价值内涵却是纳税失信治理体系价值链条的重要组成部分,也是我国社会信用体系建设的重要手段之一。

(五)纳税失信惩戒措施

纳税失信惩戒制度涉及多项措施,其惩戒手段与内容具有综合性,除税务机关本身给予的信用制裁外,另涵摄多部门领域采用联动、共同、互动等形式,构建了以税务行政机关为中心,其他国家行政机关、社会组织、行业协会、企事业单位联合联动的多主体、多领域、多层级的纳税失信联合惩戒机制。纳税失信惩戒通过税务机关与其他各部门单位的双向信息交换、通过各类互联网征信平台的多向信息共享,对纳税失信人多领域的权能实施限制,实现纳税失信惩戒效应的多向传播,以实现对纳税失信人及相关失信行为的动态监控,高效化解因纳税失信所形成的信用风险与财政风险。因此,纳税失信惩戒制度的根本特征表现在违法失信的一体性、处罚惩戒的双重性与惩前毖后的同时性。纳税信用本是信用概念存在于税收领域的狭义表述,将税收违法行为称为纳税失信行为,是以信用这一概念作为一个"筐"将税收违法行为概念与税收失信行为概念都包容进去。纳税失信惩戒的基础是税收行政法的调整结果,如果税收行政法认为纳税人行为构成税收行政违法,不仅需要通过传统的法律责任手段实施制裁,也应当通过信用手段加以管理或者惩戒,即规定特定的违法行为适用失信惩戒措施。这与传统征信立法并无二致,但将税收违法行为与税收失信行为的范畴区域完全重叠起来,显然将混淆以税收违法行为与税收失信行为概念基础所构建的治理工具的功能定位。税收法治与信用法治的基本逻辑是税收信用法规规定纳税失信惩戒的原则与规则,税收信用法规则根据税收行政法的要求在特定范围内对税收违法行为实施惩戒。否则这样泛信用化的现象显然不完全符合法治逻辑的治理思路,极易形成滥用纳税失信惩戒措施的趋势,并形成对纳税违法行为的双罚结果。因为,在针对违法行为的行政性惩戒或刑事制裁已经执行完结的情况下,违法行为人的法定不利后果已经依法解除,再次将违法行为人列入失信人名单的污名行为,在法律属性上就不再属于过程性行政行为,而是一种补充性的具体行政行为,显然属于"二次处罚"。

(六)纳税失信救济措施

纳税失信救济制度包括对纳税信用评价结果的异议和纳税信用评价结果的修复两类。根据《国家税务总局关于明确纳税信用补评和复评事项的公告》的规定,如果企业纳税人对纳税信用评价结果有异议的,可以在纳税信用评价结果确定的当年内,向主管税务机关进行申请复评,主管税务机关会在受理申请之日起 15 个工作日内完成复评工作,并反馈纳税信用复评信息或提供复评结果的自我查询服务。2019 年,国家税务总局颁布了《关于纳税信用修复有关事项的公告》,其中规定了 19 种情节轻微或未造成严重社会影响的纳税信用失信行为及相应的修复条件,共包括 15 项未按规定期限办理纳税申报、税款缴纳、资料备案等事项和 4 项直接判定为 D 级的情形。开展纳税信用修复以纠正失信行为为前提。[①]

二、纳税失信治理的成本与边界

(一)纳税失信治理的成本分析

如上节所述,纳税失信经济治理即将纳税失信的成本与收益比倒置,通过纳税失信的经济惩戒,掐断纳税失信人获得税收利益的途径,增加其失信成本。但纳税失信治理的特殊性在于其与纳税违法行为治理存在根本区别,前者针对的是纳税失信行为,后者针对的是纳税违法行为,虽然两者间在内容范围上有所重合,但从道德、经济与法律三个层面的治理成本分析,可以发现纳税失信治理的成本往往存在一定的问题。

1.纳税失信治理的经济成本偏高

纳税失信的经济治理需要以增加纳税人失信声誉损失、失信措施成本、失信责任成本为基础,并掐断纳税失信人获得税收利益的途径,减少其非法获益的数额。但对纳税人而言,增加失信声誉损失似乎很难对其产生影响,理由无外乎在于声誉损失形成的经济成本难以标准化与计量化,因而对纳税失信人很难产生直接的震慑作用。增加失信措施成本则需要根据纳税失信人的行为逻辑,如隐匿涉税信息、查知逃漏税行为等为基础,制定纳税失信人难以实施上述行为的制度规范,如增加纳税人的申报义务、自查义务,但也赋予了税务机关等主体额外的审查责任、检查义务等。这一逻辑虽然增加了纳税失信人实施失信行为的成本,但也在一定程度上增加了纳税失信治理的经济成本。而增加失信责任成本则需要考虑失信责任的制度定位,即失信责任与民事责任、行政责任、刑事责任之间是如何定位的。从已有规定看,失信责任是独立于民事责任、行政责任与刑事责任之外的另一种责任形式,虽然失信责任额外加重了纳税失信人的责任负担,但失信责任要么不会立刻产生影响,要么影响过小。

2.纳税失信治理的道德成本差异过大

纳税失信治理的道德投入产出比是与"国家有可能借助信息化延伸管控

---

① 国家税务总局:《19 种纳税失信行为可修复信用》,载《四川法治报》2019 年 11 月 19 日 A03 版。

范畴"相联系,使非正式规范的权力更为直接地进入那些传统上被认为落到国家干预范畴,归于正式规范调整的领域。① 客观而言,正式规范与非正式规范对同一社会现象的治理权源截然不同。前者以体现国家集权的强制性权力为基础,后者则以自制分散的社会治权为基础。因此,当国家权力通过非正式规范治理传统的国家干预范畴时,将产生意料之外的结果,正所谓"以德入法,出礼入刑"。在税收治理领域中,税收道德的诚信价值树立正是以国家强制力与社会治权为基础,以税收道德治理的失信责任承担为集中的,这凸显出国家的"以德入法"的治理理念。

但德治入法的道德成本往往会因治理对象的差异出现重大差别。如果将税收道德作为税收征纳秩序治理的依据,那么国家需要准确识别各类纳税人的每一类活动是否都应动用税收道德进行价值判断,是否需要税收法律介入。例如,因纳税人非主观的错误行为,只要没有产生实质性影响,是否对纳税人的行为首先进行道德价值判断,再进行法律事实判断,还是二者兼而有之?事实上,为维持国家财政收入,国家常年投入大量资源来保障税收治理领域的严管传统,导致忽略纳税人的行为性质判读到底是道德问题还是法律问题,而一并将其视为法律问题。即使不刻意追求失信行为的性质判断,但国家在类似领域中若借用道德正式规范治理失信行为,将不得不面对正式制度是否具有判断具体对象的道德色彩浓重与否这一障碍。其中重要原因在于正式规范在评价、治理方面需要具有稳定性与可操作性,尽管现代信息技术(大数据、人工智能和量子计算)能够将正式规范设计得更有灵活性和精细性,但目前纳税失信治理的正式规范内容尚未表现出如传统道德治理一样的灵活空间。

3.纳税失信治理的法律成本较低

纳税失信治理的法律成本是由税务机关等相关行政机关对纳税失信人实施的失信惩戒效果。前文已述,同一行为在失信领域与违法领域对应存在失信惩戒与行政处罚两种不同的责任后果。也有观点认为,行政失信惩戒就是行政处罚的一种新类型,需要遵循"一事不二罚"的行政法原则。因此,对纳税失信人实施失信惩戒时,其责任形式需要结合行政处罚内容,通过资格、声誉等内容的限制或取消。例如,对纳税人逃税行为的失信惩戒是直接判定 D 级纳

---

① 戴昕:《理解社会信用体系建设的整体视角:法治分散、德治集中与规制强化》,载《中外法学》2019 年第 6 期。

税人、取消税收优惠资格,并可以对其采取其他联合惩戒措施等,而对其行政处罚则是要求补税、缴纳罚款等,这显然是相互独立的责任内容。从成本计算来看,对纳税失信人的法律治理事关纳税人的核心经济利益,而纳税失信法律治理的直接措施与间接措施相结合的方式,拓宽了治理选项,因此,其治理措施的宽泛性降低了其治理的法律成本。法律是制裁机会主义行为的主要手段,当失信的成本大于人们预期的收益时,人们会被迫放弃投机行为,而选择守信。[①]

(二)纳税失信治理的边界

纳税失信治理的边界是指对于纳税人的失信行为,在实施惩戒时所采取的程序与内容要遵循救济性与惩戒性相结合的标准。当纳税失信行为发生时,税务机关等主体将依照规定程序认定,并实施惩戒措施。在惩戒的程序上,需要遵循行政程序法的基本原则。2014 年,国务院颁布《关于印发社会信用体系建设规划纲要(2014—2020 年)的通知》(国发〔2014〕21 号,以下简称《规划纲要》),在部署失信惩戒构建任务时就明确提出应当"保护信用信息主体权益",要求制定"异议处理、投诉办理、诉讼管理"等制度规则。[②] 在惩戒的内容上,需要保持谦抑性原则,这涉及惩戒措施的利益平衡、政策选择、诚信纳税与信用价值保障等问题。如纳税失信的税收优惠资格限制与纳税人税收权利的平衡,虽然对纳税失信实施资格限制看似尽在惩戒失信行为,但其真正意义在于彰显纳税信用体系的社会性和信用信息资源价值性,并威慑其他可能实施类似行为的纳税人。因此,适用惩戒的内容标准应该是在法定范围内依照"合法性标准"。

但同时,当对纳税人实施联合惩戒涉及市场部门的惩戒时,其所适用的惩戒程序和标准应顾及失信与守信之间的利益、理性和自律等因素影响。因为市场部门的惩戒程序与内容基准参照法定标准,其惩戒标准理应同时满足市场交易的程序理性与市场交易的内容适当性要求。在程序理性方面,需要惩戒实施主体通过合理方式,为纳税失信人等主体所理解、接受。在内容适当性上,应坚持与其他处罚类型区别开来,实现惩戒内容的合理性。

---

① 余泳泽、郭梦华、胡山:《社会失信环境与民营企业成长——来自城市失信人的经验证据》,载《中国工业经济》2020 年第 9 期。

② 杨丹:《失信惩戒对象的程序权利研究》,载《河南社会科学》2020 年第 3 期。

第二章
中国纳税失信治理的制度发展与制度实践

第一节　中国纳税失信治理的制度发展

我国纳税失信治理制度的发展变迁具有鲜明的时代特点。从 2000 年到 2020 年之间,中国纳税失信治理的制度建设经历了从借鉴学习、局部试点、部门调整、全面建设到持续完善五个阶段。具体而言,中国纳税失信治理的制度内容从静态的纳税信用评级制度逐步发展形成信用评级—综合使用—动态调整—信用修复制度体系,对我国税收治理现代化具有重要意义。

一、分税制改革时期的纳税信用制度学习

经济学理论认为,在市场经济条件下,信用交易能大大减少市场交易成本,扩大市场规模。一个发达成熟的市场经济国家必然有与之配套的完备的社会信用制度。一方面,中国自改革开放后,市场经济不断发展,市场规模也不断扩大,但与之配套的社会信用制度长期处于"制度不完备"状态,影响了信用交易的发展。2001 年,中国加入世界贸易组织(WTO)之前,因合同违约发生的经济纠纷、逃废债产生的银行信用危机、因假冒伪劣产品引发的社会事件不断,凸显了社会信用体系建设对市场经济发展的极端重要性。世界贸易组织是建立在市场经济基础上的,也是建立在规则和信用基础上的。在注重信用的国际环境中,国家的信用意识和信用体系是其国际竞争力的重要组成部分。若国家信用匮乏,不能遵规守诺,就会陷入不断的纠纷争端之中。另一方面,中国税收法律制度建设处于分税制改革的结构性变化期,因制度不稳定产生的以查代管、运动稽查、征管漏洞、漏报瞒报、骗税欠税现象频发,税收违法事件屡查屡犯,屡犯屡查。税法"预防机制"难以有效发挥作用。例如 2000年,深圳市国家税务局共检查 12757 户,有问题户数 6848 户,占检查面的

53.7%;而有问题户数占整个税务登记户数的5%。从中可推知,在每两个被检查的纳税户中,就有一户有问题,说明税收欺诈行为较为普遍。从另一个角度来看,这个案例发生在我国税收优惠较多的深圳特区,如果是在中国的其他地区,情况可能更为恶劣。深圳市国家税务局共查处偷税纳税户4412户,占税务登记户数的3%;补税、罚款、滞纳金合计高达5亿多元人民币,占整体组织的税收收入的1%。另外,据统计,2001年全年,深圳市国家税务局共查处偷逃税案件6016起,查补税款、罚款7.9亿元,同比增加15%。其中查补国税各税种6.4亿元,加收滞纳金246万元,罚款1.5亿元,入库税款、罚款6.27亿元,缴获虚开增值税专用发票2.2万余份,移送司法机关犯罪嫌疑人20余人。① 以上资料表明,在加入世界贸易组织前,我国经济发达地区的税收违法情况较为严重,更难以言及其他省区市的类似状况。因此,我国纳税信用状况在这一时期令人担忧。横向对比经济发达国家,在经济条件匹配的制度支持下,发达国家纳税人普遍具有良好的税法遵从意识。我国税务机关在对美、日等国的制度情况进行考察后认为,经济发达国家的经济腾飞可归功于完备的社会信用体系和成熟的法律制度。其中重要的制度支持是经济发达国家建立了完善的社会信用制度,形成了以法律机制与市场机制相结合的方式。在市场经济条件下,纳税信用是对税收法治的必要及有益的补充,纳税信用体系则是社会信用体系的重要组成部分。② 其能够促使纳税人遵守税法,提高接受管理与监督的自觉性,提高纳税人自行征管效率。因此,1998年,以国家税务总局发布的关于《税务违法案件公告办法》(国税发〔1998〕156号,以下简称"156号公告")为起始,标志着我国纳税信用体系的建设开始了制度摸索与草创。

二、入世后的纳税信用制度局部试点阶段

2000—2003年是我国纳税信用制度在局部地区开展试点,检验其实际效力的阶段。2001年中国加入世界贸易组织,是中国经济融入经济全球化的关键步骤。中国以此为契机,以世界贸易组织规则为标准,将国内市场经济制度、法律制度以及市场制度进行大幅度修改,以逐步实现国内市场与国际市场

---

① 石晖:《论我国诚信纳税机制的构建》,东北财经大学2004年硕士论文。

② 刘慧萍:《完善我国税收风险管理与纳税信用管理》,载《湖南税务高等专科学校学报》2019年第3期。

的融合。因此,在税收管理方面,包括纳税信用在内,我们也要与世界接轨。当前我国纳税人的纳税意识与发达国家相比还存在一定差距,一些企业甚至把偷税逃税看成是自己有本事,这与世界贸易组织的要求是格格不入的。①2000 年,上海市率先实行纳税人信用等级分类管理制度,颁布了上海市《关于实施纳税人纳税信用等级分类管理的暂行办法》《关于实施纳税信用等级分类管理中若干问题的通知》,将纳税人分为 A、B、C 三个等级。2001 年,上海市国地税系统将 32 万国有、集体、外资、私营企业纳税人纳入企业纳税人信用评级管理范围。其中,A 级纳税人 3083 户(国有企业占 16.13%,集体企业占 13.43%,有限责任公司占 30.66%,私营企业占 3.6%),占正常纳税户的 1.01%;核定 C 级纳税人 2709 户,占正常纳税户的 0.89%;其余 98.10%的纳税人为 B 级纳税人。上海市企业纳税信用等级呈"橄榄形",反映了入世前后上海市企业纳税信用的基本状况。随后,河南、山东、南京等 17 个省市也陆续开展了本辖区内的企业纳税信用等级评定试点。但试点中也出现了较多的问题,例如在分税制体制下,国地税的纳税信用分离管理导致试点地区纳税人的纳税信用等级在同一地区国地税管理系统中的纳税信用评级结果大相径庭,给纳税人造成了许多不必要的制度障碍。在这一历史时期,各地方的纳税信用管理试点为国家层面制定统一的纳税信用管理制度提供了一定的经验。

三、纳税信用制度的部门调整阶段

在 2001 年《税收征管法》的修改过程中,财政部、国家税务总局等部门开始酝酿纳税信用等级评定工作;2002 年《中华人民共和国税收征收管理法实施细则》(以下简称《实施细则》)明确规定:"税务机关负责纳税人纳税信誉等级评定工作";2003 年 7 月,国家税务总局正式出台《纳税信用等级评定管理试行办法》(国税发〔2003〕92 号,以下简称"92 号文"),这是我国纳税信用领域内第一部对纳税人的纳税信用状况进行规范和管理的部门规章。"92 号文"共 4 章 27 条,分为总则、评定内容与标准、激励与监控措施、评定组织与程序。"92 号文"规定纳税信用等级的评定内容为纳税人遵守税收法律、行政法规以及接受税务机关依据税收法律、行政法规进行管理的情况。"92 号文"规定纳税信用等级评定按照评定内容指标,设置 A、B、C、D 四级。税务机关根据纳税人的不同等级实施分类管理。"92 号文"规定了纳税信用管理的共同评定、

① 崔源潮、丛斌:《实行纳税信用等级制度的思考》,载《税务研究》2001 年第 11 期。

周期评定、动态管理的管理程序,并明确规定纳税人对纳税信用评定等级有异议的可以提起行政复议、纳税信息保密等救济措施。

在"92号文"颁布后,各地方税务机关在纳税信用管理过程中,由于社会观念、制度机制与实施阻碍等因素的存在,使"92号文"的社会参与度、操作性和应用范围都未达到理想的效果。其一,在试点对象上,国有企业、大型集团、公司制企业是纳税信用评级的主体,但小微企业、个体户则不是纳税信用评级的主体。"92号文"规定,纳税信用等级的管理对象是应当办理税务登记的各类纳税人,但根据"92号文"的评定内容和标准内容,涉及各种财务报表和纳税资料的报送、发票的保管和使用等要素,但是许多小微企业、个体工商户的税收征收方式是核定征收,难以向税务机关提供完备的纳税申报书面资料,甚至不涉及发票问题,因此,难以符合"92号文"所规定的评分标准,也就无从获得较高的信用级别。其二,虽然"92号文"针对地方国、地税系统分离导致同一纳税人纳税信用评级的评定分歧的情况,设置了共同评定工作、从低核定的原则,但大量纳税人的实际纳税信用等级低于其应得信用等级。其三,纳税信用评定过程的非公开性导致纳税人拒绝承认评定结果。在"92号文"实施前期,存在企业拒绝领取税务部门发给的A级纳税人证书的案例。原因在于纳税人认为纳税信用评价过程应当公开、公平和公正。如果在不公开评定条件下给存在失信嫌疑的企业仍评为A级纳税人,将破坏市场的公平竞争秩序。其四,纳税信用评定周期过长导致信用记录缺乏真实性。"92号文"规定纳税信用等级评定基础是日常纳税行为记录,评定周期以两年为一个周期。因此,过长的评价周期致使一些企业在使用1月到4月初的等级信息时出现空白。[①] 当某些纳税人在两年评定周期内出现的失信行为没有得到及时的反馈,那么失信纳税人将因其失信行为获得"不当得利",甚至"违法收入",从而损害国家财政利益,破坏税收征管秩序,也有违税收公平的基本原则。经过几年的探索之后,各地税务机关基于对"92号文"的应用实施经验,陆续制定了给予A级纳税人税收优惠[②],提高纳税信用管理服务水平[③]、加强欠税人纳税信用管理[④]、强化纳税信用

---

① 李万甫、刘和祥、邓学飞:《应用区块链技术推动我国纳税缴费信用管理研究》,载《税务研究》2018年第12期。

② 《国家税务总局关于进一步加强税源管理工作的意见》(国税发〔2006〕149号)。

③ 《国家税务总局关于进一步加强税收征管工作的若干意见》(国税发〔2004〕108号)。

④ 《国家税务总局关于进一步加强欠税管理工作的通知》(国税发〔2004〕66号)。

管理公开①等配套制度。纳税人在享受到信用评价带来的好处之后,参与积极性显著提升,"92 号文"的功能也有所显现。

四、纳税信用制度的全面构建阶段

2014—2018 年是我国纳税制度的全面构建阶段。《规划纲要》将纳税信用建设纳入我国社会信用体系建设中,提出"建立跨部门信用信息共享机制,进一步完善纳税信用等级评定和发布制度,建立税收违法黑名单制度,推进纳税信用与其他社会信用联动管理,提升纳税人税法遵从度"。

第一,纳税信用评级制度的体系化。国家税务总局在经过近 10 年的纳税信用管理经验的基础上,于 2014 年制定了"40 号公告","92 号文"同时废止,这标志着纳税信用管理从评级到应用的制度融入一个制度体系中。与"92 号文"标题是"纳税信用等级评定管理"相比,"40 号公告"为"纳税信用管理",显然包含范围更广,更加符合文件内容的规定,并且在适用对象、评定内容、评分方式、信息公开等方面均作出了调整。②"92 号文"规定应当办理税务登记的各类纳税人均适用纳税信用等级评定办法,"40 号公告"将适用对象限定为查账征收的纳税人,适用对象范围缩小。评价周期也由两个纳税年度评定一次调整为一个纳税年度评定一次。

第二,纳税失信惩戒制度的完善。为完善纳税失信治理措施,国家税务总局于 2014 年发布"41 号公告",确立了纳税失信治理的直接惩戒措施。自"41号公告"与"40 号公告"施行以来,国家税务总局构建了以国家税务总局为基础的重大税收违法失信案件信息查询与公布系统。2016 年,"41 号公告"将逃避追缴欠税、走逃(失联)企业等"重大税收违法案件"的标准进行细化,扩大了纳税失信治理对象的范围。2018 年,国家税务总局制定了《重大税收违法失信案件信息公布办法》(国家税务总局公告 2018 年第 54 号,以下简称"54 号公告"),替代了"41 号公告"。"54 号公告"对案件公布标准、信息公布内容、信

---

① 《国家税务总局关于进一步推行办税公开工作的意见》(国税发〔2006〕172 号)。
② 姜涛:《除了评级和"黑名单" 纳税信用,你真的了解吗?》,载《中国税务报》2015年 7 月 2 日第 4 版。

用修复、案件撤出等进行了修改。① 此外,国家税务总局与国家发展和改革委员会等部委联合发布的《关于对重大税收违法案件当事人实施联合惩戒措施的合作备忘录》(以下简称"合作备忘录")落实了纳税失信联合惩戒的具体措施、程序与范围。

第三,纳税信用级别的动态调整机制的实施。"40 号公告"第 25 条规定:"税务机关对纳税信用级别实行动态调整。"即在纳税信用评价年度中,纳税人的信用评价指标出现扣分且将影响评价级别下降的,纳税信用评价状态会发生变化,形成纳税信用级别动态调整情形。

五、纳税信用管理制度的持续完善阶段

2018 年至今是我国纳税信用制度的持续完善阶段。为鼓励和引导纳税人增强依法诚信纳税意识,主动纠正纳税失信行为,国家税务总局根据《国务院办公厅关于加快推进社会信用体系建设构建以信用为基础的新型监管机制的指导意见》(国办发〔2019〕35 号,以下简称"35 号公告")在 2019 年发布了《国家税务总局关于纳税信用修复有关事项的公告》(国家税务总局公告 2019年第 37 号,以下简称"37 号公告")。"37 号公告"在纳税信用动态调整机制框架下,进一步建立纳税信用修复制度,规定纳税信用修复范围、标准与相关修复程序。纳税信用修复制度的实施,使得企业纳税人可以自我纠错来修复信用,减少信用损失。② 在确立纳税信用修复制度的基础上,为深入贯彻落实国务院"放管服"改革精神、优化税收营商环境、完善纳税信用体系,国家税务总局发布了《关于纳税信用管理有关事项的公告》(国家税务总局公告 2020 年第15 号,以下简称"15 号公告")。"15 号公告"吸取总结了历年来纳税信用治理经验,调整了纳税信用评级主体范围、纳税信用评价计分方法中的起评分规则、D 级纳税人信用管理措施以及指标评价情况异议申请等制度内容。2021年以后,国家税务总局继续根据纳税信用管理实践经验,尤其是利用纳税信用

---

① 国家税务总局办公厅:《关于〈国家税务总局关于发布《重大税收违法失信案件信息公布办法》的公告〉的解读》,http://www.chinatax.gov.cn/n810341/n810760/c3913933/content.html,下载日期:2021 年 1 月 21 日。

② 《明年起我国将实施纳税信用修复 19 种纳税信用失信行为可修复》,http://news.cctv.com/2019/12/08/ARTI0eDTAthKqEv8tZHxEUUF191208.shtml,下载日期:2021 年 1 月 3 日。

减损导致小微企业、重整企业以及初次违法企业受到广泛的制约。例如,若企业重整后不能及时修复纳税信用记录,原先的不良纳税信用信息就成为重整企业的历史污点,致使重整制度有名无实,预防破产和拯救企业的价值无法充分体现。① 依据《国务院办公厅关于进一步完善失信约束制度构建诚信建设长效机制的指导意见》(国办发〔2020〕49 号)等文件要求,就纳税信用评价与修复有关事项,发布了"31 号公告"。② "31 号公告"拓宽了纳税信用修复主体范围,将部分 D 级纳税人、破产重组企业以及首次违法行为主体也纳入修复主体范围。

---

① 张世君、高雅丽:《论我国破产重整企业纳税信用修复制度之构建》,载《税务研究》2020 年第 9 期。

② 制发"31 号公告"主要出于三个方面的考虑:一是进一步完善税收严重失信行为的修复机制。2020 年,国务院办公厅印发《关于进一步完善失信约束制度 构建诚信建设长效机制的指导意见》(国办发〔2020〕49 号),提出了健全信用修复机制的工作要求。按照《纳税信用管理办法(试行)》(国家税务总局公告 2014 年第 40 号发布)和《重大税收违法失信案件信息公布办法》(国家税务总局公告 2018 年第 54 号发布),纳税人发生税收严重失信行为,纳税信用将直接判为 D 级,在发票领用、享受税收优惠等方面受到限制;纳税人失信程度达到一定标准的,还将被列入重大税收违法失信主体(即税收违法"黑名单"),对外公布信息并实施联合惩戒。由于受到多项限制惩戒措施,纳税人希望能够尽早修复纳税信用的诉求比较强烈。二是进一步支持破产重整企业纳税信用修复。2021 年 2 月,国家发改委、税务总局等 13 个部门联合印发《关于推动和保障管理人在破产程序中依法履职进一步优化营商环境的意见》(发改财金规〔2021〕274 号),明确了在重整或和解程序中,税务机关依法受偿后,管理人或破产企业可以向税务机关提出纳税信用修复申请,税务机关根据人民法院出具的批准重整计划或认可和解协议的裁定书评价其纳税信用级别。在实际工作中,破产重整企业除存在欠税外,通常也会因管理不善存在未按规定办理涉税事项的情况,这些"小"的失信行为积累起来也会对企业的纳税信用产生较大影响,有必要进一步细化和增加对破产重整企业纳税信用修复的指标和内容,更好帮助企业走出困境。三是进一步衔接好"首违不罚"制度。2021 年 3 月,税务总局发布了第一批税务行政处罚"首违不罚"事项清单,对于首次发生清单中所列事项且危害后果轻微,在税务机关发现前主动改正或者在税务机关责令限期改正的期限内改正的,不予行政处罚。纳税信用评价的基础是纳税人的具体纳税行为,对于发生了失信行为,但税务机关按照"首违不罚"规定,免予行政处罚的事项,需要进一步明确纳税信用评价工作的具体处理方法,确保两项制度顺利衔接。中国税务网:《国家税务总局纳税服务司有关负责人就纳税信用修复公告答记者问》,https://baijiahao.baidu.com/s? id＝1721349414480722127&wfr＝spider&for＝pc,下载日期:2021 年 12 月 19 日。

第二节　纳税失信治理的权力架构与功能变迁

一、纳税失信治理的权力架构

目前,关于纳税失信治理的研究大多围绕涉税信用信息的收集和开放使用、纳税人信息隐私、失信联合惩戒的合法性和法律规制等命题展开。同时,也有学者从法律社会学的角度揭示了声誉机制作为纳税失信治理的关键要素,对社会主体所产生的约束效应。然而对纳税信用评级体系的基础架构(architecture)缺乏分析,这使得其在讨论法律规制的问题时,无法触及架构背后所隐含的各种支配性权力。尤其是在大数据和人工智能时代,经济生产活动变得愈发自动而隐秘,这让法律规则的制定和执行变得尤为困难,"私权力"正逐渐成为互联网经济的主导性权力。[①] 需要指出的是,公共领域和非正式组织、非营利组织之间存在"合作的空间",而且这种合作要以公共领域为核心。[②] 在这种情况下,纳税失信治理面临的不仅是有法可依、执法必严等法律技术问题,还是更广泛的社会权力关系的重组。纳税失信治理,涉及多方利益关系,需要多方主体的参与。这些主体在纳税失信治理的规则制定与执行中的权力关系,构成了中国纳税失信治理的权力结构。根据纳税失信的内容,可以区分出四种治理主体:税务机关、其他政府机关、纳税人、具有协力义务的第三方机构。

(一)作为纳税失信治理载体的技术平台

信息技术的发展催生了公共行政治理模式的革新,其原因在于在大数据时代我们不仅可以分析更多数据,还可以处理和某个现象相关的数据,而这些数据不是少量的样本数据,而是"样本＝总体全部",从而导致我们不再热衷于

---

① 刘晗、叶开儒:《平台视角中的社会信用治理及其法律规制》,载《法学论坛》2020年第 2 期。

② ［日］神野直彦:《体制改革的政治经济学》,王美平译,社会科学文献出版社 2013年版,第 209 页。

追求精确,放弃对因果关系的渴求,进而转向关注相关关系。① 传统政府治理模式由分散型的、各自为政局面进化为集中治理模式的政务平台,而其最新的发展变化便是从线下转移至线上,成为新型的政务治理平台。所谓政务治理平台,指政府通过信息平台将各类内外公共、市场与个人信息汇聚在一起,通过统一的治理界面提供可信、快捷的政务服务与管理决策,其基本机制是政府可以大量收集公民在公共空间的公共行为数据,并以唯一的数字身份进行认证,最后通过信用评价等柔性方式对公民进行管理和约束,从而将线下的社会治理转化为线上的数据治理。② 在传统的税收治理模式中,税务机关投入大量资源都很难高质量满足政府与纳税人两端的需求矛盾。但在平台型治理模式中,税务机关不仅是治理主体,也是组织纳税失信治理参与主体,在平台上通过共享数据进行协作治理。因此,纳税失信治理的质量不仅取决于治理主体所搜集的涉税数据的数量、范围和层次,更取决于纳税信用协作治理各方的合作,即税务机关作为纳税失信治理数据搜集方向信用需求各方提供有用数据,而需求各方则根据共享数据向社会公众提供各类应用奖惩服务,社会公众则作为用户和合作者获得各类额外回报,参与协同治理,并向各治理主体反馈信息。在一定意义上,政府平台在纳税失信治理过程中体现了"信用国家治理与数据治理"的理念。在各类行政行为处理过程中,数据与信用扮演着极为重要的角色,通过信息共享平台形成的信用评价实现对纳税信用的管理,这将成为纳税失信治理的主要模式。因此,政府平台改变了政府、公民与社会的关系,形成一种合作共创式的治理模式,其主要职责即规则的制定、秩序的维护和环境的营造。

(二)治理平台中的各方互动

但治理平台的建设在纳税失信的信用治理过程中面临诸多信用挑战。一方面是纳税信用信息系统建设过程中的利益与权力博弈。纳税失信的信用治理基础是纳税信用信息系统的建立,这需要税务机关将各类公私涉税信息汇集整合,但由于公私主体在围绕涉税信息共享共用过程中会产生利益冲突,最终弱化涉税信用信息系统的治理作用。对税务机关而言,纳税信用信息及系

---

① [英]维克托·迈尔-舍恩伯格、肯尼思·库克耶:《大数据时代:生活、工作与思维的大变革》,周涛译,浙江人民出版社 2012 年版,第 28 页。

② 胡凌:《论地方立法中公共数据开放的法律性质》,载《地方立法研究》2019 年第3 期。

统本身关乎纳税人数据隐私与国家数据安全,必须以法定方式予以保护,避免涉税信息被滥用。这决定了纳税信用信息系统的使用、管理等方面的公共性。但在平台主体看来,税务机关提供纳税信用信息的价值可能无法与其向税务机关提供的纳税信息价值相匹配。例如,银税互动过程中存在着明显的利益价值不可通约的问题。平台主体在涉税信息共享动力上明显弱于税务机关等政府部门。① 在信用信息治理平台搭建过程中,税务机关往往委托市场主体进行搭建和维护,但在技术平台等市场主体看来,"政府对于公共信用信息的挖掘和利用缺乏效率和深度,无法满足社会治理和商业治理的现实需求,应该由商业平台来主导数据开放和利用的进程"②。另一方面是税务机关在纳税信用信息识别、信息收集与选择、信息使用方面都面临着挑战。其一,纳税信用信息识别不是单纯的信息处理问题,它必须结合具体场景来识别纳税信用信息背后行为的性质。尤其是在"互联网+税务"背景下,人工智能算法被大量应用在纳税信用信息处理事项和原始信息与处理信息之间的差异识别过程中。在数据识别的计算过程中,如何将算法偏见的结果排除是税务机关与各方主体需要应对的问题。以美国国家税务局的税务预测性评估为例,它可能导致税务欺诈行为无法及时识别,而将"可疑"的纳税人群体置于监控之中。③ 所谓的"税务预测性评估"是指美国国家税务局刑事调查部门在税务执法活动中使用网络爬虫、电话跟踪等大数据分析技术从各种公共来源挖掘数据,包括Facebook,Twitter 和 LinkedIn 等社交媒体渠道,以及来自 Google Maps 等来源的其他公共互联网数据来识别潜在的税务欺诈活动。④ 然而税务预测性评估可能导致歧视性政策(discriminatory policy)。⑤ 其二,纳税信用信息的收

---

① 曾远:《银税互动多元目标机制的实证检视与路径优化》,载《金融理论与实践》2020 年第 5 期。

② 刘晗、叶开儒:《平台视角中的社会信用治理及其法律规制》,载《法学论坛》2020 年第 20 期。

③ Gimpel H., F. Schmied, "Risks and Side Effects of Digitlizion: A Multi-level Taxonmoy of Tth Adverse Effects of Using Digital Technologies and Media" 27th European Conference on Information Systems 2019.

④ Jason B. Freeman: The IRS and Big Data: The Future of Fighting Tax Fraud, https://freemanlaw.com/the-irs-and-big-data-the-future-of-fighting-tax-fraud/,下载日期:2022 年 1 月 2 日。

⑤ 张涛:《自动化系统中算法偏见的法律规制》,载《大连理工大学学报(社会科学版)》2020 年第 4 期。

集与纳税信用信息的应用有着紧密的关联。对纳税信用信息内容的收集将对纳税信用等级结果产生决定性的作用。目前,在国家税务总局的统一部署下,纳税人的纳税信用信息已按照"40 号公告"的分类标准实现了类型化建档、管理与应用。然而,强调信息利用的公共价值发挥,相较于分类动态管理,当前更为重要的是确定可利用信息的类型边界,才能最大限度地促进信息的流通使用。① 其三,纳税信用信息的应用。经过识别、收集和选择所生成的纳税信用信息,通过黑名单制度和联合惩戒机制对失信主体发挥威慑和惩戒作用。但在具体的执行过程中,国家权力对于传统非正式规范实施的领域进行介入,往往难以把握具体的限度。尤其对不同种类的"失德"行为,如何区分惩罚的程度亦是个难题,这也是法律对于道德行为难以有效干预的重要原因。同时,对于不同部门之间的联合惩戒,如何界定规制的范围和限度,也不是单凭技术就能解决的问题。

二、纳税失信治理的功能变迁

(一)纳税失信治理的制度功能

作为税收治理法治化与现代化的重要组成部分,纳税失信治理的功能定位决定了其制度设计的正当性。纳税失信治理的制度功能从责任基础、发展环境与价值定位上看,具有以下功能。

第一,对纳税失信治理的责任基础是防止失信纳税人逃脱失信责任。失信治理的基础是失信责任。如前文所述,纳税失信治理分为道德治理、经济治理与法律治理,与之对应的责任形式是道德责任、经济责任与法律责任。从责任逻辑上看,对纳税失信信用治理以道德责任为基础,以经济责任为实质,以法律责任为保障。道德责任是从纳税失信人的主观故意程度进行判断的,其依据是纳税失信人失信失德行为。纳税人的诚实信用本身就是道德的原则要求,具有道德意义价值,可以成为行动的动机过程,因而动机成为评判行为的依据。道德责任论可以理解成纳税失信道德治理正当性的道德论证,并认为理性的道义报应论,将纳税失信的道德治理主要任务看成恢复道德秩序,而且还需要通过纳税失信治理的法律活动,才能实现道德治理的功效。法律责任

---

① 喻少如、雷刚:《精准扶贫中个人信息的利用及其边界》,载《北京理工大学学报(社会科学版)》2022 年第 1 期。

是道德责任的法律形式的重要内容,其将纳税失信的惩戒置于对纳税失信人的否定的法律评价之上,使纳税失信的法律责任具有合法性。纳税失信的法律治理,根据纳税失信行为的客观损害结果实施法律惩戒。与纳税失信的道德治理所持普遍诚实信用价值观不同,纳税失信的法律惩戒标准重点不在纳税人的诚实信用价值观,而在其失信行为违反了法律范畴内的信用规范。因此,纳税失信的法律责任的正当性源自法的实施,体现出法的效力,是纳税人自行其是的结果。这表明实施法律制度的惩罚,其正当性得益于行为人的应得。因此,法律责任与道德责任相比具有更加明确的行为、结果标准。由此可见,一方面,纳税失信的责任追求不仅需要规范失信惩戒活动的各个程序环节,尤其要强化惩戒失信的程序正义和救济价值,确保失信人不仅深度明晰失信所承担的道义报应,更重要的是将得到法律报应之相应惩戒。另一方面,纳税失信行为被惩戒的概率、被惩戒的力度与失信行为发生率之间存在着关联关系,即较频繁的惩戒措施、较重的惩戒责任将对失信行为人产生威慑作用,使其心理上处于谨慎理性状态,尽量避免选择失信行为来规避惩戒风险。具体而言,在责任配置上,将道德治理作为常规治理措施,将道德责任作为常规惩戒措施将对纳税人起到警醒作用;将经济治理作为核心措施,将经济责任作为实质责任将对纳税人起到威慑作用;将法律治理作为底线措施,将法律责任作为底线责任将对纳税人起到吓阻作用。在责任性质上,失信责任有公法责任与私法责任两类形式,①但对纳税失信行为基本采用公法与私法兼用的方式,增加纳税人的失信责任负担。通过治理责任梯次配置的设计,将提升纳税失信治理的威慑力度,扩大纳税失信治理的后果,增强纳税失信的治理效果。

第二,纳税失信治理在于营造预防失信效应的社会氛围与价值理念。纳税失信的预防治理在一定程度上可以理解为诚实信用作为税收法治环境的构筑基础。税收法治意味着税收征纳活动主体对税收法律制度的遵从,对税收

---

① 报应论又分为私法报应和社会报应两种,前者主张是私法上的受害人授权进行报复,如诉至法院,请求法院就被告侵权事实进行认定,确认被告的行为具有惩罚性,并裁判被告承担其相应的法律责任,被告因此受到惩罚。后者主张,如果行为人违反法律义务,那么国家有关机关应依法对其科以相应的法律责任,如公安机关对犯罪嫌疑人进行侦查,检察院提起公诉,法院依法判决被告承担相应的刑事责任,同时也承担相应的间接性惩罚(intermediate civil sanction)。无论是何种报应论,其主张与法律秩序、正义等理论都是紧密关联的,都是基于社会公共利益和秩序考量,即使是私法报应,起初是受损的私人主张私利维权,但最终仍是将违法者或失信人诉诸法律,维护正当权益,实现法律正义和社会秩序价值。

法律的公信力和权威性的尊重,对税收法律的制度信任。因此,对纳税失信的治理体现了对税收法律诚实信用价值观念的保障。易言之,纳税失信治理不可能离开道德诚信规范和经济诚信规则。诚信纳税的理念应当是多面向、可预测,唯有确实可信的纳税信用治理环境才能推动纳税人自觉守法纳税。纳税失信治理的预防目的,是通过纳税失信的直接惩戒与联合惩戒相结合的方式,发挥纳税信用管理体系的治理功能,实现纳税治理的预防目的。纳税失信治理的预防目的分为普遍预防与个体预防两层含义。纳税失信治理的普遍预防是通过实施"税收黑名单"公示和失信联合惩戒措施使纳税人承受巨大的声誉压力,形成惩戒信息广泛警示和阻止税收违法失信行为的发生。纳税失信治理的个体预防是针对特定纳税失信人实施的失信行为而采取的治理措施,使其在特定的时间段内将承受巨大的压力,而丧失继续失信的动机。

第三,纳税失信治理是形成税收治理合力的重要措施。税收治理现代化目标能否实现,依赖于多方努力。要深化共治、善治、法治理念,坚持多管齐下,通过多主体参与、多方面支撑,形成税收治理的强大合力;建立党政领导、税务主责、部门合作、司法保障、社会协同、公众参与的现代化税收共治格局。① 在这一进程中,要践行新发展理念,注重加强纳税信用制度建设,发挥社会综合治理的效能。一方面,纳税信用的生命在诚实守信。如何督促纳税人诚信纳税是衡量一个国家社会信用法治水平的重要标志。纳税失信治理的激励和惩戒制度正是以如何解决在税收征管过程中失信行为泛滥损害诚实信用价值观的问题为目的而设置的。纳税失信治理的多项激励与惩戒措施包含了法律、道德和经济等多个方面,形成对纳税失信人直接与间接相结合的失信治理体系。换言之,作为惩前毖后的纳税失信治理,已成破解失信泛滥现象的主要措施。在全面实施信用监管新型治理体系的环境中,唯有将纳税失信治理措施持续完善,税收治理的实质正义才能得以真正落实到每一个纳税人身上。只有对纳税失信人实施彻底的道德与法律改造,才能使社会公众真正体会到税收治理的公平正义。因此,纳税失信治理在重塑国家与社会之间征纳关系过程中的地位极其重要。另一方面,围绕纳税失信的治理制度构建本身属于税收法制建设的新型制度内容,尤其是通过程序法治控制纳税失信的惩戒措施,将使纳税失信的道德谴责成为法律制裁,由此打开通往强化税收法治

---

① 阚道远、王明世:《推进新时代税收治理现代化》,载《经济日报》2020 年 1 月 21 日第 11 版。

权威的进路,使得纳税失信治理惩戒维护了税法的权威。纳税失信治理又属于税收法律的适用阶段,据此,纳税失信治理在治理效果上又进一步维护了税法的权威。

第四,纳税失信的有效治理需要以完善的纳税信用信息管理系统为保障,而纳税信用信息管理系统则需要以大数据和人工智能算法为基础的智慧税务为基础。从这个视角来看,纳税失信治理在技术实践上将以智慧税务的运行模式为技术路线。首先,纳税信用信息管理系统的管理是税收治理现代化和法治化的技术支撑。纳税信用信息管理系统的完善与否,系关各方主体对失信危害的认知程度。纳税信用信息管理系统越完善,社会对纳税失信的认识也就越充分,纳税信用的作用也就越被认可与接收。纳税失信治理有助于智慧税务执法的实践,其原因就在于纳税信用信息管理系统需要以纳税人的各项身份与财产信息为基础,通过人工智能算法进行信息数据搜集、整理,进行信用评价,进行自动化决策。同时,纳税信用信息管理系统也是社会信用征信体系的重要组成部分,通过各子系统之间的信息传递与共享,实现各类信息的实时更新与比对。纳税信用征信系统的自动化与智能化降低了税收治理成本,增强了税收监管能力。参照社会信用体系完善的域外国家,一旦个人信用破产,其生活与工作将以还清欠债为核心,从而面临收入监管、消费限制、偿还咨询等多种治理措施,[1]直到信用破产个人偿清全部外债,恢复个人信用为止。一旦信用破产个人有违反法律规定的行为,甚至将面临刑事处罚的风险。因此,我国的纳税失信治理与个人信用破产的治理有异曲同工之处,但在治理措施的清单与结构上则存在差异,因此,优化治理结构与强化治理强度将有助于实现治理效果的提升。

(二)平台时代的纳税失信治理功能变化

随着纳税信用信息管理平台在全国逐渐统一,信用监管的平台型税收治理模式也逐渐呈现在社会公众面前。因此,税务机关的治理行为将以纳税信用信息为基础,信用监管将逐渐上升成与税收征管同等重要的税收治理模式。通过全国统一的纳税信用信息管理平台,税务机关可以依据大数据技术、人工智能技术与网络技术实现纳税信用评价机制在所有纳税人中的有效实现,从而实现纳税失信治理功能的逐渐演变。

---

① 范志勇:《自然人债务清理咨询制度研究:域外经验与启示》,载《税务与经济》2020年第3期。

其一，平台型税收治理模式减少了行政成本。传统税收治理模式效果依赖于国家强制力的直接实施，在税务机关与纳税人之间通过强制性实现税收法律关系。传统治理模式的效果往往与强制力的强度成正相关，与纳税人的博弈胜负相关。换言之，在税负成本可接受的制度条件下，强制力越强，税收治理效果越明显，但与纳税人博弈越激烈，相反，则效果不明显，与纳税人关系则相对缓和。然而，不管何种强度的税收治理模式，行政成本往往都十分高昂。从1994年至2011年17年间，我国税收总额年平均增长率接近20％，而1994年征税成本占税收收入的3.12％，1996年征收成本率为4.73％，2008年征税成本率约为8％。① 然而，在信用平台治理模式下，以纳税人信用为基础纳税信用评级系统，在税法强制力与纳税人遵从意识之间将强制力实施机制建立缓冲机制，使得由税务机关直接承担的税收行政成本转换为纳税人的信用合规成本，实现税收治理中的自治模式从理论探索到实践现实。② 在此种条件下，纳税人遵从税法的方式将重于其遵从税法的结果，形成税务机关对纳税人的纳税信用管理重于对税收征管的思维，使其从管理者转变为服务者，即通过纳税信用信息管理平台建立与纳税人的直接服务模式。

其二，平台型税收治理模式扩大税权行使范围。本书所称税权系指税务机关依据《税收征管法》所拥有的税收征管权，税收征管作为一种"看得见"的行为，③由《税收征管法》进行规制，目前由于缺乏对纳税信用信息管理的法律保障，如纳税信用等级评定的法定性程序要素的缺失，导致纳税信用信息管理权限范围存在恣意扩张的空间。在信息社会中，存在着信息空间的正式法律与非正式规范共同作用的现象。网络空间治理体系与治理能力的正式制度供给表现为正式制定的有形规则，而其非正式制度一般表现为非正式的道德、习俗、惯例、观念等无形规则。④ 例如，公民诉求的表达方式成为公民进行政治互动的唯一可选策略。⑤ 在对纳税人进行规范的过程中，国家法律本就起着

① 李嘉明、闫彦彦：《税收征管效率研究述评》，载《重庆大学学报(社会科学版)》2014年第2期。

② 刘冰：《国民税权的内涵界定及其引申》，载《改革》2009年第11期。

③ 冯杰：《分税制下中国税权配置的进路选择》，载《税务研究》2018年第6期。

④ 杨嵘均：《论网络空间治理体系与治理能力的现代性制度供给》，载《行政论坛》2019年第2期。

⑤ 孟天广、李锋：《网络空间的政治互动：公民诉求与政府回应性——基于全国性网络问政平台的大数据分析》，载《清华大学学报(哲学社会科学版)》2015年第3期。

主导作用,但在网络空间环境中,对纳税人信息的规范则存在着正式法律与非正式规范二者的竞争态势。通过政府的积极参与和适度引导,通过正式制度安排来推动非正式制度变迁,将可以大大缩短非正式制度变迁的时间历程。① 随着社会信用体系的不断完善,国家权力通过信用监管进一步向网络信息空间延伸,增强其管控能力,并利用社会信用将正式制度与非正式制度二元竞争的秩序环境进行重塑,使得原本仅在部分空间具有控制力的非正式制度通过现代信息通信技术转换为国家的正式制度,实现了对社会更为广泛和强力的管控。

其三,平台型税收治理模式提高税收行政管理的整合度。如前所述,纳税失信治理的要义是对纳税信用信息的收集、分析与应用,这促使税务机关必须依托政府行政管理架构建立切实可用的关于纳税信用信息的共享机制,打破税务机关内外的"信息孤岛",将失信公示、失信惩戒与失信修复等纳税失信治理措施整合为一体,实现纳税失信惩前毖后的功能。就目前来看,以金税工程三期、四期为基干的全国性纳税信用信息共享机制已基本搭建完成,但由于行政区域性、科层性特点,税务机关还广泛存在内外部之间结构化、条块化的纳税信用信息管理现状,导致不同级别、不同地域间纳税信用信息的交换与流动还存在诸多变数。除此之外,虽然在国家税务总局的框架下对纳税信用信息的收集、分析和应用标准进行了统一,但许多部门并未对历史信息进行编码整理,也对纳税失信采取部门惩戒和联合惩戒造成了一定的困难,主要表现在,失信名单公示等部门惩戒要求税务机关建立信息相通、渠道相通的公示平台;而联合惩戒则要求将纳税信用信息的收集、分析和应用口径统一在全国社会信用治理体系中。由此,平台型税收治理将提高税收行政管理的整合度。

第三节　纳税失信治理的数据分析

当下对纳税失信治理研究主要集中在纳税信用管理与纳税信用的理论探索方面,旨在求得纳税信用治理的正当性与合理性,而对纳税失信治理在实践层面如何对理论探索产生影响甚少关注。在国内早期研究纳税信用的文献

---

① 王刚:《论我国纳税信用治理的非正式制度变迁》,载《涉外税务》2005 年第 2 期。

中,对纳税信用进行定位、纳税信用等级设计等研究,为完善纳税信用评估管理提供了一定的理论支撑。范瑗瑗以纳税信用等级的简化思路基础设计纳税人信用档案、信用评价系统、信用激励与失信惩罚机制等相关制度内容。[①] 张美中认为认清税收法律关系的性质和本质,对于树立正确的纳税信用评估制度是十分必要的,也是重塑纳税人与征税机关关系的重要基础。[②] 刘蓉等从税收博弈关系视角出发,认为在纳税信用等级制度中所获得的级次影响着市场竞争、影响着企业商誉的好坏。[③] 以上文献都是基于理论假设进行的一般性讨论,难以从实证的角度解释纳税信用对纳税人的具体作用效果。此后,学界大量文献从微观和宏观两个层面,从企业避税、企业融资、企业创新等角度进行了研究,认为企业纳税信用与上述行为密切相关。孙雪娇等以2009—2016年A股上市公司为研究样本,发现纳税信用评级结果披露后,评级高的企业,其融资约束水平显著降低。[④] 李林木等人的实证结果表明,纳税信用管理制度实行的赏罚机制改革对政府和企业具有既促进税收遵从,又提高企业绩效的"双重红利",而传导机制则揭示了只有加大联合激励力度才能取得更好的"双重红利"。[⑤] 叶永卫等以2014年颁布实施的纳税信用评级制度刻画了激励性税收征管,基于这一新的视角,分析了激励性税收征管对企业创新投资的影响。结果表明,纳税信用评级制度实施后,纳税信用等级为A的企业,其创新投资显著增加,且这一效应在媒体关注程度低的企业、非国有企业及高新技术企业中更加明显。[⑥] 在此背景下,本书对纳税失信处罚案例进行描述性分析,包括样本与总体特征、时间与地区分布、失信的主体特质、失信的信息范围、纳税失信的涉及金额与处罚金额等,再与有关数据(如国有、民营性质等)进行交叉对比分析。

---

① 范瑗瑗:《我国纳税信用等级制度设计》,载《当代财经》2002年第10期。

② 张美中:《纳税信用理论研究》,载《中央财经大学学报》2003年第11期。

③ 刘蓉、陈云燕:《转轨时期税收征纳行为的博弈模型与对策分析》,载《税务与经济》2005年第2期。

④ 孙雪娇、翟淑萍、于苏:《柔性税收征管能否缓解企业融资约束——来自纳税信用评级披露自然实验的证据》,载《中国工业经济》2019年第3期。

⑤ 李林木、于海峰、汪冲等:《赏罚机制、税收遵从与企业绩效——基于纳税信用管理制度的研究》,载《经济研究》2020年第6期。

⑥ 叶永卫、曾林、李佳轩:《纳税信用评级制度与企业创新——"赏善"比"罚恶"更有效?》,载《南方经济》2021年第5期。

一、2003—2020 年纳税失信案件的数量规模

自 2003 年 7 月国家税务总局颁布《纳税信用等级评定管理试行办法》后,根据纳税人遵守税收法律、行政法规以及接受税务机关法定管理的情况,全国发生的涉及纳税登记、纳税申报、账簿、凭证管理、税款缴纳及违反税收法律、行政法规被查处等税收违法案件呈现出递减的态势(见图 2-1)。

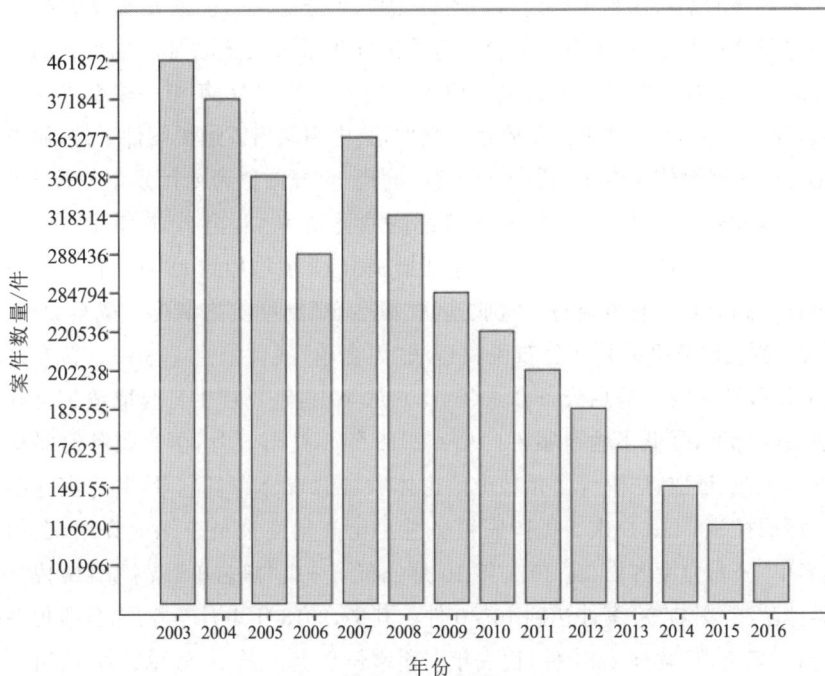

图 2-1　2003—2016 年全国税收违法行政处罚案例

资料来源:2003—2016 年《中国税务年鉴》《中国税务稽查年鉴》等.

从对 2003 年到 2016 年的税收违法案件数量的数据统计来看(见图 2-1),有如下情况:第一,2003 年到 2006 年的案件数量递减,但 2007 年、2008 年的案件数量反而出现大幅增加,其原因是前后两个时间段税务机关对税收违法案件的统计标准进行了调整,导致案件统计在 2006 年与 2007 年之间出现较大的波动,这反映出随着税收法律规范的不断完善,案件数量的统计将进一步体现现实情况;第二,税收违法案件绝对数量的下降是不是因为在税收执法与

税收守法的两端强调税法遵从呢？事实上，随着纳税人户数的增加，查处的税收违法案件却逐年减少，同期全国税务稽查案件中有问题的户数占比逐年上升，从54.00％上升至98.00％。也就是说，虽然税务稽查案件数量在下降，但稽查案件中有问题的户数占比却在上升，尤其是2011年到2015年，有问题户数占比都在90％以上，这说明纳税人税法遵从程度在下降。[①]

税收违法"黑名单"制度始建于2014年7月，国家税务总局发布《重大税收违法案件信息公布办法》，要求对达到一定涉案金额的偷税、逃税、骗税、抗税、虚开发票等违法案件信息予以公布。随后，国家税务总局与国家发展改革委等20个部门联合签署了《关于对重大税收违法案件当事人实施联合惩戒措施的合作备忘录》，开始建立联合惩戒机制。税务总局公布的2015年第一季度税收违法"黑名单"中，包括30件重大税收违法案件，其中骗取出口退税案件3件，偷税案件14件，虚开增值税专用发票案件8件，偷税、虚开增值税专用发票复核案件4件，社会影响较大案件1件，涵盖了全部案件类型。[②]截至2016年12月，参与联合惩戒的部门增加到34个，联合惩戒措施由18项增加到28项。国家税务总局稽查局副局长文月寿通报了税收违法"黑名单"制度实施情况。截至2016年8月底，各级税务机关共计公布税收违法"黑名单"案件信息778件。新修订的《重大税收违法案件信息公布办法（试行）》从2016年6月1日起取消了虚开和骗税案件标准，降低了偷税案件门槛。2018年1月至8月，国家税务总局参与签署对工商、证监、法院等多领域失信主体联合惩戒合作备忘录，共计实施各项联合惩戒措施9498户次。据国家税务总局稽查局巡视员李国成介绍，在加大"黑名单"公布力度方面，自2014年10月公布第一批"黑名单"以来，各级税务机关累计公布"黑名单"案件达到10340件。其中，2018年1月至6月，各级税务机关公布"黑名单"案件2781件，比去年同期增长80％。其中，偷税案件497件，占比18％；虚开增值税专用发票案件2050件，占比74％；骗取出口退税等案件234件，占比8％。麻辣财经了解到，在全国各级税务机关公布的7294件税收"黑名单"案件中，虚开增值税专用发票案件占比达到61％，成为税收"黑名单"中的重头，偷税案件占比26％。而在2019年2月新公布的案件中，虚开骗税案件更是达到了74％。在落实税收违法"黑名单"制度方面，自2014年10月起公布"黑名

① 刘云刚：《全国税务行政诉讼案件为何如此之少？》，https://www.thepaper.cn/newsDetail_forward_2871434，下载日期：2022年1月2日。

② 《税收违法当事人将受21部门联合惩戒》，载《法制日报》2015年4月30日第6版。

单"案件以来,截至 2019 年 9 月,全国税务机关累计公布案件 30645 件,其中仅 2019 年前三季度公布的案件数量达 14003 件。①

　　从数据统计结果来看,2014 年至 2021 年,《中国税务稽查年检》统计税收违法案件数量和重大税收违法案件公布数量呈现出截然相反的变化趋势(见图2-2)。在全面实施纳税信用管理改革后,重大税收违法案件发生率不断上升,从法律实质效果上看,税收违法案件的年均增长率在上升,那么纳税信用的制度效果在案件数量这一重要的参照指标上就存在几个需要澄清的问题。第一,什么原因使得税收违法案件数量逐年下降,而又是什么原因促使重大税收违法案件数量上升? 第二,重大税收违法案件数量的逐年上升,是否实现了纳税失信治理增强纳税人诚实信用价值的制度目标? 第三,如果制度目标是通过降低重大税收违法案件数量来体现纳税人诚实信用价值观的普遍增强,那么现阶段我们该如何应对重大税收违法案件数量逐年上升的趋势? 上述问题的解答将对纳税失信治理的成果总结与今后发展产生极大的促进作用。

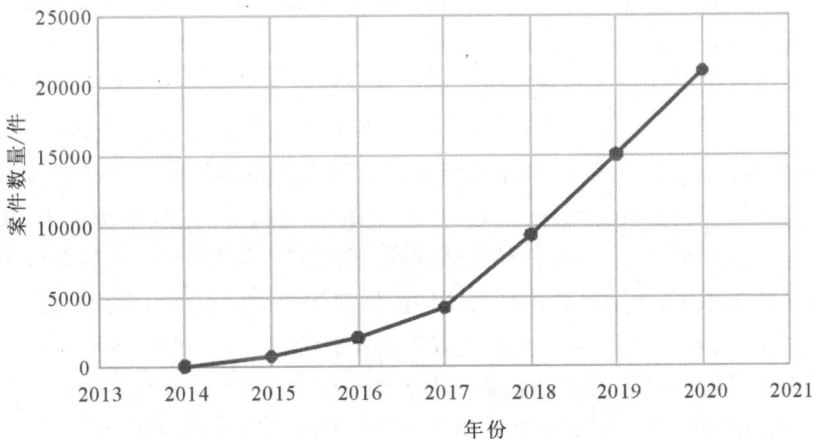

图 2-2　2013—2020 年全国重大税收违法案例统计

---

① 蔡岩红:《全国税务机关累计公布"黑名单"案 30645 件》,https://www.chinacourt. org/article/detail/2019/10/id/4599864.shtml,下载日期:2021 年 1 月 4 日。

二、纳税失信治理的要素分析

税收执法方式的信息化是中国税收执法机关观念最为主动的环节,也是税务机关进行改革较有成绩的方面,这为本部分将对应纳税失信案件的诸多要素进行分析提供了重要基础。[①] 本书希冀通过对纳税失信治理的要素分析,寻找到税收违法案件数量逐年下降同时重大税收违法案件数量反而上升的原因。我们将从纳税失信行为主体的身份属性分布、纳税失信行为的案件数量与涉案金额分布、税收违法失信要件行为的行业分布三个方面对纳税失信案件进行规整。

(一)2004—2017 年纳税失信行为主体的身份属性分布

通过对 2004—2007 年纳税失信案件仔细比对后,我们分类析出了纳税失信治理对象各自不同的身份图像,这为我们反思纳税失信治理对象的身份属性和税务机关纳税评级的规范依据提供了实证基础。税务机关以 2004 年"92 号文"(已废止)、2014 年"40 号公告"为制度基础确立纳税失信行为主体,即适用于已办理税务登记,从事生产、经营并适用查账征收的企业、个人独资企业和个人合伙企业。

税务机关对纳税人身份定位的类型划分经历了两个阶段。第一个阶段是 2004—2006 年间,国家税务总局将纳税失信行为主体按经济类型划分为国有经济、集体经济、私营经济、个体经济、联营经济、股份制经济、外商投资经济、港澳台经济与其他类型经济。第二个阶段是 2007 年至今,在经济发展、税制改革等大背景下,国家税务总局依据税收法定、实现税收公平、提高税收效率等税法基本原则,将纳税失信行为主体类型简化为:内资企业、港澳台企业、外商投资企业、外国企业、个体经营与其他类型企业。

由于早期我国并未建立全国性的纳税失信名单系统,也并对外公布各种身份属性纳税失信人的具体数量和比例,需要依据《中国税务稽查年鉴》公布的数据作为参考。2004 年至 2006 年间,纳税人身份属性分为国有企业、集体企业、私营企业、个体合伙企业、联营制企业、股份制企业、外商投资企业、港澳台企业与其他类型企业。如表 2-1 所示:

---

① 徐孟洲:《中国税收执法基本问题》,中国税务出版社 2006 年版,第 214 页。

表 2-1　2004—2006 年纳税失信人身份属性统计

单位:个

年份	国有经济	集体经济	私营经济	个体经济	联营经济	股份经济	外商投资	港澳台投资	其他
2004 年	94705	96093	135328	179919	4085	94116	11870	6162	46946
2005 年	95852	81271	131934	155307	4761	96085	12545	6141	47710
2006 年	54566	56791	128749	127968	3271	89098	14646	7215	76350

但国家税务总局在 2007 年后对统计口径标准进行了简并,将国有经济、集体制经济、私营经济、联营经济、股份制经济等属性的纳税失信主体合并为内资企业。因此,我们重新进行了数据统计,如表 2-2 所示:

表 2-2　2007—2017 年纳税失信人身份属性统计

单位:个

年份	内资企业	港澳台企业	外商投资企业	外国企业	个体经营	其他
2007 年	468913	6162	11870	759	179919	46946
2008 年	409903	6141	12545	704	155307	47710
2009 年	240106	7215	14646	645	127968	76350
2010 年	258953	5257	8660	614	68853	20940
2011 年	231233	4439	7545	509	60920	13668
2012 年	101347	4517	8073	258	26607	10254
2013 年	183679	3841	5322	144	21173	6377
2014 年	167289	3513	5167	181	20036	6052
2015 年	158429	2961	4008	106	14692	5359
2016 年	144120	2525	3152	122	16507	4095
2017 年	128009	2666	2908	120	12586	2864

此外,国家税务总局自 2014 年实施税收黑名单制度以来,公布的重大违法税收案件失信人的身份类型标准又再次发生变化,在所有制标准基础上增加了企业组织形式标准。国家税务总局对重大违法税收案件查询系统进行更新,仅能查询 2018 年以后的纳税失信人身份信息。

　　由于纳税失信行为与税收违法行为的同一性,因此,可以参考传统理论中企业避税动机的观点来考察。随着纳税失信治理强度的提高,将影响纳税失信因素的存在或不存在的条件,进而影响纳税失信行为发生的概率,首先是不同经济属性的纳税失信主体的身份特征将对纳税主体失信行为的倾向产生影响。以企业所有制作为判别标准,具有一定的参考价值。如上述统计公有制、私有制企业的结果,虽然显示无论公有制或私有制企业都存在纳税失信的现象,[1]但各种不同所有制、组织形式类型企业间的纳税失信问题仍存在较大差异。具体原因如下:

　　其一,国有企业作为公有产权,国家作为产权主体,国有企业在其实际控制人——国家的控制下,经营目标并不完全是利润最大化,而是同时兼顾社会责任,而税收责任正是国有企业的主要社会责任之一。[2] 国有企业在微观绩效和宏观绩效之间存在"效率悖论":国有企业从微观财务角度来看是非效率的,但全要素生产率却是有效率的。[3] 国有企业在承受与非国有企业同样名义税负的同时,可以获得不同渠道、不同形式优惠政策,从而降低其实际税负。若国有企业仍继续追求通过避税等行为降低税负将承受较高的政策代价、制度惩罚,这无疑对国有企业的各种声誉造成严重的影响。因此,国有企业避税等所谓税收筹划、财务管理行为的动机不充分,使得预算软约束对国有企业面临的融资约束扭曲度较低。其二,与国有企业不同的是,非国有企业进行税收筹划的行为动机强烈,税收筹划手段多样且表现明显,导致税务机关对非国有企业进行高密度、高强度的税收执法活动,产生了较高的税收行政案例发生率。基于非国有企业产权异质性特点,企业所有人对企业经营者有着明确的目标要求——要求经营者以最小的成本获得最大的经营收益,同时,非国有企业承担企业社会责任的动机会根据其经营能力随波逐流。[4] 此外,由于非国有企业面临的市场竞争更激烈,因此,收益最大化的经营目标使得非国有企业

---

　　① 吴宗法、张英丽:《所有权性质、融资约束与企业投资——基于投资现金流敏感性的经验证据》,载《经济与管理研究》2011 年第 5 期。

　　② 蔡昌、李蓓蕾:《我国不同所有制企业实际税负比较研究》,载《南方经济》2017 年第 11 期。

　　③ 刘元春:《国有企业的"效率悖论"及其深层次的解释》,载《中国工业经济》2001 年第 7 期;刘元春:《国有企业宏观效率论——理论及其验证》,载《中国社会科学》2001 年第 5 期。

　　④ 郑琴琴、陆亚东:《"随波逐流"还是"战略选择":企业社会责任的响应机制研究》,载《南开管理评论》2018 年第 4 期。

比国有企业有着更强烈的税收筹划动机。加之地方税务局对企业所得税的执法不力导致了大范围的企业避税，[1]非国有企业还有可能通过一些不合理的、甚至不合法的手段来逃避税收和监察，譬如通过"地下经济"来逃避缴纳税收，从而降低其实际税负率，同时造成了国家税收的大量流失。民营企业，通常会积极"寻租"以创造政治关联。政治关联对民营企业实际税负率的影响具有两面性，一方面民营企业家获取参政议政的机会与政府保持良好的互动关系，在一定程度上获取了企业发展所需要的各种外部资源；另一方面相应地带来了政府所赋予的民营企业更多的社会责任，包括税收贡献等。由于内外等多重因素叠加最终导致非国有企业的纳税失信行为发生率高于国有企业的纳税失信行为发生率。其三，政府财政压力和税收竞争会通过影响税务机关征管强度作用于企业纳税信用，财政压力越大、税收竞争越低的地区的企业纳税信用越高。从企业内部特征来看，融资约束越大的企业纳税信用越低。根据政治成本假说，大中型企业更容易受到税务部门、其他监管部门和社会公众的关注，因此注重企业声誉的大中型企业往往更加注重诚信纳税，纳税申报及税款缴纳往往更加准确和及时。[2]

纳税失信主体治理对象呈现日渐扩大化的趋势。2013 年之前，纳税失信的治理对象局限于对评级在 C、D 两级的纳税人与有关责任人。至于是否公布其纳税信用评级、能否向社会提供其纳税信用等级的查询均由评级税务机关自行决定。2013 年之后，国家税务总局通过"40 号公告""54 号公告"的发布，使得"C、D 级纳税人及其直接责任人员"、"对直接责任人员注册登记或者负责经营的其他纳税人"、"经法院判决确定的实际负责人"和"对重大税收违法案件负有直接责任的中介机构及从业人员"均成为纳税失信治理的重点对象。在实施惩戒方面，违法事实所属期的法定代表人、负责人是直接责任人，是实施惩戒的对象。当期法定代表人、负责人仅承担因企业欠缴税款被限制出境的惩戒，无须承担其他惩戒。公布负有直接责任的财务人员、中介机构从业人员的姓名、性别、身份证号码虽然能大大提高税收"黑名单"的威慑力、影响力，但由于可能导致其注册会计师、会计证等职业资格证被吊销，直接关系当事人的人身权、劳动权，在实际工作中认定标准很难把握。因此，"54 号公

---

① 范子英、田彬彬：《税收竞争、税收执法与企业避税》，载《经济研究》2013 年第 9 期。

② 高跃、冀云阳、吴莉昀：《企业纳税信用影响因素研究——基于征纳双方特征的实证分析》，载《税务研究》2019 年第 8 期。

告"增加了"经法院判决确定的实际负责人"和"对重大税收违法案件负有直接责任的中介机构及从业人员"的内容。[①] 如《茶陵县国家税务局稽查局税务行政处罚决定书(茶陵县凯源针织厂、刘页明、谭春年)》《和田地区国家税务局稽查局税务行政处罚决定书(和田故乡棉业有限公司、麦麦提阿卜拉、麦麦提敏、图尔苏江·艾孜都拉)》等案件有相当的体现。

究其原因,我们认为有以下几类因素:其一,国家税务总局对纳税评级的覆盖面和技术手段不断完善与增强,使得更多的纳税失信主体被发现。比如,2016 年度纳税信用评价工作已全部完成,全国主管税务机关共对符合评价条件的 882 万户纳税人进行了纳税信用评价,评出 A 级纳税人 70.9 万户,占8.04%。2016 年度 C 级纳税人较 2015 年度减少了 102.9 万户,占比下降 11个百分点。D 级纳税人经历了从 2014 年度的 7.6% 上升至 2015 年度的9.3%,又下降至 2016 年度的 6.9% 的"波动"过程。[②] 2018 年,国家税务总局发布的数据还显示,全国已有 99% 以上的企业,约有 2388 万户企业参与了纳税信用评价,基本实现对企业纳税人的全覆盖。[③] 其二,纳税信用修复制度的开展,缓解了纳税失信主体的压力,但也可能改变其失信行为模式,可能使其倾向于通过他人"借名""盗名"失信。随着纳税信用评级范围的扩围,给税务机关带来的信用评级压力与挑战却是不可避免的。

(二)2004—2016 年被查处的全国纳税失信行为的案件数量与涉案金额分布

由于纳税失信主体的失信行为的类型各不相同,绘制纳税失信各种行为涉及的数量与金额之间不同的关联图,能够更好地揭示出纳税失信的程度。

"40 号公告"第 20 条明确了 10 种可以直接判为 D 级纳税人的情形。第 1项至第 4 项的逻辑是:第 1 项指纳税人行为被法院判决"构成涉税犯罪的";第2 项指纳税人行为虽未构成犯罪,但由于情节较为严重,被税务稽查部门作出"定性"处理,即使已按要求缴纳税款、滞纳金、罚款,也应该直接判为 D 级;第3 项指不论情节是否严重,不按税务机关(包括税务稽查、纳税评估、税务审

---

① 张一培:《税收违法"黑名单"制度的思考》,载《税务研究》2017 年第 1 期。

② 国家税务总局:《2016 年度纳税信用评出 70.9 万户 A 级纳税人》,http://www.chinatax.gov.cn/n810219/n810724/c2567751/content.html,下载日期:2021 年 5 月 3 日。

③ 中国新闻网:《国家税务总局:纳税信用评价基本实现全覆盖》,http://news.cctv.com/2018/04/20/ARTIVP4rdYNAx1FrzxG7spVl180420.shtml,下载日期:2021 年 8 月3 日。

计、反避税调查部门)处理结论缴纳或足额缴纳税款、滞纳金、罚款的,都直接判为 D 级;第 4 项指抗税和拒绝税务稽查的行为。另外,第 1 项用"逃避缴纳税款"概念是与刑法相衔接,第 2 项用"偷税"概念是与税收征管法相衔接;明确偷税金额 10 万元和比例在 10% 以上的界线,一是参照《刑法修正案(七)》的有关规定,二是对纳税人行为给予一定的容错率。第 8 项"有非正常户记录或由非正常户直接责任人员注册登记或者负责经营的"是为了防范非正常户以重新注册新企业的方式来逃避税务监管,"非正常户"是指已办理税务登记,未按照规定的期限申报纳税,在税务机关责令其限期改正后,逾期不改正,并经税务机关派员实地检查,查无下落且无法强制其履行纳税义务的纳税人。非正常户不但影响税收征管,而且破坏市场经济运行秩序,其危害主要表现在逃避纳税义务、不按规定验销发票、虚开代开增值税专用发票等方面,税务机关应该对其加大管理力度。第 9 项"由 D 级纳税人的直接责任人员注册登记或者负责经营的"与第 32 条第 1 项对应,是针对严重失信行为的一项管理措施。

因此,根据"92 号公告""40 号公告"对纳税失信行为的统一定义,本书将纳税失信行为具体划分为:偷税、抗税、骗税、逃避税款缴纳、发票违法以及其他(包括编造虚假计税依据、不进行纳税申报、涉及纳税登记、纳税申报、账簿、凭证管理)等类型。本书根据 2004—2016 年《中国税务稽查年鉴》相关税收违法行为类型的数据,绘制了 2004—2016 年中国纳税失信涉案数量与涉案金额的统计表,见表 2-3、表 2-4。

表 2-3　2004—2016 年中国纳税失信涉案数量统计表

单位:件

	偷税	抗税	骗税	逃避欠缴税款	发票违法	其他
2004	315098	3	14	581	37133	381590
2005	266502	3	12	596	32615	402086
2006	191409	3	6	353	27629	361777
2007	102062	3	9461	266	31289	288244
2008	96872	3	5710	320	29442	241387
2009	74522	5	5822	160	27559	199199
2010	68343	1	4982	169	28847	146986
2011	63504	—	4889	117	33415	134409

续表

	偷税	抗税	骗税	逃避欠缴税款	发票违法	其他
2012	53358	—	3222	100	26869	124660
2013	47811	—	3140	229	27921	112600
2014	37941	—	4622	30	26802	96193
2015	31948	—	1732	1096	16969	75405
2016	24802	—	1032	1359	16980	66109

表 2-4　2004—2016 年中国纳税失信涉案金融统计表

单位:万元

	偷税	抗税	骗税	逃避欠缴税款	发票违法	其他
2004	1771400	2	4427	4480	19361	1876700
2005	1626551	66	3422	5497	22458	1954431
2006	1487518	5	110	4456	13069	2368395
2007	1177942	10	35759	2114	72464	3013274
2008	1045160	1	32749	6659	89877	2612355
2009	904499	12	48087	5450	59578	3570615
2010	1025242	1	53318	4344	92017	3461180
2011	1192966	—	32515	5267	79056	3388741
2012	1091171	—	58610	1566	113908	44447515
2013	1037806	—	74739	4160	131218	4439007
2014	1087654	—	60216	524	377377	5819831
2015	1207554	—	31439	31082	26442	7312608
2016	19141462		7825	40015	393604	7485914

　　从总体上看,随着纳税信用评级制度的不断完善,纳税失信治理强度的加大,纳税人税收违法行为的频率不断降低,但涉案金额总量却不断增加,纳税失信的案件数量与涉案金额之间呈现出负相关态势。但不同类型的纳税失信行为的数量与涉案金额则有不同的关联。可以发现:(1)偷税行为与其他类型税收违法失信行为等行为的案件数量与涉案金额之间确实存在负相关态势。其中偷税行为从 2004—2009 年每年案件数量均处于年均 7 万件以上的高位

态势,但其对应的偷税案件涉案金额虽有增加但年均涉案金额也处于较低的状态。但 2009 年以后,偷税行为的涉案数量与涉案金额出现了明显的变化,涉案数量减少到年 7 万件以下,但年涉案金额则显著上升到 100 亿以上的高位状态。其他类型税收违法失信行为也呈现同样的态势。在 2004—2009 年间,其他类型税收违法失信案件的涉案数量持续处于 20 万件的高位状态,在 2009 年则降至 5 万件以下。与此同时其他类型税收违法失信案件则从 2003 年的 97.49 亿元的水平增加到 2016 年的 573.21 亿元的水平。(2)发票违法失信行为、逃避追缴税款行为与骗税行为的涉案数量与涉案金额的分布则呈现 U 型变化。发票违法失信行为涉案数量在 2004 年到 2016 年间的年平均值为 27959 件,涉案金额年平均值为 11.469 亿元。逃避追缴税款行为涉案数量在 2004 年到 2016 年间的年平均值为 413 件,涉案金额年平均值为 0.8893 亿元。骗税行为涉案数量在 2004 年到 2016 年间的年平均值为 3434 件,涉案金额年平均值为 3.4093 亿元。[1] (3)由于抗税违法失信行为在 2011 年后没有发生过,因此,不存在统计学意义上的价值,不再赘述。

(三)2017—2019 年税收违法失信案件行为的行业分布

鉴于《中国税务年鉴》在 2016 年后开始将税收违法失信行为按行业分布进行统计,税收违法失信行为的行业分布有着详细的数据支持,可以详尽反映税收违法黑名单制度实施后对纳税失信主体的威慑效果。从表 2-4 可见,在该制度实施 3 年后,2017 年发生纳税违法失信行为的行业前五名分别是制造业(39533 件)、批发和零售业(32210 件)、房地产业(8317 件)、建筑业(5098 件)、金融业(3975 件)。2018 年发生纳税违法失信行为行业前五名分别是制造业(29177 件)、批发和零售业(24962 件)、房地产业(9212 件)、建筑业(5574 件)、租赁和商务服务业(3998 件)。2019 年发生纳税违法失信行为行业前五名分别是制造业(33237 件)、批发和零售业(27532 件)、房地产业(13160 件)、建筑业(7966 件)、租赁和商务服务业(4106 件)。从税收违法失信黑名单制度对行业趋势影响来看:①制造业、批发和零售业一直属于税收违法失信行为的重灾区,税收违法黑名单对建筑业的影响呈 U 型变化,制造业 3 年来的失信行为降幅达到了 16.54%;而批发和零售业的三年降幅达到了 16.26%。②但

---

① 　数据来源:2004—2016 年《中国税务稽查年鉴》。

税收违法黑名单对房地产业、建筑业、租赁和商务服务行业的税收违法失信行为发生数量则没有产生影响,反而逐年递增,同样的趋势出现在了采矿业、交通运输业以及其他类型的行业。③税收违法黑名单制度对金融业、文化、体育和娱乐业产生了一定的影响,使这两个行业的税收违法失信行为发生率有一定的降幅。(见表2-5)

表 2-5　2017—2019 年纳税失信行业分布数量统计

单位:件

行标签	2017 年案件数量	2018 年案件数量	2019 年案件数量
采矿业	1656	1689	2264
电力、热力、燃力及水生产和供应业	2949	2514	2773
房地产业	8317	9212	13160
建筑业	5098	5574	7966
交通运输、仓储和邮政业	2797	3165	3380
金融业	3975	3570	3332
批发和零售业	32210	24962	27532
其他	13751	13931	14762
文化、体育和娱乐业	848	768	737
信息传输、软件和信息技术服务业	1245	1420	1014
制造业	39533	29177	33237
住宿和餐饮业	1570	1988	2357
租赁和商务服务业	3926	3998	4106
总计	117875	101968	116620

第四节　纳税失信惩戒实践分析

纳税失信的治理仅仅依靠纳税失信黑名单的冰冷数据,是难以完全实现其治理目的的。纳税失信治理的功能更加侧重预防,特别是当前信息时代社交网络相当发达,我国纳税失信治理却没有很好地将其利用起来,尽管国家税务总局每年都会发布纳税失信惩戒的典型案例,但是并未区分其与税收违法典型案件的区别,且未向社会广泛推送,社会影响力始终局限在一定范围内。因此,具有典型性的纳税失信案件应当为社会所广泛熟知,并能提醒社会主体要诚实守信,进而形成良好的诚信社会风气。

一、纳税失信治理手段的技术性

(一)案情介绍

金融行业偷税案发生得比较频繁。某典当有限责任公司成立于 2003 年 3 月,注册资本 1500 万元,经营范围是房地产抵押典当业务、财产权利质押典当业务、限额内绝当物品的买卖和鉴定评估即咨询业务。吉林省国家税务局检查组在初步掌握该公司设置"账外账"以逃避国家税收的违法事实的基础上,一是从行业管理数据入手,提取该公司在"全国典当行业监督管理信息系统"中 2003 年起 10 余年间的业务数据;二是从资金流向入手,调取了该公司相关联的 87 个银行账户的资金往来信息,使之在大量证据面前不得不承认公司存在"账外账"。但该公司又以资金不足为由,面对巨额税款、滞纳金、罚款,试图拖延、拒不履行处罚决定,吉林省国家税务局依法启动税收"黑名单"制度,向各联合惩戒单位推送,并在新闻媒体曝光,使该公司及其法定代表人面临在社会信誉、融资贷款、纳税信用等方面的负面影响。迫于压力,该公司补交了全部税款、滞纳金和罚款。[①]

金融行业偷税案中常用的账外账手段,是税收稽查中经常面对的案情。通常破解此类案件的关键点是通过信息技术手段从外围和第三方处搜集关联证据,对于案件有争议的部分,需要多方查证求实,必要时充分动用"黑名单"制度的威慑力,对纳税失信人施加压力,督促其履行法定义务。

(二)纳税失信惩戒与纳税人信息保护关系

纳税失信惩戒的信息基础是纳税人信息的可识别性。一般而言,纳税人信息可以分为涉及纳税人生产经营的信息、涉及纳税人个人隐私的信息、涉及纳税人管理的信息与涉及纳税人失信行为的信息。涉及纳税生产经营的信息是指对纳税人生产经营收入有直接影响的信息,如技术专利等技术

---

　　①　国家税务总局稽查局编:《中国税务稽查年鉴(2016)》,中国税务出版社 2017 年版,第 2 页。

信息、企业客户信息、销售渠道信息等,纳税人个人隐私信息多为纳税人的身份信息、社会关系信息等。纳税人管理信息是指由税务机关进行税收征管时所获得的信息,既可能包括纳税人的生产经营信息,也可能包括纳税人的经营身份信息。涉税负面信息是指对纳税人纳税信用产生负面影响的不利信息,如欠税信息、税务处罚信息。在大数据时代,税务机关会尽可能地搜集纳税人的涉税信息以保障其税收征管的顺利进行。如果纳税人因失信行为而被实施惩戒措施,那么通过网络、电视等渠道公布其失信信息,减损其社会信誉,将对纳税人的生产生活产生极大的影响,增加其失信成本。因此,这是该案中典当公司从极不愿配合到后期补缴税款的根本原因。该典当公司的生产经营信息会相应转化为公共信息。因此,纳税人的部分涉税信息可能在纳税信用层面的隐私保护上要弱于其他信息的隐私保护。但对于普通纳税人的失信公示惩戒而言,应关注纳税人信息的隐私保护与纳税失信惩戒的协调关系。

当前在对纳税失信人实施惩戒过程中,税务机关对纳税人信息的搜集不遗余力,公示纳税人信息的覆盖面仅涉及涉案纳税人与专业税务机关,一般群众极少主动了解和应用失信纳税人的信息。特别是一些小微企业的失信信息的数量众多,抽象的文字信息公示很难对小微企业产生直接的信誉影响,只有通过联合惩戒才能对其产生信誉制裁的效用。因此,信誉制裁的效果大打折扣。在我国,基层税务机关辐射的群体规模庞大,绝大多数与失信被执行人有关联的人都不会主动了解到其失信信息。在中国这个熟人社会,社群压力要比法律威慑力的影响作用深远得多。易言之,纳税失信联合惩戒与纳税人私权保护的冲突处理可以按照"亲疏远近"原则予以处理。对严重纳税失信人必须采取信息全员公示的方式处理,对一般或轻微失信人可另行选择与纳税失信人有着紧密联系或同一行业的熟人圈实现信息推送,平衡惩戒纳税失信人与尊重纳税失信人的利益矛盾。

二、纳税失信惩戒的界限性

(一)案情介绍

按照"40号公告",有非正常户记录的纳税人,纳税信用直接被定为D级,由D级纳税人的直接责任人员注册登记或者负责经营的企业,评价年度直接判为D级。由此导致相当数量纳税人的纳税信用等级被直接降为D级,进而影响其正常营业活动。例如湖北省随县 B 粮油科技有限公司在 2015 年 11 月逾期申报被认定为非正常户,纳税信用等级被降为 D 级。导致 B 公司法人注册控股另一 A 粮油股份有限公司的纳税信用等级降为 D 级,使其增值税专用发票领用按辅导期一般纳税人政策办理,普通发票的领用实行交(验)旧供新、严格限量供应,因此能够领用的限额为 10 万元的增值税专用发票数量从每月 45 分降为 25 分,而纳税人没有足够的专用发票正常生产经营会受影响。[①] 又如南京市税务局第二稽查局接到一家企业的紧急求助。该公司系 2017—2018 年度当地纳税信用 A 级纳税人,2019 年下半年接受了南京市税务局第二稽查局的税务检查,并按税务行政处罚决定及时缴纳了罚款以及补缴企业所得税和滞纳金。但是该公司在"信用中国"平台上接受的纳税信用降级信息并未及时更新给企业经营产生了影响。[②]

然而人们也发现,在社会信用体系建设常被提及的"一处失信,处处受限"意涵的引导下,不同地区不同领域对失信惩戒范围、模式的创新,导致惩戒过头、信用泛化等现象,受到理论界和社会公众的广泛质疑与批评。失信惩戒过头化、适用范围泛滥化导致公民个人的隐私权与信息权、名誉权受损,个人消费与行动自由遭受不当限制,给日常生活和工作带来不便;对企业而言,将严重影响企业日常的生产经营,甚至导致其破产。如果监管者过于迷信失信惩戒的作用,则容易形成路径依赖,其本质是一种"懒政"。[③]

(二)纳税失信惩戒的界限性问题

针对公共信用领域法治缺失导致的"泛信用化"问题突出,国务院于 2020 年 11 月 25 日对失信约束制度提出"规范和完善"的要求,包括"依法合规、保护权益、审慎适度、清单管理"[④]。事实上,对纳税失信惩戒不以"一处失信,处处受限"为界,那么纳税惩戒的界限理应符合合法性、必要性、过罚相当、禁止

---

① 《纳税信用留瑕疵"同门兄弟"受连带》,http://www.hubei.gov.cn/zhuanti/2016zt/swhb/xwbb/gscz/201609/t20160920_898928.shtml,下载日期:2022 年 1 月 11 日。

② 信用福州:《税务部门提醒:小心纳税信用"污点"影响企业市场信任度》,载http://gqc.creditjj.gov.cn/zxzl/fxts/202103/t20210323_4804302.html,下载日期:2021 年 1 月 2 日。

③ 王文华:《解决失信惩戒泛化问题需厘清制度边界》,载《人民论坛》2021 年第 2 期。

④ 《李克强主持召开国务院常务会议 确定完善失信约束制度健全社会信用体系的措施等》,http://www.gov.cn/premier/2020-11-26/content_5565216.htm,下载日期:2022 年 1 月 5 日。

不当联结等要求。在缺乏必要的信用法治环境下,禁止不当联结能够更直接地回应纳税失信惩戒的界限问题。[①]

在前述案例中,纳税失信惩戒是以前一主体的纳税失信行为的评价结果作为联结点,将前一主体纳税失信行为与后一主体纳税信用评价结果连接起来,扩大了一个纳税失信行为的惩戒范围。这种不同主体失信行为与评价结果联结正当与否,判断关键在于是否存在"事理关联",其惩戒措施直接或间接影响行为者以外的第三人。然而,前述案例的惩戒措施对法律人格独立第三人企业的限制,已经直接影响该第三人的合法利益。既不满足实质课税原则条

[①] 形式上的以法规范为依据,以及具体标准的确定化、清晰化,并不能实质上阻止法规范或标准中出现不当联结的内容。而过惩相当原则的面向是公正制裁以往发生的过错,阻止再犯只是一个附带的效果意图,这就与信用联合惩戒的主旨不完全一致,因为在后者,施压以促进当事人履行应尽义务或者切实阻止当事人再犯的效果意图,丝毫不亚于制裁的目的。所以,过惩相当虽然有能力防止多方联合惩戒明显超出行为人过错的情形,但并不能在有联结的情况下判断哪些联结是正当的、哪些不是正当的。至于必要原则,其实与法规范或制度目标密切相关,而这又涉及信用惩戒制度的目标与部门法或领域法目标之间的关系,若目标超越部门法或领域法,定位于让失信人"处处受限",则任何联结皆可视为必需、正当。必要原则似乎对此无能为力。禁止不当联结的本意是国家机关对人民造成不利所采取的手段,必须与其所追求的目的间有合理联结关系存在。因此,国家机关的目的就成为判断是否存在正当联结的关键所在。通常,在A领域或事项上采取措施,却要实现B领域或事项上之目标,会被认为属于不当联结。可是,当最初以"一处失信,处处受限"为指导方针,并以多领域多部门联合惩戒为显著特点的社会信用体系建设兴起之后,横跨领域或事项的信用惩戒之联结无处不在。原先具体领域或事项上各具特色的法规范目的,在社会信用体系中已经不再是唯一重要的,与其至少平起平坐的目标是利用现代信息技术,打破部门或领域的信息隔阂,以联合惩戒加强威慑力,以联合激励加强推动力,从而实现效率最大化的管理、服务以及执行,甚至实现社会诚信、道德水准的普遍提升。这就给禁止不当联结原则的适用带来巨大挑战和发展机遇。一方面,如本文第一部分所提,"一处失信、处处受限"的政策已备受诟病,且有不再强力提倡的迹象,这就给禁止不当联结原则提供了更多有效施展的空间;另一方面,鉴于社会信用体系建设的特点,禁止不当联结原则也应适时发展规范意涵,以使其更具针对性和实质性,尤其需要对信用惩戒相关规则是否符合该原则提出分析框架。因为,相较于处于"下游"环节的执法裁量,"上游"环节的规则制定更需要关注。规则在一定程度上如同电脑程序一般,一旦符合规则要求,失信联合惩戒机制就会启动,寄希望于执行人员按禁止不当联结原则进行裁量,虽不是不可以,但也有点苛求。沈岿:《社会信用惩戒的禁止不当联结》,载《暨南学报(社会科学版)》2021年第11期。

件,也不符合刺穿公司法人面纱原则条件。[①] 虽然,可以从促进实际控制人遵守税法的角度解释这一联结的合理性,但在规则上没有进行区分对待,在实际操作中是税务机关经常动用的惩戒工具。但大量独立的第三方企业的前期市场营业活动可能与其相关的失信企业之间根本不存在任何关联,仅以实际控制人作为惩戒的唯一联结点,不分青红皂白地采取措施,也有违禁止不当联结。

至此,纳税失信惩戒的界限问题以禁止不当联结为标准,可以归纳为以下要素:第一,惩戒措施要基于纳税失信人本人;第二,惩戒措施直接或间接涉及关联第三人的,要考虑第三人是否受益于被惩戒的失信行为;第三,惩戒措施直接或间接涉及第三人的,要考虑是否导致其丧失基本生存条件。

三、纳税失信治理的预防性

(一)案件回顾

近年来,以范某某、郑某、黄某为典型的娱乐明星通过隐匿个人收入、虚构业务性质、转移个人财产等形式偷逃税款,造成了极为恶劣的社会影响。上述娱乐明星、网红主播在他人帮助下通过设立个人公司、合伙企业等实体隔离纳税义务,这说明,针对涉事违法的主体资质审查是存在巨大缺陷的。事实上,上述主体所设立的公司、合伙企业在事发前,已经涉及股权冻结纠纷、侵犯消费者权益纠纷、各种公司债权债务纠纷,相关失信信息在中国执行信息公开网中可查询。最高人民法院与国家税务总局签署的《关于网络执行查控及信息共享合作备忘录》主要包括三个方面的内容:一是国家税务总局协助最高人民法院进行网络执行查控。查询内容包括查询被执行人税务登记信息、纳税税款、申领发票等相关信息,以及被执行人的退税账户、退税金额及退税时间等相关信息。二是国家税务总局对失信被执行人采取联合惩戒措施。惩戒措施包括将失信被执行人名单纳入纳税信用评价体系;将失信被执行人和以失信被执行人为法定代表人、实际控制人、董事、监事、高级管理人员的单位,作为重点监管对象,加大日常监管力度,提高随机抽查的比例和频次;在实施税收优惠政策时,查询相关机构及其法定代表人、实际控制人、董事、监事、高级管理人员是否为失信被执行人,作为其享受税收优惠政策的审慎性参考。三是

[①]　这里主要涉及经济实质的判定,其基础在于实质课税原则的经济实质说与法律实质说的差异。贺燕:《实质课税原则的法理分析与立法研究——实质正义与税权横向配置》,中国政法大学出版社 2015 年版,第 32～34 页。

最高人民法院将相关案件信息推送给国家税务总局共享。共享信息包括被执行人信息、失信被执行人名单信息和法院关于税收征管罪类裁判文书。但失信信息交换、失信联合惩戒措施仍未有效阻止失信被执行人进行偷漏税。失信联合治理的制度功能在于威慑失信人，督促其修正失信行为，并对其他同类主体产生威慑作用。显然，在上述系列案中，失信联合惩戒等措施所产生的"惩后"预防功能没有实现。

（二）纳税失信治理的预防性要求

对纳税失信治理的路径，除了信息交换、联合惩戒之外，积极预防也不应忽视。娱乐明星、网红主播偷逃漏税系列案给我们的启示不仅是如何去发现税收征管环节的执法风险，[①]去处理税收违法失信行为，也强调需要更为广泛的有权主体参与到纳税失信乃至社会失信的治理过程中，积极预防失信行为的发生。值得注意的是，积极预防包括针对预防与联合预防两层含义：其一，针对预防是从有权治理主体角度强化失信公示、联合惩戒的制度功能；其二，联合预防是从纳税失信人角度同失信联合惩戒制度规范失信的行为的关联，阻止其再次实施或忽略危害税收征管秩序的行为。

四、纳税失信治理与税收执法的关联关系

前文分别从纳税失信治理方式、纳税失信治理界限和纳税失信治理功能三个方面阐述纳税失信治理制度。质言之，这三类案例所反映的要素，同税收行政执法风险预防之间存在着重要的关系。治理方式、功能和界限也是我国以信用监管破解税收执法风险难题的关键所在。

（一）纳税失信的声誉惩戒与税收行政执法的联系

纳税失信惩戒的实质是利用各类信息技术搜集纳税失信信息，实施声誉惩戒和联合惩戒，增加纳税人的信誉压力，督促其履行纳税义务的手段。与普通民事失信声誉相比，惩戒纳税失信的声誉惩戒通道还比较单一，并未形成较为有力的声誉惩罚机制。我们以娱乐明星、网红主播偷逃漏税案与普通纳税人偷逃漏税的声誉处罚机制比较为例说明这一情况。娱乐明星、网络主播偷逃漏税案件通过各种微博、微信等网络渠道得到迅速传播，并引起广泛关注。

---

① 刘初旺、沈玉平：《税收征管执法风险与监管研究》，经济管理出版社 2013 年版，第66页。

从公开资料总结,税务行政机关对娱乐明星、网络主播作出的处理属于税收执法范围内的补税、滞纳金及罚金等措施,但未显示有相关的纳税信用处理。笔者通过国家税务总局纳税信用查询系统也未查知相关案件涉事企业的纳税信用等级。相反,我们可以在全国各级税务机关网站查知在大量公开的普通 D级纳税人的税收违法失信案件信息,但这些信息在网络中的传播渠道仅限于政府网站,很少进入微博、微信等社会公众所经常关注的网络渠道。因此,两者相比较,即可发现娱乐明星、网红主播偷逃漏税案的声誉惩罚机制是建立在其主体信息所具有的公众性色彩的基础上,而普通纳税人纳税失信的声誉惩戒通道仅限于税务机关自身网站建立的黑名单信息公开机制,对社会宣传范围不足,尚难以在声誉层面对所有纳税人产生震慑,而能够起到威慑作用的则是联合惩戒。

另外,对纳税失信人的信息范围的公布正逐步扩大,这反映了"如何处理个人信息利用和保护之间的冲突与协调的问题"①。从当前的纳税失信治理的信息公示制度的实施效果来看,单一的失信罗列公示仅能产生有限的声誉影响,还没有达到理想的效果。纳税失信人对信息公示的漠视,对联合惩戒的畏惧,显示出纳税失信治理的信息公示措施应当被逐步多元强化。易言之,强化纳税失信信息公示的威慑作用应当通过直观化与直接化的形式传递给纳税失信人,突出信息公示的惩戒色彩,引起纳税失信人的警惕。同时,纳税失信的声誉惩戒应与针对性联合惩戒有机结合起来,共同发挥纳税失信治理的整体功能。

(二)纳税失信惩戒界限与税收执法边界的协调

如前文所述,纳税失信联合惩戒措施的联结应当存在合理的边界,即针对纳税失信人的联合惩戒措施仅及于因纳税失信行为受益的主体。当然,纳税失信联合惩戒措施的联结,包括失信资格的联结、失信惩戒措施的联结。在众多联合惩戒案例中,纳税失信人在联合惩戒的压力下迅速履行补税义务,接受税务机关的行政处罚措施,与税务机关采取税收保全、税收强制措施的结果相比,征税效率得到了极大的提高。但失信联合惩戒受到了广泛批评被认为是一种"株连"制度,这凸显出纳税人私权保障在纳税失信联合与税收行政执法措施上的选择问题,此种选择进而影响到税收联合惩戒与税收执法的合法性空间共存问题。前述关于联合惩戒不同措施的联结标准应以实际受益人为准

---

① 张勇:《论大数据背景下涉疫情个人信息的法律保护》,载《河南社会科学》2020 年第2 期。

的确立,即是考虑到现有税收执法手段中税收强制、税收保全、税收优先、税收代位与税收撤销等非经常性措施的确立原则,也是以与欠税人有着因税收违法行为受益的相关主体为执行对象的。易言之,纳税失信惩戒措施的联结原则的确立关乎纳税人的基本权利,如果采取恣意的联结标准,那么对纳税人的惩戒就不是"惩前毖后",而是"断其后路,永绝后患"。实践表明,很多 D 级纳税失信人由于联合惩戒措施的影响,很难恢复正常的市场运作,出现大量的注销倒闭情况,这与我国社会信用体系建设的初衷是不相符的。因此,纳税失信联合惩戒的适用发展应作为税收治理诸多措施同等条件下的可使用工具之一,同时,也应探索建立联合惩戒措施与其他税收执法措施相衔接的制度,从而保持一种适度的制度张力。

（三）纳税失信惩戒预防功能与税收行政处罚预防的关系

纳税失信惩戒措施作为事实上提升纳税人诚信、追缴欠缴税款的重要工具,其预防纳税人失信和威慑作用不言而喻。行政惩戒与行政处罚不同,其实施主体除行政机关外,市场、市民社会和其他机构也都扮演了规制者的角色,能够协同促进治理目标的实现,具有明显的规制属性。[①] 现有税收征管执法措施的难点在于执行不能时,纳税人没有得到实质的惩罚。因此,作为补缴税款、罚款、滞纳金等措施所具有的威慑功能显得有名无实,这不仅严重损害税收征管执法措施的制度效用,实际上也使得纳税人会产生违法不用承担责任的错觉。在国家税务总局历年公布的联合惩戒典型案例中,税务机关动用联合惩戒的前提条件几乎都会出现"纳税人拒不执行""纳税人觉得问题不大"等关键词,这印证了税收征管执法措施的难点就是执行不能。作为对纳税人税收违法行为治理的重要路径,纳税失信惩戒措施绕开了纳税人不主动接受行政处罚的难点,从另一侧面使纳税人承担着欠缴税款、拒不接受行政处罚的违法成本。在现有制度条件下,税收行政处罚的功能是直接预防,纳税失信惩戒则是通过其他社会领域的惩戒措施实现间接预防。但随着税务机关在行政执法过程中,通过行政处罚频繁动用纳税失信惩戒措施,事实上挤压了原有税收行政处罚措施预防功能的效用空间,改变了税收行政处罚原初的制度逻辑结构。因此,只有整合税收行政执法措施和纳税失信惩戒措施的预防功能,形成制度合力,才能更有效地从源头解决税收执法措施执行不能的困局。

---

① 曲崇明:《行政惩戒的法律属性与司法规制——以公共信用领域失信惩戒机制为例》,载《江西社会科学》2021 年第 3 期。

第三章
中国纳税失信治理的结构

通过对纳税失信治理的理论基础与治理实效的阐述,我们可以发现纳税失信的治理与实现法治化、现代化的目标还有着一段距离。纳税失信治理的法治化与现代化是税收治理与社会信用治理的法治化和现代化的基础。我国的纳税失信治理还缺失税收基本法、社会信用法等基础性法律规范,信息法治、信用法治等观念未在普通纳税人群体中普及开。同时,纳税失信治理中各类主体权责义务定位尚未明晰,导致纳税失信治理资源配置不均,造成纳税失信治理效果远未达到预期目标。因此,本章从纳税信用治理的定位、政府角色以及纳税信用权的结构三方面入手研究上述问题。

第一节　纳税信用信息治理定位

随着我国优化营商环境的改革持续深入,各项制度改进也在不断跟进,世界银行(IMF)的《营商环境报告》对我国的营商环境评价也在不断跃升。但值得关注的是,其中一项反应市场主体"获得信贷"的指标评分与排名却提升缓慢。其中,该体系由两个子评价体系"合法权利力度指数"与"信用信息覆盖程度"组成。在子指标信贷信息深度指数上,我国为满分 8 分,在涉及公立征信机构与私营征信机构在信用信息传递中的作用上,我国公立征信机构覆盖指数高达 98.1％,而私营征信机构为 0。此项数据反映出在企业信用信息传递机制中政府处于绝对主导地位的结构体系以及完全依靠政府构建社会信用体系的路径依赖,这种信贷信息供给结构与世界营商环境排名靠前的经济体相比完全相反,可能导致了中小企业与国际市场对中国企业"获得信贷"情况及其信用信息传递机制整体评价较低。① 但从 2021 年开始,世界银行停止发布《营商环境报告》,替代性研究出一种评估世界各国经济的商业和投资环境的新方法,直至启动新的"营商环境"项目。一旦新项目标准可用,它们就可以与这些替代的现有数据源一起提供关于全球商业监管环境的不同观点。这些替代指标对应于受经济体商业环境影响的三个阶段:开办企业、经营企业和关闭企业。②

一、"银税互动"逆势而上的现实

"银税互动"是我国普惠金融体系的重要组成部分,也是建设社会信用体系不可或缺的板块,自其出现以来一直由中国银行保险监督管理委员会、国家税务总局等行政机构联合主导。③ 2015 年银税互动业务首先在中国银行、建设银行等国有四大行与银保监会、国家税务总局之间展开,随后逐步拓展到各

———————

① "获得信贷"(get credit)是《营商环境报告》评估的十个一级指标之一,该指标的评估实际上反映的是经济体中企业信贷体系的综合情况,该指标下分为"借贷双方合法权利度指数"与"信贷信息通报",前者是对现行担保法与破产法的考察,后者则是衡量私营与公立征信服务提供商提供的信贷信息覆盖面、范围和开放程度,是现有评价企业信用信息传递机制的重要参考;其子指标分为信用信息深度(depth of credit information index),即影响信贷信息覆盖、范围与开放程度的规则和做法;公立征信机构覆盖范围(credit registry coverage),即公立征信机构登记在案的个人与公司数量以及未登记但咨询过信贷记录报告的个人与公司数量;私营征信机构覆盖范围(credit bureau),即私立征信机构登记在案的个人与公司数量以及未登记但咨询过信贷记录报告的个人与公司数量。王艳梅:《企业信用信息传递机制构建中政府与市场的法律功能定位》,载《当代法学》2019 年第5 期。

② IMF:Alternative Existing Indicators,https://www.worldbank.org/en/programs/business-enabling-environment/alternative-existing-indicators#1,下载日期:2022 年 2 月 1 日。

③ "银税互动"是在依法合规的基础上,由税务部门、银监会派出机构和银行业金融机构通过协商,共享区域内小微企业纳税信用评价结果,助力小微企业健康发展。"银税互动"有利于解决小微企业信贷融资中信息不对称的问题,促进小微企业融资的可获得性,降低融资成本;有利于纳税信用评价结果的增值运用,促进小微企业依法诚信纳税;有利于银行业金融机构开发优质客户,判断企业诚信状况,改进服务方式。通过"银税互动",促进小微企业良性发展,实现小微企业、金融、税务三方共赢。参见《关于开展"银税互动"助力小微企业发展活动的通知》,(税总发〔2015〕96 号)。

类城市、村镇或农村商业银行与当地银保监局、税务机关的合作中。[①] 但近年来,因"银税互动"产生的小微企业信贷逾期违约事件的数量和金额也逐步增加。不仅如此,2020 年初出现的新冠肺炎疫情,令作为底层经济单元的小微企业出现大面积停工停产甚至破产的局面,中国银行保险监督管理委员会、国家税务总局继而发文要求各商业银行扩大"银税互动"小微企业信贷业务的范围与规模,进一步纾解小微企业困难。[②] 据统计,"银税互动"2020 年一季度贷款总额已超过 2019 年半年的贷款额,因此,"银税互动"已成为当前缓解小微企业融资难的重要制度工具。如何在"银税互动"的贷款范围与规模迅速增长的同时,进一步协调其"缓解小微企业融资难题,提高小微企业的税法遵从,降低商业银行小微企业信贷业务风险"的制度初心,将成为其今后将要面对的潜在问题。

从既有的研究来看,业界对"银税互动"的认识尚存一定局限:一是未完全解释"银税互动"政策驱动力的可持续性存在的制度机制与驱动机制;二是未完全辨识"银税互动"制度的逻辑是信息互换,还是价值协调。上述认知的局限性致使"银税互动"的市场风险控制主要由主管税务机关和商业银行把控,但风险控制机制则并未完全明晰。与此同时,"银税互动"的市场风险的承担则由商业银行独立承担。因此,本书在"银税互动"的诸多政策规范性文件、商业银行相关业务模式及其他有关的研究报告基础上,将小微企业、商业银行、税务机关三方的"解困境、促遵从与降风险"三元目标纳入统一的分析框架中审视其目标协调性,讨论与反思"银税互动"以利益诱导、信息交换与信用规制的制度机制中的利益矛盾、价值标准、风险分担等问题,通过分析 2016 年 1月—2020 年 1 月间的"银税互动"的信贷借款纠纷内容,提出其制度运作机制的优化建议。

---

① 《关于开展"银税互动"助力小微企业发展活动的通知》(税总发〔2015〕96 号);《国家税务总局关于进一步拓展"税银互动"活动的意见》,(税总发〔2015〕156 号);《国家税务总局、中国银行业监督管理委员会关于进一步推动"银税互动"工作的通知》,(税总发〔2017〕56 号)。

② 《关于发挥"银税互动"作用助力小微企业复工复产的通知》(税总办发〔2020〕10 号)。

二、悖论还是协调："银税互动"三元目标协调论的拷问

(一)"银税互动"的目标界定

根据《关于开展"银税互动"助力小微企业发展活动的通知》(税总发〔2015〕96号)的规定,"银税互动"的三元目标包括缓解小微企业融资困境、促进小微企业诚信纳税与降低商业银行小微企业信贷业务风险,因此,我们需要根据相关制度逻辑定位这三个目标的制度位置。

缓解小微企业融资困境是"银税互动"最优先的社会服务目标。在我国金融体系二元化背景之下,政府部门将"银税互动"作为服务小微企业融资的有力手段,试图通过商业化运作使其持续发挥作用。2017年修改后的《中小企业促进法》规定:国有大型商业银行应当设立普惠金融机构,为小型微型企业提供金融服务。国家推动其他银行业金融机构设立小型微型企业金融服务专营机构。地区性中小银行应当积极为其所在地的小型微型企业提供金融服务,促进实体经济的发展。在我国目前征信体系尚不健全的条件下,"银税互动"的信息交换机制能够缓解信息不对称,降低信息传递的难度和信息成本,降低各方承担的风险。对于商业银行而言,社会服务功能的发挥不仅是政府部门提出的外部要求,更与其切身利益息息相关,它有利于商业银行与政府部门建立和维持良好的关系,也能够使商业银行享受到激励和扶持政策,在融资、税收和业务创新等实际经营活动中获得实惠。

降低小微企业信贷业务风险是"银税互动"的可持续性目标。商业银行作为公司法人,以利润最大化为首要目标,需要立足机会平等要求和商业可持续原则,以可负担的成本为有金融服务需求的社会各阶层和群体提供适当、有效的金融服务。实现稳定的资产收益可以保证其经营和承担社会责任的持续性。由于商业银行的规模不一,各家商业银行对"银税互动"产生的小额信贷的业务指标考核也有所不同。如地区性中小型商业银行对安全性的重视有时甚至超过营利性的追求,其对贷款的回收率和安全性的考虑往往被放在突出位置。不良资产的回收困难也是小额贷款公司在经营过程中格外重视安全性的重要原因。相较于一般银企信贷业务,小微企业抵押担保能力差,使用的抵押物通常为难以变现的资产,采取的方式多为残值抵押等,一旦遭遇违约,商业银行需要耗费大量的时间和精力进行清收。此外,社会和政府部门也对小微企业财务状况密切关注。此外,财务数据不实是很多小微企业的通病。为

了从金融机构取得贷款,小微企业往往会采取作假报表的方式美化自身经营,主要方式是虚增资本、不如实计入成本,虚增销售收入等。由于金融机构在为小微企业授信时,往往会考虑到小微企业的经营特点,将小微企业对公账户和小微企业主、实际控制人的银行卡流水收入均计算在企业销售收入中,这给企业虚增收入创造了条件,小微企业通过账户资金互转方式变相提高销售收入和利润水平,影响了金融机构的授信决策。基于上述原因,通过"银税互动"改善商业银行对小微企业的信息不对称状况,降低小微企业信贷业务风险也是"银税互动"的重要目标。

促进小微企业诚信纳税是"银税互动"的基础性目标。"银税互动"也被国家税务总局称为以税定贷,即当"银税互动"一般在不提供抵押担保的前提下,只要申请人的纳税信用评级等资格条件经过审核通过后,即可获得贷款。"银税互动"本质上是纳税信用评价结果的增值运用,使企业更加重视自身的纳税信用等级,促进了小微企业依法诚信纳税、诚信经营。同时,"银税互动"也是纳税服务内涵扩展的结果,被认为是社会共治的重要组成部分。

(二)"银税互动"三元目标关系的设定

"银税互动"的三个目标,也就是缓解小微企业融资困境、促进小微企业诚信纳税与降低小微企业信贷业务风险之间能否在任何给定时间上均可实现各自的目标。根据通行的观点,针对小微企业融资困境展开的普惠金融服务通常有两种特点——业务持续性和社会服务性。前者强调在经营和财务两方面保持持续性,并往往由营利能力、运营效率和贷款质量三者构成的函数关系表示。后者强调将信贷服务的普及性,一般要求小额信贷机构能够具有一定的非营利性背景。而社会服务性和业务持续性恰恰对应了"银税互动""缓解小微企业融资困境与降低小微企业信贷业务风险"的目标。国际上关于普惠金融服务存在截然不同特点的论争由来已久,但已有研究成果很难应用于解释"银税互动"制度目标的是否协调,原因主要在于以下两个方面。一是,国际上所谓的小额信贷机构范围极为广泛,除小额贷款公司外还包含非营利性小额信贷项目、信用合作社以及兼营小额信贷业务的银行与非银行金融机构等。不同机构在组织形式、经营目的及运行机制上存在较大的差异。二是,由于非营利性小额信贷项目一度是国际上开展小额信贷服务的主要力量,与我国强调的由市场主体用市场化手段提供小微企业信贷服务的思路并不完全一致。至于促进小微企业诚信纳税的目标则被认为是一种信用增信,主管税务机关通常根据小微企业纳税的历史记录来判运其纳税信用等级,但小微企业纳税信用等级是由其纳税行为决定,而非其经济能力决定。

图 3-1 "银税互动"三元目标的立体关系

三、"银税互动"三元目标协调的运作机制与缺陷例证

(一)"银税互动"三元目标协调的运作机制

上述这些目标均与小微企业自身信息与信用等级密切相关,成为信用社会背景下的"银税互动"规则的制定基础。从"银税互动"的三方关系可见,"银税互动"是以小微企业的信贷需求为基础,通过税务机关向商业银行提供小微企业纳税信用评级,促使商业银行向小微企业发放无担保类贷款。因此,"银税互动"机制是以"信息互换—信任产生"机制为纽带,以"利益协调—价值转换"机制、"失信惩戒"机制为保障结合而成的。

1."银税互动"的信息交换机制

了解更多的信息是形成信任的前提。国家税务总局与银保监会通过三个规范性文件建立了"银税互动"的信息互换机制(见表 3-1)。"银税互动"的信息互换机制的制度基础是《税收征管法》赋予的商业银行等金融机构的第三方协税义务与国家税务总局与银保监会联合出台的"银税互动"的规范性文件。《税收征管法》第 17 条第 3 款规定:税务机关依法查询从事生产、经营的纳税人开立账户的情况时,有关银行和其他金融机构应当予以协助。《国家税务总局、中国银行业监督管理委员会关于开展"银税互动"助力小微企业发展活动的通知》第 2 条第 2 款规定:银税合作各方应在依法、保密、互利的原则下,充分共享纳税信用评价结果和信贷融资信息。在此基础上,银、税双方通过银企信贷关系的自愿性信息披露制度与纳税征缴关系的强制性信息披露制度获得小微企业信息进行交换、比对与印证,可提高各自获取的小微企业信息的质量。在传统信贷市场交易理论中,银企双方达成契约的制度基础是自愿披露信息制度。自愿披露制度将信息获取权赋予商业银行,将信息披露义务课加于企业主体。在自愿信息披露制度下,每家企业都必须按照契约要求向商业银行披露财务会计信息,不仅增加企业披露信息的成本,而且商业银行对企业一一进行信息审核的成本也是高昂的。纳税征缴关系的强制性信息披露制度是小微企业作为纳税人所承担的纳税义务内容中的重要组成部分。相对于自愿信息披露制度而言,强制性信息披露制度的制度成本则明显低于前者,是降低信息成本的重要渠道。

表 3-1　"银税互动"信息共享机制

信息共享机制	规范性文件名称	内　容
纳税信用评价结果共享机制	《国家税务总局、中国银行业监督管理委员会关于开展"银税互动"助力小微企业发展活动的通知》税总发〔2015〕96号	地(市)国家税务局、地方税务局要在与银监分局签订合作协议的基础上,定期将辖区内小微企业相关的纳税信用评价结果推送至银监分局,再由银监分局发送至辖区内银行业金融机构。辖区内银行业金融机构要定期向银监分局报送已推送的小微企业融资情况,并由银监分局共享至同级国家税务局、地方税务局。
纳税信用评价信息共享机制	《国家税务总局关于进一步拓展"银税互动"活动的意见》税总发〔2015〕156号	各地税务机关要利用全国统一的信用信息共享交换平台,及时推送纳税信用评价信息。
纳税信息共享机制	《国家税务总局、中国银行业监督管理委员会关于进一步推动"银税互动"工作的通知》总发〔2017〕56号	扩大纳税信用信息主动推送范围。税务部门推送的纳税信用信息,由纳税信用A级纳税人名单拓展至纳税信用A—D级企业名单、注册地址、经营地址、联系方式、法定代表人信息。

2."银税互动""利益协调—价值转换"机制

"银税互动"的基本运作机制应立足于机会平等要求和商业可持续原则,以可负担的成本为有金融服务需求的社会各阶层和群体提供适当、有效的金融服务。在传统的市场条件下,商业银行掌握的能反映小微企业信用情况的数据常常缺失,有时即便有数据,数据质量也不高,导致小微企业信贷资产质量通常具有较大的不确定性和较大的市场风险,因此小微企业并不是商业银行传统的"优质客户"。商业银行开展普惠金融业务不仅基于其社会责任实现"金融服务实体经济"的本源外,也须满足商业银行信贷业务营利性的基本需求。而税务机关能够运用信用干预的手段,利用商业银行对"税务信息"的需求与小微企业对"以税定贷"的渴望实现二者间的利益协调。

所谓价值转换机制是基于小微企业的社会信用信息[①],利用评级工具的监管功能与激励功能,在纳税信用评级机制与商业银行信用评级机制之间对小微企业进行"银税互动"的评级转换机制[②]。商业银行使用经验模型来确定借款人的财务困难。它强调了经济和银行体系放松管制的过程,同时也指出了实施这一过程的条件的不稳定性。最古老和最流行的经验模型被称为 z 评分模型。所有经验模型的起源都是由 EdvardAltmant 设计的一种评分模型。[③] 如,中国建设银行"银税贷"项目中对单户贷款额度核定的银税评级转换机制是依据企业近两年内年平均纳税额、纳税信用等级、评定结果及其在建设银行开户情况对企业贷款额度建立经验模型进行核定。在法律形式上,"银税互动"评级转换机制的结果既可视为国家税务总局、银保监会等行政机关进行经济行政指导的依据,也可作为授信守信联合激励措施的前提,其实质是将

---

① 根据归集或采集主体的不同,社会信用信息又可分为公共信用信息和市场信用信息。公共信用信息是指由行政机关、司法机关、法律法规授权的具有管理公共事务职能的组织以及公共企事业单位、群团组织等,在其履行职责、提供服务过程中产生或者获取的,可用于识别信息主体信用状况的数据和资料。市场信用信息是指信用服务机构及其他企业事业单位等市场信用信息提供单位,在生产经营活动中产生、采集或者获取的,可用于识别信息主体信用状况的数据和资料。

② 孙雪娇、翟淑萍、于苏:《柔性税收征管能否缓解企业融资约束——来自纳税信用评级披露自然实验的证据》,载《中国工业经济》2019 年第 3 期;罗培新:《遏制公权与保护私益:社会信用立法论略》,载《政法论坛》2018 年第 11 期;王曙光、李晨希:《县域小微企业融资困境纾解方略——基于"政府—市场关系"视角》,载《长白学刊》2020 年第 2 期;张斯琪:《金融科技视角下银行对民营企业的信贷支持及监管分析》,载《新金融》2019 年第 3 期;黄庆华、段玲玲、周密:《小微金融改革服务实体经济研究:银行例证》,载《宏观经济研究》2018 年第 7 期;魏修建、姜博、吴刚:《企业纳税信用行为选择与政府税收治理杠杆》,载《西安交通大学学报(社会科学版)》2017 年第 37 期;陈果、陈文裕:《协同治理视角下的银税互动》,载《税务研究》2017 年第 2 期;高小平、杜洪涛:《我国税务系统绩效管理体系:发展、成效和特色》,载《中国行政管理》2016 年第 11 期;李天德、武春桃:《大型商业银行支持小微企业的信贷风险研究》,载《湖南社会科学》2015 年第 6 期。

③ Neogradi S., Methodology of Credit Analysis Development, *Economic Analysis*, 2017, Vol.50, No.34.

税务行政机关对小微企业既往纳税行为表现的行政评级转换为金融机构等对小微企业的商事评级。因此,在制度经济学的理论框架中,"银税互动"评级转换机制具有正式制度的特征与提升融资主体社会信用评级的能力。

3."银税互动"的"外部失信规制"机制

"银税互动"的互信机制是立基于有效的失信惩戒机制。商业银行可通过信用降级、利率惩、终止或中止贷款等途径来实现对违约的内部规制。但学界并没有完全认可内部风险规制能够彻底化解信息不对称所带来的逆向选择。除了银行内部的风控机制外,联合惩戒等外部的失信规制方式是"银税互动"信任机制的基础制度。通过这种外部联合惩戒机制,可以对企业产生强大的威慑作用,从而提高整个"银税互动"互信机制的信用水平。

(二)"银税互动"三元目标协调运作机制的反思

1.来自实践的证明:小微企业失信行为司法纠纷

"银税互动"创新改革实施超过五年,据国家税务总局统计,2020 年第一季度我国已发放"银税互动"贷款 75 万笔,超过了 2019 年的一半,贷款金额达到 1816.3 亿元,同比增长 22.3%。① 目前,"银税互动"信贷规模与信贷违约规模的相对比率还处于很低的水平。可用下图(见图 3-2)表示"银税互动"三元目标的协调状态。图中箭头表示各目标的作用方向,实线表示各目标相互作用效果较好,虚线表示各目标作用效果有一定的问题。可以看出,"银税互动"运

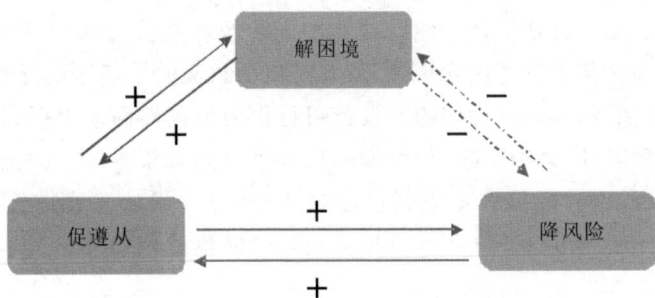

图 3-2　"银税互动"三元目标关系状态

① 新华社:《一季度我国"银税互动"贷款金额达 1816.3 亿元 同比增长 22.3%》,ht-tp://www.gov.cn/xinwen/2020-04/23/content_5505275.htm,下载日期:2020 年 4 月 24 日。

作基本可以实现其制度目标群的协调性,这表明了"银税互动"信息共享制度的有效性。但在缓解小微企业融资困境与降低小微企业信贷业务风险的关系中仍然存在一定的矛盾。

随着"银税互动"逾期违约风险事件数量和金额的逐步增加,出现了一些易被忽略的现象。本书在统计基于"银税互动"的银企信贷借款合同纠纷案件后,归纳了以下主要信息:(1)在有效样本中银企借款类型包括信用借款纠纷(830 件)与抵押担保借款纠纷(325 件)。(2)有 927 起案件的被告被列入最高法院失信名单,其中有 762 名被告同时与其他商业银行发生了借贷纠纷;有485 个企业或自然人主体属于前述 927 名被最高人民法院列入失信名单之列。再借助天眼查等工具查询其被列入失信名单的缘由:①恶意骗贷 16 名;②经营不善,导致丧失还款能力 115 名;③具备还款能力,拒不还款 354 名。抵押担保借款纠纷的 325 名被告在申请贷款前,近 3 年纳税信用评级全部是A 级,可以说是诚信纳税的典范。在贷款逾期后,有 225 名被告具备还款能力拒不还款,相应的担保人也拒绝履行担保义务。但基于两种不同的评级体系,有 187 名被告的纳税信用评级依然保持在 A 级,但其被列入了人行失信名单行列。此外,另 36 名失信人纳税信用评级仍然处于 B 级状态,仅有两个人的纳税信用评级因欠缴城建税被降为 C 级。① 享受这一政策红利的主体是小型企业,微型企业平均而言没有明显受益。②

在所有统计案例中,开展"银税互动"业务的商业银行既有中国银行、建设银行等国有商业银行,也有江苏银行等地区性商业银行,还有村镇农商行等小型银行。从 1155 件信贷违约纠纷涉及的商业银行规模、违约案件数量、违约金额、案例地区集中度等因素观测,最具有典型意义的是江苏银行的"税 e 融"借款纠纷案例群,共 149 件纠纷。江苏银行作为地区性商业银行在 2015 年 5月开展"银税互动","税 e 融"贷款期限从 6 个月到 1 年不等。截至 2016 年 5月 23 日,"税 e 融"授信客户总数已超过 10000 户,累计发放贷款达 78.8 亿元。③ 据统计,2015—2016 年江苏银行"税 e 融"借款纠纷案例共有 90 起,涉

---

① 曾远:《"银税互动"多元目标机制的实证检视与路径优化》,载《金融理论与实践》2020 年第 5 期。

② 杨龙见、吴斌珍、李世刚等:《"以税增信"是否有助于小微企业贷款? ——来自"银税互动"政策的证据》,载《经济研究》2021 年第 7 期。

③ 人民网—江苏视窗:《江苏银行"税 e 融"以税促贷累计发放贷款超 78 亿》,https://china.huanqiu.com/article/9CaKrnJVEzn,下载日期:2020 年 3 月 21 日。

及标的额约 4700 万。这说明,这一时间段内"银税互动"违约发生率是随信贷规模增长而逐步上升的,表明"银税互动"在开展初期对中小型商业银行的小微企业信贷资产规模和信贷资产安全性有着显著的正向和负向影响。值得注意的是,2018 年后,江苏银行"银税互动"信贷违约纠纷案件数量与金额急剧下降,并维持在较低的水平,可能的原因是江苏银行减少"银税互动"的授信规模或是"银税互动"的制度效果逐渐显现。这为其他同类型商业银行在后期开展"银税互动"业务过程中如何控制风险提供了较好的示范展示。但在新冠肺炎疫情影响下,江苏省作为我国小微企业数量较多的经济发达地区,该地区的中小型商业银行可能将承担更多的政策任务与更高的市场风险。

2."银税互动"运作机制的反思

本部分将承接上文的分析,探究"银税互动"在"解困境"与"降风险"之间背后运作机制的冲突。通常而言,司法救济是银企信贷纠纷的最后一层解决机制,其背后是以国家强制力作为保障的。但缘何在"银税互动"制度约束下仍然出现了为数不少的小微企业信贷借款纠纷。可见,这其中既应考虑法律逻辑与市场逻辑两分的制度因素,也应分析企业违约的内生性原因。

(1)制度层面问题:"信息互换—信任产生"机制与责任不匹配

通常而言,理论界对信息披露制度真实功效始终存有质疑的声音,其原因在于对小微企业信贷违约问题的分析都事先假定非对称信息状态下小微企业主动违约,即小微企业在任何情况下都不会主动偿还贷款,即使其拥有可观的剩余收入能够满足偿还贷款的需要。这一小微企业信贷违约假定指导了金融机构对小微企业信贷控制策略,使其按照小微企业主动性违约的思路识别小微企业违约的影响因素,设计相应的控制策略约束小微企业主动违约行为。"银税互动"的运作策略则与之相反,通过假设小微企业具有良好的守约意愿,进而设计相应的控制策略约束。对于缺乏流动性的普通小微企业而言,这一策略无疑是一个极具诱惑的利益诱导信号。在商业银行对借款人信誉度的评估受到政策约束的条件下,若要真正理解评估自身风险承担水平,则需要深入了解法律和金融的知识。因此,在面对如此高昂的信息成本时,小微企业主们会理性地选择解决关涉其生存的流动性问题,而将对可能发生违约或受到惩戒的后果采取回避的姿态。

从上述资料统计中小微企业出现的信贷违约的"非理性行为"和诚信纳税的"理性行为"截然不同的表现来看,小微企业对信贷失信行为和纳税失信行为的责任后果有着近乎理性的判断。信贷失信行为的责任后果是声誉损害、经济损失与承担民事法律责任,但纳税失信行为的责任后果不仅包括上述几种,更为沉重和首要的责任是面对行政处罚甚至刑事处罚。

(2)价值性问题:"银税互动""利益协调—价值转换"机制的价值边界

应当看到,"银税互动"虽然是信息交换的制度设计,但作为一项公共政策,"银税互动"制度是对全社会价值作权威性的分配。这一定义从传统政治学原理的角度来理解,侧重的是政策的价值分配功能。这种理解隐含了一个最基本的含义:即利益与利益关系是人类社会活动的基本模式,而政府的基本职能就是对利益进行社会性的分配。如果政策研究试图寻求一种普遍的制度规范来统摄人的多样化,就会出现理性与价值关系偏颇的结论。纳税信用评级和银行征信评级都是对小微企业诚信表现的评价,在各自价值评价的过程中,则面临本质各异的价值类型,但二者所得出的结论有可能是完全不同的。一方面,纳税信用评级是主管税务机关将小微企业的纳税监管信息、纳税监管评价与纳税监管措施整合在一起,对其既往纳税行为进行的行政评级,具有鲜明的公共价值判断意涵。另一方面,商业银行等对小微企业的征信评级侧重于风险管控角度:企业及关联企业负面信息、企业及企业主对外担保、企业股权变动、实际控制人反映的小微企业偿付能力的信息和小微企业的纳税信用评级。纳税信用评级具有简化和优化纳税监管过程、促进融资主体遵从税法的功能,虽然其本身并无受益或侵益行为,但纳税信用评级结果的分殊能够对小微企业的融资渠道产生重大影响。在"银税互动"中,政府对小微企业的申贷行为设置了"准入门槛",最初只要是 B 级以下的小微企业便无从获得信贷资格,但为扩大小微企业的受益面,逐步将"准入门槛"下调至 M 级。而在新冠肺炎疫情后,又再一次将门槛下调至 C 级。但大部分商业银行并未因"银税互动"政策变动而降低了其信用风险模型的评级标准,只是根据央行、银保监会的政策规定提高了新冠肺炎期间小微企业信贷业务的坏账容忍率。

(3)风险承担问题:"银税互动"风险结构失调加剧

如上所述,在"银税互动"试行的前五年时间内,由于宏观经济、市场期望都向好,"银税互动"违约事件的发生率随其规模扩大缓慢上升,尚处于很低的风险水平。但在新冠肺炎疫情影响下,在宏观经济萎缩、小微企业停工停产、政策性扩大"银税互动"规模等因素冲击下,"银税互动"将面临更多的不确定性。笔者将所统计的基于"银税互动"的银企信贷借款合同纠纷案件通过风险析出法,按照金融风险传染路径模型对"银税互动"的风险进行结构化构造(如图 3-3)。在实践中,越来越多的商业银行将公司治理系统(CGS)相关的机制纳入风险评估,据此,本书将贷款供需、融资可及性、流动性、同业竞争、法治环境、银税合作、不可抗力六个因素列为"银税互动"的风险系统构成因素。根据系统风险的构造结构理论,从"银税互动"机制影响因素触发风险的敏感性的角度,上述风险又分为核心风险与外缘风险。核心风险与外围风险之间存在着驱动与依赖的关系。驱动是指贷款需求、融资可及性、流动性风险会主动影响同业竞争等外围风险的程度,依赖是指银税合作程度是被动地接受小微企业贷款需求的影响。

图 3-3　"银税互动"的风险结构

　　核心风险范围由影响"银税互动"启动的关键因素决定,包括贷款需求、融资可及性、流动性风险。外缘风险范围由影响"银税互动"实施程度的相关因素决定,包括同业竞争、法治环境、银税合作、不可抗力六个因素。我们可以假定小微企业由于停工停产没有盈利产生了远高于常态的流动性风险和贷款需求,但仍坚持按照《税收征管法》按期如实申报,履行其纳税申报义务,因此,税务机关对其纳税信用评级将给出较高的 B 级或者 A 级评级。小微企业据此向商业银行提出无抵押的"银税互动"类贷款申请,商业银行在贷前审查时虽然能够通过"银税互动"信息共享平台查知小微企业真实的经营状况,但商业银行须根据"银税互动"政策以及小微企业较高的纳税信用评级给定期较高贷款额度,将导致商业银行承担更高的风险。因此,由商业银行单方治理税银互动的违约风险的制度逻辑也将可能导致"银税互动"风险结构失调的加剧。

第二节　纳税失信治理中的政府角色定位

《关于进一步深化税收征管改革的意见》提出：到 2023 年，要基本建成以"双随机、一公开"监管和"互联网＋监管"为基本手段、以重点监管为补充、以"信用＋风险"监管为基础的税务监管新体系，在理念层面实现从"以票管税"向"以数治税"分类精准监管转变。[①] 但纳税失信治理的本色仍离不开社会信用共治的基调，因此，我国纳税失信治理的政府主导特色不过是社会治理中政府主导惯性思路的具体延伸。在政府与社会互动关系中，一直存在治乱循环的怪圈。在税收管制向税收治理的逻辑转型过程中，政府主导固然有其合理性，但政府主导不可避免地会在管制与治理之间反复纠缠，而信用监管属于典型的自治与共治的治理逻辑，因此，只有依靠法治才能稳固税收治理逻辑转型的基本面，才能保障纳税信用治理的治理实效。本节将从纳税失信治理的行政主导的现状出发，通过对权力与权力博弈下的政府主导角色的诊断，在法治化社会治理理念下思考纳税失信治理中的政府角色的重新定位。

一、政策导向下纳税信用的行政权力色彩

通过前文对我国纳税信用制度的发展历程的梳理，可见制度推进的主体是国务院、国家税务总局等政府行政部门。行政部门以行政权为基础发挥纳税信用制度构建的主导作用，进行税收治理模式的创新。虽然地方尝试在纳税信用制度构建以及本地方税收治理的过程中提供相应的地方性法规依据，在治理术语与内涵、涉税信息制度体系化和规范化、涉税信息目录与共享协议等方面取得了重大创新，却又出现了重协助义务、重税收保障、重信息收集和重差异立法的地方思维与倾向。

（一）纳税信用信息归集权力

纳税信用信息是纳税信用制度体系建设的认知前提与信息基础，《税收征

[①] 谢金荣、丁正智：《变革理念方式手段　实现税收精准监管》，https://www.ctax.org.cn/xstt/zjsd/202104/t20210427_1117065.shtml，下载日期：2021 年 1 月 1 日。

管法》、"40 号公告"以及各地税收保障立法对纳税信用信息进行明确界定,一般将其定义为税务机关作为信息采集主体在对纳税人信息采集过程中形成的反映纳税人纳税信用状况的历史信息、税务内部信息和外部信息。① 在此基础上,有的地方税收保障立法(海南、江苏)将纳税信用信息的提供主体明确为各类政府部门以及企事业单位,有的地方税收保障立法(黑龙江、湖南)将纳税信用信息范围进行了详细列举。总体观之,纳税信用信息的界定是以是否涉税为主要标准的,只要与纳税信用管理或税收征管相关,即可被列为纳税信用信息的范畴。因此,税务机关在中央与地方各级法律规范框架中,通过各类信息交换途径,汇集了海量的纳税信用信息,构筑税收治理的信息基础,并在此基础上通过大数据、人工智能等信息处理技术形成对纳税人的纳税信用评价,形成一种新型的税收行政信息管理权力雏形。

(二)纳税信用信息评价权力

纳税信用评价主要是税务机关公共信用信息平台归集的纳税人的信用信息,按照设计的信用计算模型,对纳税人遵守法定义务或履行约定义务的情况进行综合评分,作为政府规制公共资源交易的工具,具有信用行政评价的属性。其中,《纳税信用评价指标》中纳税人信用历史信息和外部参考信息仅记录,不扣分,不影响年度纳税信用评价结果。影响纳税信用评价的主要是税务内部信息和外部评价信息,采取年度评价指标得分和直接判级方式确定。纳税信用评价采取年度评价指标得分和直接判级方式。评价指标包括税务内部

---

① 在纳税信用信息管理的部门规章与地方立法中,纳税信用信息被分为历史信息、税务内部信息和外部信息三类。纳税人信用历史信息包括纳税人的基本信息、评价年度之前的纳税信用记录,以及相关部门评定的优良信用记录和不良信用记录。在基本信息中,除纳税人税务登记信息和经营信息之外,特别设置了人员信息一栏,将相关人员信息进行了专门的归纳和记录,因为企业的法定代表人、财务负责人、出纳和办税员都是企业涉税行为的参与者或知情人,与纳税信用的关系密切。提高纳税人的税法遵从度,应该将企业信用与个人诚信紧密联系。如《浙江省个体工商户和其他类型纳税人纳税信用管理办法(试行)》规定,法定代表人、财务负责人和办税人信息从税务管理信息系统中采集,出纳个人信息记录可由税务机关通过纳税人申报采集。评价年度之前的纳税信用记录以及相关部门评定的优良信用记录和不良信用记录从税收管理记录、国家统一信用信息平台等渠道中采集。记录纳税人在其他部门的信用记录,是落实《社会信用体系建设规划纲要(2014—2020 年)》和《国家发展改革委人民银行中央编办关于在行政管理事项中使用信用记录和信用报告的若干意见》(发改财金〔2013〕920 号)的相关要求,促进社会信用体系建设的具体措施。

信息和外部评价信息。年度评价指标得分采取扣分方式,依据法律法规的相关规定,针对纳税人涉税行为是否诚信、发生失信行为的态度和程度,设置不同的扣分标准。涉及处罚金额的,采取按百分比数值递进方式计算扣分值。对纳税人涉税行为是否为失信行为的评价主要参照了《税收征管法》及其实施细则、《欠税公告办法》、《发票管理办法》、《增值税专用发票使用规定》、《国家税务总局国家工商行政管理总局关于加强税务工商合作实现股权转让信息共享的通知》(国税发〔2011〕126 号)等法律法规和文件的规定。直接判级,即直接判为 D 级的行为,参照《重大税收违法案件信息公布办法(试行)》和税收管理中常见的严重失信行为予确定。从以上法律规范文件对纳税信用的规定出发,可以发现纳税信用评价对象是纳税人涉税行为遵守其法定义务的态度和程度。纳税人涉税法定义务本就关涉法律强制力的约束,对纳税人涉税法定义务的评价也不能剥离其与法律强制力的关联。加之在实践中对纳税信用管理并非处于单一评价状态。纳税信用评价还广泛应用于纳税信用监管、纳税人融资活动以及其他相关市场经营活动中,因此,纳税信用评价已经逐渐演变为税务机关的一项独立行政权,能够对税务行政行为和纳税人的实体权利义务产生重要影响。

(三)纳税失信的联合惩戒权力

纳税失信信息公示是对纳税人主体声誉的警示,但在社会信用体系中,对纳税失信的处理进一步延伸为对纳税失信的联合惩戒。纳税失信的联合惩戒主要针对纳税信用 D 级评价以及重大税收违法失信行为。与纳税信用信息的采集和纳税信用评价的行政权力色彩相比较,纳税失信联合惩戒具有浓重的行政制裁特色。在实践中,纳税失信联合惩戒的方式多种多样,根据《关于对重大税收违法案件当事人实施联合惩戒措施的合作备忘录(2016 版)》的规定,联合惩戒措施包括:从严控制生产许可证发放;限制从事互联网信息服务;依法限制参与有关公共资源交易活动;依法限制参与基础设施和公用事业特许经营;对失信注册执业人员等实施市场和行业禁入;撤销荣誉称号,取消参加评先评优资格;支持行业协会商会对失信会员实行警告、行业内通报批评、公开谴责、不予接纳、劝退等;强化外汇管理;限制在认证行业执业;限制取得认证机构资质,限制获得认证证书。由于联合惩戒是对纳税人主体权益的直接限制或剥夺,对纳税失信的联合惩戒具有明显的行政处罚性质。联合惩戒的制裁性使得社会信用体系能够发挥治理的实效。虽然学者建议在对现行行政处罚种类进行适当整合的基础上,增设"纳入失信名单"等名誉罚,但遗憾的是,2021 年 1 月 22 日新修订通过的《行政处罚法》并没有把信用惩罚纳入行政处罚的种类中。

二、权力与权利关系背反下的政府主导评析

2019 年《国务院办公厅关于加快推进社会信用体系建设构建以信用为基础的新型监管机制的指导意见》指出了社会信用"事前、事中、事后"监管机制的三大问题,本质上是权力和权利失衡的具体表现。在国务院指导意见的基础上,"51 号公告"的出台,也进一步显示出在纳税信用监管体系中的纠偏趋势。在行政权主导下的纳税信用体系建设过程凸显了政府管制的清晰思路,但在税收法治基本原则下,税收行政权与纳税人权利始终存在着一定的张力,导致纳税失信治理的多元治理思路出现了一定的偏差。

(一)纳税失信治理中的税收行政权扩张

改革开放 40 余年,我国税收法治建设取得了丰硕成果,国家征税权必须在法定范围内行使已经成为税收法治的核心要义。在税收法治背景下,税务行政权主导的纳税信用体系建设所内含的行政权扩张则十分明显。

其一,纳税信息用信息管理权形成的纳税信用信息库是纳税失信治理的信息基础。受制于纳税信用信息的收集能力,税务机关难以全面掌握纳税人的纳税信用信息。但随着金税工程与其他政府信息治理系统联网,税务机关利用大数据技术已能实时甄别出有价值的纳税信用信息,此时税收征管模式已然发生转型,从掌控更多信息转向掌控有效信息。大数据税收征管通过提高企业信息透明度而抑制了向上与向下的盈余管理。[①] 税务机关的信息权力通过对纳税信用信息的收集与信息挖掘,体现出了税务机关通过纳税信用管理强化税收征管的意愿。从微观层面看,大数据等现代信息技术赋予了税务行政机关更强的行政控制力,并经由互联网通信技术放大了税务行政机关的行政控制力,从而在社会上形成了普遍的影响力。因此,我们极易忽视在此种过程中,税务机关通过行政控制力获得信息权力的先决条件。换言之,行政机关在各类行政管理行为中依据行政权获取信息权力是天然的前提条件。行政机关的信息权力建立在信息汇集的基础上,这一权力基础不仅是政府机构之

[①]　李增福、骆展聪、杜玲等:《"信息机制"还是"成本机制"? ——大数据税收征管何以提高了企业盈余质量》,载《会计研究》2021 年第 7 期。

间掌握信息的汇集,更是动用行政权实现政府之外的公共机构乃至私人组织掌握的信息的汇集,由此大数据信息汇集形成了有关信息主体社会行踪的完整画像,透过对信息主体过往行为的评价而指向对其未来行为的规制。在社会信用体系建构中,政府通过信息权力的行使形塑信息主体的数字人格,而在数字人格之上,就可以针对数据本体(公民)的权利义务进行控制。政府权力行使总是以信息的获取为归依的,正因为大数据时代信息处理的广泛性,信息的权力性特征并不明显,在政府已有行政权力的掩护下,信息权力的合法性依据、权限范围和救济都极容易被忽视。

其二,纳税失信的诸多治理措施会形成行政权力的诸多效应叠加。从上文对纳税失信联合惩戒措施所列示的资格处罚、从业禁止、消费限制等内容来看,纳税失信联合惩戒是社会信用体系中失信联合惩戒措施的重要组成部分。联合惩戒措施对纳税人在税收领域之外的各项利益实质限制的逻辑与通过声誉机制等市场自由竞争对失信者的负面评级产生淘汰结果的逻辑不同,具有浓重的行政权特色,即直接性、强制性以及权力性的特点,并且联合惩戒措施往往一处失信,处处受限,其惩戒范围超过了传统行政处罚"一事一罚"等基本原则,具有比行政处罚更大的震慑力。例如有学者认为,按照行政黑名单的功能,可将其划分为惩罚性黑名单、警示性黑名单和备案性黑名单,三者的法律效力存在明显的区别。惩罚性黑名单具有对失信的行政相对人进行惩戒的功能,应属于行政处罚措施;警示性黑名单和备案性黑名单并不具备惩戒功能,对行政相对人以外的人不直接发生法律效力,可分别定性为行政指导措施、内部行政措施。[①] 但上述权力实施对纳税人的权益影响则存在不可分割的联结。首先,诸多治理措施的结果效应与治理措施的目标效应发生了叠加。联合惩戒形成了的多种行政权参与突破了一事一罚的基本原则。纳税失信中的信用评价措施是对纳税失信人的过往失信行为进行评价,纳税信用信息公示是对纳税失信人的现在状态进行警示,纳税惩戒是对纳税失信人的未来行为进行限制。例如,纳税失信黑名单公布期限为 2 年,即是对所谓的"行为人行政法"视角带来了基于失信人"潜在风险性"实施的"期间限(失)权"制度视角。[②] 这种多重治理措施的效果叠加,在一定程度上达到了限制纳税失信人

---

① 王丽娜:《行政黑名单移除制度的审视与完善》,载《中州学刊》2020 年第 3 期。

② 贾茵:《失信联合惩戒制度的法理分析与合宪性建议》,载《行政法学研究》2020 年第 3 期。

行为自由的目的,带有明显的权力规训色彩。[①] 其次,纳税失信联合惩戒形成了权力叠加。纳税失信联合惩戒以税务机关的纳税信用评价信息为基础,由各行政权力机关在职权范围内对纳税失信人采取对应的惩戒措施。联合惩戒是税务机关与其他政府部门在行使行政管理权获取信息的基础上,实现对纳税人信用信息的互换以及联合惩戒。联合惩戒权可根据惩戒对象和惩戒行为,分为财产利益型惩戒和道德贬损型惩戒。财产利益型惩戒能够直接造成失信主体财产利益的减损。道德贬损型惩戒会导致失信主体的社会评价降低。联合惩戒权的行为表现可分行政检查、行政指导、行政许可、行政合同、行政补贴、行政处罚等各类行政行为,联合惩戒的惩前毖后强化了行政处罚效果。如前所述纳税失信既是违法行为也是失信行为,要接受税收行政法与税收信用法的双重评价。所以,纳入联合惩戒的失信行为大部分是已经接受了法律制裁的行为,如纳入失信的犯罪、行政处罚、行政强制等信息,可见,联合惩戒是在已有的惩戒之上的惩戒叠加。纳税失信联合惩戒是通过对已经产生损害后果的纳税失信行为进行声誉制裁、资格限制、资源截断与行为警示等措施取得惩前毖后的效果。对于失信联合惩戒措施的行政权措施,有学者认为行政主导的信用惩戒生成机制及其因此而型构的信用惩戒制度体系,为信用惩戒的滥用提供了极为宽松的空间,信用惩戒滥用有可能变成现实。[②] 这种惩前毖后的规制措施通过广泛的惩戒措施体现了"事后处罚的诚信治理模式效果不尽理想"和"行政手段的匮乏"的制度无奈,[③]也凸显了对纳税人的规训目的。最后,纳税失信联合惩戒措施增加了行政制裁手段。纳税信用被界定为纳税人遵守税法的诚信状态,因此,税收违法行为和不遵守与税务机关达成的承诺义务等行为都属于纳税失信行为。由于严重的税收违法犯罪行为和较轻的不遵守法定义务等行为都有对应的法律责任,纳税失信联合惩戒的大多数行为均已接受与之对应的行政或刑事法律制裁,所以纳税失信联合惩戒措施是在已有的制裁手段之上强化在行政制裁领域的手段。

[①] 王秀哲:《大数据背景下社会信用体系建构中的政府角色重新定位》,载《财经法学》2021年第4期。

[②] 卢护锋:《信用惩戒滥用的行政法规制——基于合法性与有效性耦合的考量》,载《北方法学》2021年第1期。

[③] 门中敬:《失信联合惩戒的正当性拷问与理论解决方案》,载《法学杂志》2021年第6期。

(二)纳税人信用信息权利消解

与借助于信息技术而扩张的政府权力相对应,纳税信用信息界定直接挑战的是纳税人的个人信息权利。从公共权力角度定义纳税信用信息的公共性是考虑为保障国家财政安全赋予税务机关履行税收征管权而获取信息,并进一步延伸至其他负有协税义务的第三方主体。但是,税务机关的税收征管权力与第三方主体协税义务所涉及的纳税人信息并未因信息占有主体的转移而改变纳税信用信息私人属性。信息的属性是由信息内容指向主体的身份角色所决定的,由于纳税信用信息具有明显的个体性特点,不能强求因税务征管需要而改变纳税信用信息的私人属性本质。在《税收征管法》等关于纳税信息管理的法律规范文件中,对纳税信用信息的采集与保密做了确定性规定,但纳税信用信息的保护不仅在于信息范围的搜集,更重要的是不能因对纳税人信息的采集、使用而对纳税人的合法权益造成侵害(包括不当的信用评价、税法实体权利的损害)。虽然纳税人无法拒绝其向税务机关履行提供个人信息的义务,但纳税人有要求税务机关阐明搜集纳税人信用信息的合理边界、适用范围以及期限等合理权利。因此,对纳税信用信息采集、使用情况的知情权与纳税信用信息使用的受保护权共同构成了纳税人信息权的构成要素,前者指向纳税信用信息转移给税务机关后对纳税人公开,后者则强调对纳税人个人信息的私密保护。"而信息技术的飞速发展所带来的不仅包括个人信息为他人所滥用的恶症,还包括政府无限度地搜集和使用个人信息,从而蜕化为监控国家的风险。……相比信息泄露和数据操纵在司法领域引发的热议和关注,人们对于国家对个人信息的无限度地搜集以及不当使用却缺乏足够的警醒。"[①]随着国家与个人的信息关系模式转型为公共性为主,国家全面掌握个人信息的条件下,对个人信息产生最大的威胁也来自国家。尤其是在数字社会中的纳税人的信息权数字化后,依据纳税信用信息作出的信用评价和惩戒被广泛运用到社会生活的方方面面,使得对纳税人的失信惩戒常态化。一旦信用评价和失信惩戒出现偏差,给纳税人产生的影响也将"一处失误,处处受限","而信用恢复的滞后性往往不足以弥补当事人人格权损害。"[②]

---

① 赵宏:《从信息公开到信息保护:公法上信息权保护研究的风向流转与核心问题》,载《比较法研究》2017 年第 2 期。

② 王秀哲:《大数据背景下社会信用体系建构中的政府角色重新定位》,载《财经法学》2021 年第 4 期。

（三）治理主体的角色偏差

纳税信用治理是我国税收治理现代化的重要组成部分。税收治理现代化是强调税收治理的共建、共治、共享,以人民为中心是共建、共治、共享的核心要义与内在本质;是全社会各相关主体在较为充分的协商和参与的基础上,能达成较大共识后而采取协同配合的税收治理行动;是在单一式税收治理格局基础上的一种合作模式税收治理格局;是一个将共建基础、共治过程和共享目标有机统一的新型税收治理模式和体系。[①] 但"社会信用体系建设中的权力运作方式具有一定的'规训'色彩,对规制'有效性'的追求反映的是国家信用监管目标的实现,作为信用主体的公民则在一定程度上被'客体化'了,反而成为被真正规制的'客体'"[②]。纳税失信治理的逻辑是纳税人基于诚实信用的态度,诚信守法纳税,若有逃避纳税的行为,就破坏了其诚实信用的原有状态,要承担与之对应的道德谴责和法律报应。可见,无论是法律治理还是信用治理,纳税人都应是主体,而不应是客体。换言之,在纳税信用治理的背后,国家将道德规范与法律规范置于同等重要地位,也希冀通过道德与法律的互动加强二者的规范约束性,"从而导致其功能将不再是督促纳税人履行纳税义务,而是直接异化为对失信纳税人的实质处罚与限权"[③]。可见,纳税信用治理对象不是不诚信的纳税人,而是回应不依法纳税的社会顽疾的另一条治理路径,而这一路径的主导模式又回到了行政治理的治理惯性模式上,导致治理主体的角色发生偏差。进一步而言,在税收领域谈论纳税人的税收道德是"本恶"还是"本善",依旧不能脱离其道德诚信色彩,而以法律控制模式去规范道德,显然违背了道德自身的运行规律。因此,纳税失信治理的回应式实用主义思路存在导致纳税信用治理异化的风险。

三、纳税失信治理中的行政权力定位

经济基础变化和治理模式转变,在税收层面表现为更加注重纳税人的权

[①]　漆亮亮、赖勤学:《共建共治共享的税收治理格局研究——以新时代的个人所得税改革与治理为例》,载《税务研究》2019 年第 4 期。

[②]　孟融:《国家治理体系下社会信用体系建设的内在逻辑基调》,载《法制与社会发展》2020 年第 4 期。

[③]　刘珊:《税收违法黑名单制度的理论探析及其优化路径》,载《税收经济研究》2020 年第 6 期。

利,必然推动税收共治的形成和发展。① 因此,在税收治理现代化过程中单一的行政治理不是万能的,税收法治建设过程中需要对行政治理既强调控制其自由裁量空间,又需要激励其充分发挥行政治理的主导功能。因此,行政主导下的纳税失信治理应在发挥税务机关的主导效力的基础上,充分尊重税收共治范围涉及税收立法、执法、司法、守法等各方面,参与主体除了税务机关以外,还有各级党委、政府有关部门、社会团体、企事业单位和社会公众的广泛观点。②

(一)行政主导的适当性质疑与证立

国家税务总局制定"92 号公告""40 号公告""41 号公告""合作备忘录"等关于纳税信用管理规则从规范意义上看都应属于国家税务总局对上位法律细化的行政立法。而"54 号公告""37 号公告""15 号公告""31 号公告"则是国家税务总局作为国务院主管税收工作的直属机构,对"92 号公告""40 号公告""41 号公告"的进一步解释,是国家税务总局对自己制定的税务部门规章的含义和应用作出的阐释。③ 对社会信用建设的法治缺失④以及对税收行政立法与解释的法治质疑,⑤导致纳税信用制度建设也带有相类似的问题。但应看到对此类问题的质疑视角是兼有形式法治和实质法治综合的思维,从单一的形式法治视角判定纳税信用制度建设确实存在法治程度不高的问题;但从实质法治的视角出发,在没有更好的制度组织者出现之前,对纳税信用制度建设与制度应用的质疑更需要警惕越权规制与滥权解释等行为。判断行政主导能否作为纳税信用体系建设的适格主导,需要从效率与公平的关系进行研究。在效率原则中,纳税信用的立法权和解释权需要有效率的主体行使。纳税信用涉及信用标准设计与评价、税法专业问题以及税收征管程序等不同侧面内容。虽然在信用标准设计与评价方面存在专业性质疑,但国家税务总局对税

---

① 邓永勤:《税收共治的历史逻辑与实现路径》,载《税务研究》2016 年第 12 期。
② 邓永勤:《税收共治的历史逻辑与实现路径》,载《税务研究》2016 年第 12 期。
③ 叶金育:《国税总局解释权的证成与运行保障》,载《法学家》2016 年第 4 期。
④ 彭錞:《失信联合惩戒制度的法治困境及出路——基于对 41 份中央级失信惩戒备忘录的分析》,载《法商研究》2021 年第 5 期;唐清利:《社会信用体系建设中的自律异化与合作治理》,载《中国法学》2012 年第 5 期。
⑤ 袁明圣:《我国税收行政立法权的合法性危机及其出路》,载《法商研究》2010 年第 1 期;滕祥志:《税法行政解释的中国实践与法律规制——开放税收司法的逻辑证成》,载《北方法学》2017 年第 6 期。

法疑难和实施问题最为熟悉,对税法的立法和解释的准确度有相对较好的把握;同时国家税务总局对税收征管中的程序问题也最具发言权。在公平原则中,若将对国家税务总局"集裁判员与运动员于一身"的质疑置于强调社会信用体系共建共治共享的宏观环境中则显得不无道理。

因此,对相应制度在没有出现重大变化的前提下,纳税信用体系建设的行政主导的适当性应更细化目的正当、形式合法与信赖保护等因素。首先,纳税信用管理目的要与税收征管目的进行区别。"92号公告""40号公告"的立法目的条款分别规定:"为加强税收信用体系建设,规范纳税信用等级评定管理,促进纳税人依法纳税……""为推进社会信用体系建设,规范纳税信用管理,促进纳税人诚信自律,提高税法遵从度……"《税收征管法》立法目标条款规定:"为了加强税收征收管理,规范税收征收和缴纳行为,保障国家税收收入,保护纳税人的合法权益,促进经济社会发展,制定本法。"可见纳税信用管理的直接目的不涉及税收征管等内容事项,而是以纳税人的诚实信用的主观认知状态为管理对象。如前文所述,在纳税人自治的"主体性"得到应有的尊重的前提下,才使得税务机关主导的目的具有正当性。其次在上位法的授权下,对纳税信用管理制度的合法性质疑也得到了一定的疏解。根据2017年国务院关于修改《规章制定程序条例》的决定,规章的起草、审查、决定、公布与解释都应满足行政法规的要求,否则就不具有法定效力。最后,信赖利益主体的全覆盖才能支撑纳税信用管理的行政主导秩序。政府诚信是现代政府的生存基础及其良性运行的支点。[1] 税务行政机关的形象关乎政府信用,只有守信的政府才能治理守信的社会。一个不守信用、出尔反尔的政府将直接成为公众道德水准普遍降低的加速器,也将成为整个社会信用滑坡的根本原因。因此,要防止纳税信用建设发生目的偏移、路径偏差等现象的出现,税务机关必须加强自身诚信健身。从长远来看,信用制度建设的目的不是单靠严厉的外控来实现的,更在于通过长期的约束机制最终使人们将外在的行为约束变成一种行为习惯,让诚实和信任再度恢复,这是信用体系建设的最终意义。

(二)纳税人信用权利的守护者

法治政府从自身的角度关注行政权如何行使、行政职责如何有效履行、行

---

[1]　陈翠玉:《政府诚信立法论纲》,载《法学评论》2018年第5期。

政决定究竟如何作出,因而,其更加注重通过行政系统内部的制度建设来规范行政过程;更加注重对行政活动加以细致的流程管控;更加注重对行政活动后果的内部预防控制。① 在优化营商环境的过程中对纳税人权利保护与税收行政权力的限制都是实现税收治理现代化的重要措施。② 但是,在税收领域治理模式的转型过程中,以治理之名行管制之实的情形还在不断发生,如市场进入限制设定不合理税费或者过高门槛,必然会耗费企业的有限资源分散管理者的注意力,提高企业正规运营的成本。③ 其中,河北霸州市的乱征事件即是典型表现。④ 其主要原因在于社会治理过程中行政主导的路径依赖惯性使然,尤其是在财税领域,当诚信危机严重影响国家财税安全时,财政优先思维必然占据主导地位,随之而来的也必然是以国家权力为支持的管制模式上位。当社会诚信问题日益凸显时,诚信守法纳税也就成为奢望,政府以行政权从重治理社会诚信问题,其短期效果必然明显,但长期的负效应也逐渐显现。其中最为突出的问题本书在前文中关于纳税失信联合惩戒措施的不当联结中已有讨论。

在纳税失信治理过程中,税务机关的角色不仅仅是纳税人信用的管理者,更应成为纳税人信用权利的服务者。这种身份的转变契合纳税服务理念的转型,使得纳税信用管理不仅仅是进行失信惩戒,更应强化守信激励服务。具体而言,包括两个方面的含义:一方面,作为服务者,应慎用纳税失信联合惩戒对纳税失信人合法权利的恣意干扰,从而破坏营商环境。应当以行政法的法律保留、比例原则和关联性等基本原则为基础,合理设计对纳税人失信行为进行联合惩戒的范围与限度,保障纳税人的合法权益。另一方面,以纳税信用信息为基础的纳税信用管理体系在涉及纳税人信用权、信息权与隐私权的过程中,需要尊重私法领域中的"知情——同意"、公法领域中的"必要"等基本原则。必要原则包括禁止过度损害和禁止保障不足两大方面。它既要求处理个人信

---

① 刘国乾:《法治政府建设:一种内部行政法的制度实践探索》,载《治理研究》2021年第3期。

② 曹阳、黎远松:《构建以纳税人为中心的税收法治理念及其实践路径》,载《税务研究》2021年第9期。

③ 张峰、王睿:《政府管制与双元创新》,载《科学研究》2016年第6期。

④ 国办督查室:《关于河北省霸州市出现大面积大规模乱收费乱罚款乱摊派问题的督查情况通报》,http://www.gov.cn/hudong/ducha/2021-12/17/content_5661671.htm,下载日期:2022年1月17日。

息时应在有助于目的实现的必要范围内运用最小损害的手段,又要求采取必要措施最大限度地保障个人信息安全。① 由此,如果从权利守护者的角度出发进行社会信用体系建设,权力拥有者就会谨慎小心得多,当遍布权利雷区时,权力的行使才不会恣意。从权利守护者的视角出发,理性的制度设计应放弃完美主义追求。即使法律是以人性恶为假设的,也不可能在立法层面阻却所有的机会主义行为,否则就有可能出现法律制定得越多而执行得越少的尴尬。

(三)税收诚信的积极引领者

税收诚信观的树立应以征纳双方彼此信赖为前提。行政法将行政相对人的信赖保护利益法定化表明了法律要求政府对行政相对人的尊重,要转化为对其权利的尊重,使行政相对人对行政行为确立信任之感。吉登斯对信任的理解是"对一个人或一个系统之可依赖性所持有的信心,在一系列给定的后果或事件中,这种信心表达了对诚实或他人的爱的信念,或者对抽象原则之正确性的信念"②。反之,如果行政相对人对行政行为的遵守源自对公权力的惧怕、恐惧,则不可能产生持续而自发的守法行为。在政治系统运行过程中,公众对政治体系的信任是公众遵从政府政策的心理基础,更是影响政治支持因素。③ 因而,在税务机关与纳税人的关系中,纳税人对自身意志与利益的合法诉求有其固有的空间,在此基础上便形成了纳税人对税收法治接受的意志基础。如前文所述,频繁多重的失信惩戒可能只是带来"更多的"惩戒,只有在尊重纳税人合理诉求的基础之上的纳税信用治理体系才能发挥其最初的作用。按此逻辑,税务机关对纳税信用的管理角色应转变成为促进纳税人诚信道德提升的积极引导者。国家税务总局明确了纳税信用的作用机制在于通过主动纠错的方式尽快修复自身信用,减少信用损失。但纳税信用修复是有限修复,不是简单的"洗白记录",也不是简单的退出惩戒。④ 可见,税务机关已注意到

---

① 刘权:《论个人信息处理的合法、正当、必要原则》,载《法学家》2021年第5期。

② [英]吉登斯·安东尼:《现代性的后果》,田禾译,译林出版社2000年版,转引自龚文娟:《环境风险沟通中的公众参与和系统信任》,载《社会学研究》2016年第3期。

③ 李艳霞:《何种信任与为何信任?——当代中国公众政治信任现状与来源的实证分析》,载《公共管理学报》2014年第2期。

④ 国家税务总局:《关于〈国家税务总局关于纳税信用修复有关事项的公告〉的解读》,http://www.chinatax.gov.cn/chinatax/n810341/n810760/c5139552/content.html,下载日期:2021年12月31日。

对纳税人的诚信道德水准的培养,但纳税信用修复的启动机制是依申请修复,其背后的治理机制还是以管制为核心。以纳税失信评价机制是依职权评价相比,对纳税人的修复若同时实行依申请修复和依职权修复将真正体现出对纳税人权利尊重的思维。

第三节　纳税信用权的结构

一、纳税信用保护:权利或利益

法律是否合理关键在于法是否承认、保障人民的利益。[①] 因此,欲明晰纳税信用权的法律定性,应通过"权利""法益"及未受法律规范保护的一般利益关系分析框架,结合纳税信用治理实践,确定其本质属性与全能定位。一般而言,"权利是受法律规范保护完全被立法实定化为固有权利的利益,通常表现为由权利束聚合而成的形式;法益是受法律规范保护,但(相当长时间内)无法上升至立法高度的利益,往往非常零散、无法由权利束聚合成一种权利"[②]。可见,纳税信用是一种包含了纳税人人格权、名誉权等固有权利与纳税人信息利益范畴的组合体,其权利与法益的边界区分相对模糊。就此对纳税信用可做如下理解:第一,从"信用利益"的视角观察,"纳税信用利益"不单是人格利益,其具有的经济价值为信用主体带来经济利益。《辞海》将"信用"解释为"诚信"之外,还揭示出"信用"的"借贷—偿还"、"遵守诺言"的"履约能力"与"履约意愿"的经济特质。[③] 第二,从信用功能化的视角观察,由于"纳税信用"所包含的纳税人对国家公法之债的信用与对个人私法之债的"信用",均是指债权人(国家、商业银行)对债务人(纳税人)在经济层面履约能力(纳税能力、还贷能力)及履约意愿(纳税遵从与合同履行)的评价,即纳税的信用如何,考察的是纳税主体偿债能力和主体信誉两大方面。对"纳税信用"评价不实造成的与纳税主体信用利益相关的名誉权损害赔偿主要体现为纳税信用复评的机制。

在纳税失信治理实践中,与"纳税信用"相关的名誉权、商誉权的损害发生,纳税人获得的只是纳税信用复评权,不包括因纳税信用利益损失产生的经济赔偿。那么,与民事主体名誉相关的信用利益除涵盖精神利益外,是否存在经济利益?对此利益的救济是否存在法定依据呢?随着社会经济的发展和社会信用体系的完善,纳税信用将深度影响纳税人的方方面面,现代经济既是信用经济,也是市场经济,更是法治经济,将纳税信用利益权利化对纳税人的纳税信用形成过程与结果提供全生命周期的法律保护势在必行。纳税信用权的关键是实现平等的信任,在国家层面展现出国家对纳税人履行依法纳税义务的道德主观状态与客观经济能力的信赖;在市场层面展现为市场主体对纳税人的诚信纳税行为的褒奖,即市场对纳税人实施履约能力的信赖,同时产生纳税信用的信赖利益。明确纳税信用权的权利属性与权利结构,具有如下意义:

其一,从市场公平竞争的角度出发,明确纳税信用权将使其与商业信用处于同等的法律地位,实现社会信用体系中各类信用体系具有同等地位的法律属性,有利于信用利益的最大化。信用经济是典型的资源自由配置模式,通过市场自发调节,将实现信用利益的最优配置。从纳税信用权的内部结构来看,纳税信用权兼具人格权和财产权属性,这与其他信用权无异。"规划纲要"认为,提高商务诚信水平是社会信用体系建设的重点,是商务关系有效维护、商务运行成本有效降低、营商环境有效改善的基本条件,可见规划纲要的思路是推进各领域信用建设在商务领域的统一适用。由此,实现纳税信用的权利化符合市场经济、信用经济的基本规律,即信用市场化必须信用权利化,信用权利化必须信用法治化。进一步而言,纳税信用的人格权与财产权属性无法在现有法律体系中求得对应的权利保护进路,是故将其权利化,并设立对应的法律保护制度将有利于纳税人的合法权益保护。

其二,从市场自由竞争的角度出发,明确纳税信用权将使纳税人在自由竞争条件下竞争者实现预期的商业利益。自由竞争要求充分发挥信用机制在市场竞争中的作用,而信用机制作用的发挥有依赖于稳定的供求信息供给。自由竞争权的正义基础已非私益,而直接是公共利益。[1] 在我国的市场环境中,以社会信用体系建设为背景的市场主体信息供给机制的建立能充分保障市场

---

[1]　胡小红:《论反垄断法所创设的自由竞争权》,载《学术界》2005 年第 5 期。

主体获得相关信息。因此,市场主体的纳税信用等级等信息将为市场交易行为提供必要的信息条件。若将纳税信用排除在信用交易信息供给体系之外,将使市场难以准确判断交易对象的信誉、商誉以及财力等核心内容。纳税信用权的确定将保障市场主体在获得稳定信赖利益时无须担心其信用权利被无情践踏。就现阶段而言,现有的纳税信用利益保护方式难以满足市场经济高度发展下对信用秩序的较高要求。

其三,从信用法治化完整性的角度出发,明确纳税信用权将完善信用权法律体系。根据波斯纳定理,任何法律的正当性都必须以经济上的合理性为基础;在一个资源稀缺的世界里,浪费资源是不可能获得正当评价的。[①] 目前《民法典》框架下的个人信用权将信用权涵摄于名誉权之下,确实能够在一定程度上为之提供保护,但作为精神性人格权的名誉权并不能完整包含信用权,此种做法亦会使得信用权的规范效力无法得到充分释放,进而导致立法发展和司法适用同时受阻。[②] 必须依赖法律来解决信用信息的不对称问题,并借助法律的强制力来保护守信者,打击失信者,从而从根本上维护正常的市场经济秩序。[③]

二、纳税信用权的基本结构

(一)纳税信用权的主体

结合"40 公告"与《关于开展"银税互动"助力小微企业发展活动的通知》(税总发〔2015〕96 号,以下简称"96 号文")等规范性文件对纳税信用的界定"促进纳税人诚信自律",有利于纳税信用评价结果的增值运用,可较为清晰地理解国家对纳税信用规范的用意:纳税信用体现的是国家对纳税人诚信纳税的一种道德期待与信任关系,为鼓励纳税人的诚信状态,而将其转变为经济层面以偿还为条件的价值运动的特殊形式。但从上述规范性文件针对的纳税信用适用主体仅限于小微企业等非自然人纳税人的纳税义务主体,可见目前阶段,我国国家纳税失信治理中对纳税人纳税信用评价实质与个人或社会集团履行承诺和义务水平的"信誉"或"名誉"没有本质的差别。非自然人纳税人能真

---

① 李建革、刘文宇:《基于法经济学视角的信用权》,载《东北师大学报(哲学社会科学版)》2016 年第 3 期。

② 夏伟:《信用权保护规则的刑民一体化构造》,载《现代法学》2020 年第 4 期。

③ 李健男:《论信用权及其法律保护》,载《南方金融》2005 年第 6 期。

切体会到声誉损害带来的利益损失,这种组织声誉损害与个人名誉损害具有同样的痛处,并且这种声誉损害不仅是纳税人的社会声誉也对纳税人商业信誉产生重大影响。

目前,纳税信用制度适用主体应扩大至自然人纳税人群体。首先,自然纳税人的纳税人信用与《民法典》对自然人的个人信用界定存在一定的联系。《民法典》将信用归入名誉权的权利束下,将信用限定在民事主体范围内,因此,纳税人信用在逻辑上可以证成作为民事主体信用内容的组成部分。但自然人纳税人的纳税信用缺乏具体规范的界定。可借用《民法典》对信用的制度规范定义纳税信用主体,即《税收征管法》第 4 条第 1 款所述的"法律、行政法规规定负有纳税义务的单位和个人",由此既包括作为纳税人的自然人个人,也包括作为纳税人的企业等单位。是故,无论自然人或非自然人纳税人都有因其"纳税信用"评价不实给其造成的名誉损害,可以通过《税收征管法》的规定寻求权利救济。

(二)纳税信用权的客体经济利益认定

税务行政机关对纳税信用的经济价值认定存在彼此矛盾的地方。"41 号公告"规定的纳税人对纳税信用评价结果有异议的,可以书面向作出评价的税务机关申请复评。而"96 号文"规定的优化小微企业金融服务、主动挖掘小微企业贷款需求;"第 37 号公告"规定的符合要求的纳税失信人可以向主管税务机关申请纳税信用修复。一方面,纳税信用评价错误给纳税人日常生产经营活动造成的负面影响无法得到实质性回复;另一方面,又凭借纳税信用的信用机制实现对纳税人生产经营需求的融资支持。可见,纳税信用评价与纳税信用信息在守信激励机制下具有了丰富的经济价值,若有信用减损将对纳税人产生精神与经济的双重损失。因此,认定纳税信用的经济价值则是无可回避的问题。

纳税信用的经济价值表现在纳税信用激励与纳税失信惩戒两端。在纳税信用激励一端主要体现在纳税人凭借纳税信用从商业银行获得贷款额度。现有"银税互动"的基本作用机制是商业银行通过纳税信用等级辅助判定纳税人的信用额度,通过纳税信息中的财务信息判断纳税人的潜在风险。但"银税互动"机制在全国各地由各商业银行自主决定纳税人的授信额度,未通过大数据原理检验纳税信用等级信贷额度的权重设计与加分安排[①]，以更为合理地安排小微企业的纳税信用增值运用，更为公正地平衡商业银行的风险与收益；同时"银税互动"机制仅限于与税务行政机关签约的合作银行使用，风险容忍度控制在各商业银行之间差距较大，要获得普遍认同与最终完全市场化还有一个较长的过程。而在纳税失信惩戒一端主要体现为纳税信用等级结果为 D级时对纳税人市场经营的影响，如其他市场主体不愿或断绝与其已建立的市场交易关系，导致纳税人的经济利益遭受损失。

（三）纳税信用权的权利内容

纳税信用权主体的权利义务结构设置不甚平衡，使得纳税人的纳税信用利益得不到较之其他信用利益类型的同等保护。根据"41 号公告"的规定纳税人有权向税务机关要求对其实施的信用评价必须是合法合理真实客观的结果，并且纳税人有权申请纳税评价结果的复评。该规定的主旨是对权利人利益的保护。"这一要求所隐含的是，权利是一种利益，构成信用客体，不能任意侵犯。"[②]作为纳税信用权的权利内容，首先是税务机关作为义务主体所承担的纳税信用信息收集、记录与评价的真实性要求；其次是利用纳税信用的相关市场主体如商业银行作为义务承担者，对纳税人的纳税信用信息交换、共享过程中存在记录、评价不实的情况时，必须承担相应的损害赔偿责任。

三、纳税信用评价结果不实认定

如果纳税人完全因其自身主观原因导致纳税信用等级结果不实，那么纳税信用义务主体无须承担责任义务；对纳税人之外的因素形成的纳税信用不实情况，税务机关将其公布、共享给其他政府部门、市场主体、评级机构形成对纳税人的不利声誉氛围，纳税人因此遭受重大损失，其责任该如何判定？"41号公告""46 号公告"规定了纳税信用评价结果与纳税信用修复结果的异议复评制度，但未区分是因税务机关还是纳税人原因造成的纳税信用异议。在"南京创新机电管带有限公司与南京市江宁区国家税务局税务行政管理（税务）行

---

① 因"以税贷款"系统需建立于核心系统、信贷系统、网银等基础之上，而部分参与"银税互动"的商业银行现阶段尚无零售核心系统、信贷系统、网银等系统，故针对个人与企业"以税贷款"系统都是以商业银行已有的信贷系统为基础搭建而成的，然后再根据历史数据再启动开发"以税贷款"系统。

② 李晓安：《论信用的法权性质与权利归属》，载《法学论坛》2020 年第 2 期。

政确认案"中,二审法院驳回原告上诉,认为通知相对人纳税等级的告知函本案所涉告知函系被上诉人根据江苏省国家税务局统一安排,对位于其所辖行政区域内的纳税人的一种提醒与告知,目的是告知创新机电公司相关事实,提醒其认真分析产生上述记录的具体原因,自行完善内部管理制度等。且该告知函以信函形式单独向上诉人寄送,相关数据仅显示于税务机关的内部工作平台,并不为公众所知悉。综上所述,涉案告知函并未为创新机电公司增设新的权利义务。① 二审法院裁定否定了纳税信用评价行政行为的独立性,剥夺了纳税人可能存在纳税信用评价结果不实导致被实施不力惩戒措施之前通过司法途径获得救济的合理空间。换言之,建立纳税信用等级的异议复评制度等同于承认存在纳税信用评价不实的空间,但在责任承担上排除了行政复议、行政诉讼与经济承担事项等责任承担。但为何不借鉴《税收征管法》第 56 条税款征收错误制度区分纳税人错误与税务机关错误的原因,我们不得而知。因此,明确纳税信用评价结果不实原因,再分别建立依职权纠错与依申请纠错的制度与分类纠错的责任承担机制,显然更符合信用法治的基本路径。

　　纳税信用评价与商业信用评级行为相类似,是对纳税人的声誉等级进行评估,但二者在评估主体、评估结果性质上存在差别:前者的评估主体是税务行政机关,后者的评估主体是商业银行、评级机构等市场主体。在评估结果性质上,前者是公共信用评级,后者是市场信用评级。这些差别导致纳税信用评价与商业信用评级分别出现评价不实后的认定上存在差异。例如,国内商法学者多将信用评级机构之"过错"与"违法行为"、"失当行为"、"评级失灵"或"评级机构错误或违法"同时作为信用评级不实侵权责任构成要件。② 在设定纳税信用评价结果不实认定标准时,应将影响纳税信用评级结果的不实评级事实界定为纳税信用评价不实的实体标准。纳税信用评价不实乃税务机关对纳税人的纳税信用评价存在与客观事实不符的事实,是税务机关对纳税信用评价披露的真实性、准确性和完整性的悖反。然而,信息可量化的程度是有限的,信息处理过程中可能出现失真,致使诸多复杂的监管信息有时很难合理有

---

　　① 广东省信用管理师公共服务平台:《失信惩戒相关行政诉讼案例解读》,http://m.gdcmma.org/h-nd-1785.html,下载日期:2022 年 1 月 8 日。

　　② 伍治良:《论信用评级不实之侵权责任——一种比较法视角》,载《法商研究》2014年第 6 期。

效地凝结在简单的符号之中,从而使行政评级难以发挥预期效果。[①] 纳税信用等级是行政处理、行政裁量和行政指导的重要信赖基础,也是影响纳税人市场交易行为的重要因素。因此,纳税信用等级评价不实与纳税人的经济损失之间具有因果关系。若不实评级虽与客观事实不符但并未对纳税人经济利益产生影响,从行政责任视角看,应将纳税信用评价不实纳入行政确认结果错误范畴之中。

但目前对纳税信用评价不实之过失认定标准缺乏系统认知,需要将其置于公共领域与市场领域中设定不同的认定标准。在公共领域中,纳税信用评价不实可能是各项具体行政行为的构成要素。因此,纳税信用评价不实的结果将对下一阶段的行政行为结果产生直接的负面影响。在市场领域中,纳税信用评价不实将导致纳税人直接丧失众多可期待的交易机会,从而减少其经济获利机会。虽然有观点认为基于错误行政评价结果要求行政赔偿的救济请求在现行法律框架下尚难以得到支持,[②]但纳税信用评价结果不实给纳税人造成的经济获利机会减损则是合理的赔偿要求。在理论上大多数人认为国家赔偿法属于公法范畴,但从要求行政赔偿的主体即公民、法人或者其他组织主张其合法权益应予赔偿来看,不能否认其具有的法定因素。在这种情况下,国家赔偿法就有公法兼私法的性质,其所调整的行政侵权纠纷也就不再是单纯的公法或私法上的纠纷了。基于此,笔者认为,行政机关所要承担的赔偿责任,是在公法领域中发生的私法责任,其性质应属于私法上的侵权责任。

当前,我国的行政赔偿制度特别是在现行行政处理程序中,由于缺乏平等协商性和对受害人主体性地位之尊重,往往沿袭行政管理的惯用模式,即以行政机关的单方意志决定赔偿方案。这种强势的行政赔偿决定方式非但不能及时有效地解决行政侵权争议,反而会迫使受害人启动诉讼赔偿程序以求公平救济,既浪费了资源又不利于行政侵权所引发的冲突的弥合,使得原本合理的制度设计——行政赔偿先行处理程序因缺乏协调的合意度而无法发挥优势。

---

① 王瑞雪:《论行政评级及其法律控制》,载《法商研究》2018 年第 3 期。
② 王瑞雪:《论行政评级及其法律控制》,载《法商研究》2018 年第 3 期。

第四章
纳税失信治理的域外经验

国家税务总局对纳税失信的治理能否直接借鉴域外纳税失信法治的经验？比较法往往是我国寻求法制改革的优先考虑对象，但法制的移植离不开制度背景，否则将产生排异性。目前，大多数西方国家的税务部门都设有税收信息中心，在全国范围内与地方税务信息中心一起形成税务信息系统。为此，本书集中探讨美、日等国基于纳税人信用评价的纳税失信治理模式与欧洲等国嵌套纳税信息的公共征信治理模式，上述制度的诸多不同很多是"器"的层面的迥异，再加上税收法律制度总是处于不断变迁之中，零散的制度借鉴难以全面系统地描绘出我国纳税信用治理的法治路径，总是跟着美国或者其他国家的脚步走，终不是长远之计。

第一节　美、日等国纳税治理与信用责任

作为当今世界上最发达的经济体，美国建立了高度完备的社会信用管理制度，使得美国国内市场的经济交易活动能够基于可靠契约信任，不断助推其经济的腾飞。毋庸置疑，美国是当今世界上信用经济规模最大、信用管理行业最发达、社会信用体系最为完善的国家。美国信用管理制度对美国公民失信惩戒制度产生了深刻的影响，突出的体现就是美国的信用管理和失信惩戒模式是市场主导型模式。但美国对纳税人的纳税行为的记录没有独立的纳税信用评级，而是将纳税人的纳税行为记录融入纳税人的社会信用评级体系中。因此，纳税记录对美国纳税人的影响需要从信用体系、信用评级等层面分层体现出来。

一、美国信用体系中的纳税记录

(一)美国的社会信用体系

美国社会信用体系建设起步早且发展成熟,因此美国是全球信用体系最为完善的国家之一。从法律层面来说,美国信用管理相关法律框架以《公平信用报告法》为核心,包括《平等信用机会法》《信用卡发行法》《诚实租借法》等。美国政府根据环境、技术等变化对这些法律进行修订,确保美国国家信用管理体系正常运转。从制度建设来说,美国社会信用体系主要包括个人和商业信用体系两个部分。其中,商业信用体系发展较个人信用体系更早。目前,企业征信市场主要被有近 180 年历史的邓白氏公司垄断。邓白氏所签发的邓氏编码可以帮助识别和定位企业信息,相当于企业身份标识。而在企业信用评级行业,美国拥有包括穆迪、标准普尔和惠誉三大信用评级机构在内的众多评级机构,对推动美国信用市场发展、避免重大信用风险发挥着举足轻重的作用。同时,美国拥有众多个人征信公司,在个人资信调查、资信评级等方面实行市场化运作。总体而言,美国大多数征信公司都隶属于益博睿、伊奎法克斯和环联这三家信用机构,或与这三家机构有着广泛业务往来。"三巨头"都保存着超过 2 亿美国人的信用档案。此外,每个机构都制定了一个特别的重点:Experian 专门为企业提供营销服务,例如预先批准的信用卡优惠。Equifax 与企业信用分析密切合作。Trans Union 专门分析居住在国外的美国人的信用信息。一般来说,这些征信公司会定时收到银行、法院、用人单位等发来的个人信息更新,实现对几乎每一个纳税人信用记录的追踪,并定期提供信用报告和档案,内容主要包括姓名、住址、SSN、工作状况等个人信息、信用历史和借贷、保险等查询情况及有无破产记录等。同时,这些征信公司会根据付款历史、欠款额度、信贷历史长度、新信用账户情况和在用信贷种类五项内容计算个人信用分数并划分等级。[①]

美国各类信用评级机构对纳税人的评级标准各有同,不同的评级模式所参考的评级要素与计算方法将得出相应的信用分数等级,并以此判定纳税人相应的信用权利范围。因此,信用分数将直接由信用记录报告各类要素所决

① 苏志伟、李小琳:《国际主要国家和地区征信体系发展模式与实践——对中国征信体系建设的反思》,经济科学出版社 2014 年版,第 41～45 页。

定。由于信用评分是纳税人申请抵押贷款、信用卡和公共服务等的重要依据，目前，FICO 评分是美国最具代表性的信用局评分，比如益百利的 Experian/Fair Isaac、PLUS score，艾克飞的 Beacon、Score power，环联的 Empirica、Transrisk score，都属于 FICO 体系的评分产品。虽然三家信用局对于信用评分的称谓不同，但评分的原理是相同的，只是由于各家信用局所掌握的个人信息可能有所差异，造成一个人在三家信用局的评分可能不一致。FICO 评分系统得出的信用分数范围在 300 分～850 分之间，信用评分越高，说明客户的信用风险越小，目前 FICO 评分最新的版本是 FICO 10。另外，美国三大征信局联合开发了信用局通用的评分模型，该模型的评分名为 Vantage Score，然而该评分在美国的市场占有率较低。[①]

过去，FICO 评分只对贷方和需要信用分数的交易方公开，FICO 评分真正面向纳税人是在 2000 年，最先是迫于美国加州的法律要求，然后是迫于美国国会、工业和纳税人组织的压力，最后该评分完全向公众公开。Fair Isaac公司于 2001 年与 Equifax 公司合作推出 launch Score Power，这是美国第一个在线的信用评分查询服务系统。目前，纳税人能通过 Get your FICO ⓒScore 或者美国主要信用局的网站上查到完整的 FICO 信用局评分。当纳税人申请贷款业务时，也可以向贷方咨询自己的分数。

(二)税收留置权记录的纳税治理作用

美国学者对本国纳税人的评价是"民众并不喜欢纳税，但多数民众也同时意识到纳税是一个公民的责任和法定义务"[②]。税收留置权记录对美国纳税人社会失信能起到惩戒作用。在美国，纳税人的欠税行为的内容包括：当事人有无长期拖欠税款未缴的记录；有无偷逃税款的记录；有无违法抗税的记录。[③] 如在 James Roy Mc Daniel 案中，美国国家税务局对其纳税信用记录进

---

① 　孙志伟：《国际信用体系比较》，中国金融出版社 2014 年版，第 92～97 页。

② 　[美]B.盖伊·彼得斯：《税收政治学》，郭为桂、黄宁莺译，江苏人民出版社 2008 年版，第 191 页。

③ 　张为民：《美国纳税信用治理的经验及借鉴》，载《国际税收》2018 年第 12 期。

行重点公布。① 假如纳税人有上述不良纳税行为记录,美国国家税务局将按照联邦、州等不同层面的税收法律规定,对美国纳税人在忽略或未能支付税金时,政府对纳税人的财产提出法定要求。这一权益被称为税收留置权。税收留置权能够保障美国政府对纳税人的所有财产等保有优先权。联邦税收留置权的行使需要满足一定的条件:美国国家税务局将纳税人应缴余额列入纳税人债务账册中,并向纳税人通知其所欠税款数量。当纳税人忽略或拒绝及时缴清全部税收债务时,美国国家税务局将通过公共文件提醒纳税人,联邦政府作为债权人对纳税人的财产具有法定权利。当纳税人有上述行为时,美国国家税务局就将税收留置权记录公布或者交予资信调查机构或中介机构对纳税人的信用评分。因此,美国税收留置权记录的公示或者信息交换并非简单的信用信息供给,更为重要的一面在于其明示或暗示的失信惩戒功能。总体而言,税收留置权记录在美国市场化的征信体系实质上是对市场惩治和社会惩治方式的融合。

1.税收留置权记录在市场惩治中的作用

市场惩戒是信用机构将纳税人的税收留置权记录通过信用报告,对纳税人的市场交易的机会与成本形成限制性影响。如在税收留置权存续期间会与纳税人的所有资产以及未来购买的资产关联,会限制纳税人提高其信用等级的能力,也会在个人或企业破产期间始终保持税收债务、税收留置权及相关通知的存在。美国成熟的信用记录体系将使纳税人之间从事市场交易时,凭借

---

① 前美国税务律师詹姆斯·罗伊·麦克丹尼尔(James Roy Mc Daniel)2004 年从客户方收取了 160 万美元,却没有申报收入,逃避缴纳税款金额达 67 万美元。2005 年,麦克丹尼尔因这一罪行被判处 3 年联邦监禁。经美国国家税务局评估,麦克丹尼尔在 1997 年至 2001 年纳税年度应缴税款、利息和罚款合计超过 140 万美元。出狱后,麦克丹尼尔创建两家"空壳公司"。为了隐瞒自己的收入,逃避向美国国家税务局补缴 140 万美元的欠税义务,他将自己提供税务和房地产规划咨询服务所取得的收入计入公司名下。经过美国国家税务总局犯罪调查部的调查,2008 年至 2017 年麦克丹尼尔再次逃税 18 万美元,连同之前欠缴的 140 万美元,共计逃缴税款 158 万美元。他于 2018 年 12 月被捕,该案已被提起公诉。该起逃避缴纳欠税案,案值虽然仅有 150 多万美元,却被作为重点案件公布,主要是因为违法者本身具有前税务律师身份。美国国家治理体系十分重视公民的纳税信用记录,作为税务领域的专业人士,不仅偷逃税款,还在服刑后继续滥用税收计谋,再次偷逃税款。这样的专业犯罪自然成为重点打击的对象,以震慑正在执业的其他税务专业人士。李腾蛟、王军、穆华磊:《美国 2020 年度五大税案引发的思考》,载《国际税收》2021 年第 8 期。

可靠的信用报告查询交易对象是否存在负面的信用记录,并判断已存在的负面信用记录会对交易过程产生何种影响。这类点对点地记录了纳税人税收留置权记录的信用报告对欠税者能否成功进行市场交易显得尤为重要。值得注意的是,税收留置权的记录周期也是对上述行为实施惩戒的关键要素。

2.税收留置权记录对社会惩戒的作用

美国市场化的征信体系并不意味着在征信体系的运作中,只是依靠提供负面信息来影响交易机会这种独有的市场惩治方式。与市场惩治相关联是市场惩治衍生出来的社会惩治,这也是美国征信体系中的重要内容。征信体系的社会惩治主要是征信运作方式的"点对点"向"点对面"的扩充。征信主体发现社会主体中存在对社会影响较大的负面信息,比如涉及公益失信的内容,征信机构在向信用信息查询者有偿提供信用信息的同时,会将负面信用信息的机密限制去掉,向社会予以全面开放,接受媒体的报道。如果经媒体对失信者的重大失信行为进行报道后,会对失信者的信誉产生毁灭性打击,失信者就失去了发展的前提。随之而来的包括对失信者"信用消费"的绝对限制,在美国这种信用氛围浓郁的国家中,对失信者来说是最严厉的失信惩戒形式。在美国,银行等金融机构会把客户信息提供给三大征信公司,用人单位、法院、税务部门也要把相关个人在就业、诉讼、欠税方面的信息统统提交给征信公司。各征信公司运用自己的数据处理系统,及时处理所有拿到的个人信息数据,生成个人信用报告。除了个人会购买自己的信用报告外,金融机构发放个人消费信贷、商场向顾客发放购物卡、租赁公司考察个人用户、税务部门征收税款、公司追讨债务等,为了降低风险,这些机构都愿意查阅信用报告。因此,如果欠税等不良记录纳入个人信用报告,会受到全社会的监督。

(三)税收留置权记录对信用报告与评级标准的影响

信用报告和信用评级对美国纳税人的评价标准是基于对纳税人主体信用信息整理计算的结果。因此,税收留置权记录对其信用评级的惩戒产生很大的影响。

信用报告本身不会对纳税人的信誉作出等级评估。相反,它只是向债权人提供未经验证的原始数据,信用档案包括几个类别的信息:身份证明、工作经历、简介纳税人的传记,账单支付的信用历史和及时性解决纠纷和公共信息,例如税收留置权、婚姻和法院判决。税收留置权记录在纳税人信用报告中起到的不仅是对纳税人信用分数的影响,更多的是对其信用权利的限制。就企业而言,税收留置权记录会对其产生负面影响:税收留置记录向社会告知企业的不诚信形象会显著增加交易对象的交易信用风险,增加其授信成本,严重限缩信用评级下滑企业的市场拓展和销售量,无益于企业的发展。税收留置权记录导致企业信用评级下滑的另一个重要的关联性惩戒是"准入资格"的限制,较高的信用评级是企业入市的"通行证",更是企业信誉和产品品质认证的标签,信用评级下滑会严重降低企业品质的社会认知度,减少吸引投资者的信誉范围和基础,增加企业的融资成本,这个影响对企业来说是致命的。对于个人而言,良好的信用记录对于在美国生活相当重要,较高的信用分数会给守信者在房贷、车贷和学业贷款等方面带来诸多便利。反之,失信记录较多,贷款利息就会很高甚至被限制贷款资格。甚至在美国的租房市场,房东都会要求住房者提供信用报告,在保险行业信用分数直接决定了保险费率的高低。

因此,信用报告是否准确反映纳税人的信用历史显得至关重要。美国国会认识到准确和公平信用的重要性,通过了《公平信用报告法》。《公平信用报告法》旨在通过以下方式保护个人纳税人免受信用报告不准确的影响,为信用评级机构制定严格的指导方针。美国部分巡回法院认为该法案应被扩大解释以有利于纳税人,进而扩大公平信用报告法的保护范围。在 Guimondv Trans Union Credit Information Co.案中,美国第九巡回上诉法院审查了一份信用报告,该信用报告错误地报告了原告的姓名、婚姻状况和一张不存在的信用卡的所有权。尽管这些错误从未导致银行拒绝向原告提供信贷。法院扩大《公平信用报告法》保护的范围,推翻了地区法院关于拒绝《公平信用报告法》规定的缩小信用报告使用主体责任是必要的主张,并审查了公平信用报告法的立法意图。它指出,"保护纳税人免受信用报告的不当使用是《公平信用报告法》的一项基本政策"①。

虽然《公平信用报告法》已被证明是规范大多数信用报告行业实践的有效工具,但它未能在税收留置权记录情况下实现其立法目的。② 在美国国家税务局向纳税人发出税收留置权通知后,由于美国国家税务局不直接将信息传

---

① Kitamura Deanna, Deanne Loonin, Getting Credit Where Credit Is Due: Helping Welfare-to-Work Clients Address Credit-Reporting Issues. *Clearinghouse Rev*, 2000, Vol. 34, No.348.

② Amanda L. Fuchs, The Absurdity of the FTC's Interpretation of the Fair Credit Reporting Act's Application to Workplace Investigations: Why Courts Should Look Instead to the Legislative History, *NW. U. L. REV*, 2000, Vol.96, No.339.

达给主要信用评级机构,相反,美国国家税务局将税收留置权提交给标的资产所在司法管辖区的法院书记员,作为公共记录。信用评级机构通过搜索这些公共文件来发现相应的留置权记录。一旦纳税人的联邦债务得到偿还,美国国家税务局提交一份清除联邦税收留置权的声明,但仍须由信用评级机构自行搜索公开记录并注意发布。虽然,《公平信用报告法》要求美国主要信用评级机构向信息的主体承担持续的报告先前披露信息更新的义务。但美国国家税务局与信用评级机构间没有直接的信息沟通,其原因在于,美国国家税务局声称它并不是信息的"提供者",因此免于承担《公平信用报告法》要求及时更新信息的更改义务。《公平信用报告法》第 1681 a-2 节通常将信息提供者定义为向信用报告机构提供信息的任何人。该法案首先禁止报告和发布信息提供者提供的不准确的信息,然后赋予信息提供者"纠正和更新信息的义务"。《公平信用报告法》第 1681 a-2 节规定:一个主体——(A)定期和在正常业务过程中向一个或多个纳税人报告机构提供有关该人与任何纳税人的交易或经历的信息;(B)已向纳税人报告机构提供该人认为不完整或不准确的信息,应立即通知纳税人报告机构作出该决定,并向该机构提供对该信息的任何更正或任何附加信息,以确保该人向该机构提供的信息完整和准确……①

从表面上看,该款内容对信息提供者主体的定义很全面,但它存在两个理解的歧义,这可能使信息提供者能够避免承担责任。第一,《公平信用报告法》没有说明谁有资格成为信息的提供者。在 Carney v. Experian Info. Solutions 案中,法院使用了"常识"方法并将该术语定义为:"实体……将有关特定纳税人欠下的特定债务的信息传输给纳税人报告机构。"②虽然这种解读遵循文义解释方法的逻辑,但不能确定它是否适用于"定期和在正常业务过程中"信用机构所采集纳税人税收留置权信息来自美国国家税务局等信息传输、发布实体。一方面,常识可能会规定此类实体不是信息的提供者,因为它们之间没有直接的信息传输;另一方面,可以根据《公平信用报告法》的立法意图和目的,确认实体应该是信息的提供者。③第二,一旦一方被视为信息提供者,则难以

---

①　19 U.S.C.S..§1681s-2(a).

②　Carney v. Experian Information Solutions,Inc.,57 F. Supp. 2d 496（W.D. Tenn. 1999）.

③　Hong-Barco, Phillip C., How the Fair Credit Reporting Act Fails to Protect: The Case of IRS Tax Liens on Consumer Credit Reports, *Pitt. Tax Rev.* 2005, Vol.3, No.181.

确定是否能够根据《公平信用报告法》第 1681 a-2 节适用于信息在提供时不完整或不正确的情形。在解决这个问题时，一个"常见的意义"的方法似乎没有特别的帮助，因为无论是哪种方式，都可以合理地解读法规。因此，从 2018年开始，三大征信机构不再将税收留置权记录在个人信用报告中。Equifax、Trans Union 和 Experian 都指出，绝大多数民事判决和超过一半的税收留置权未能反映出确定留置权性质的深层数据，并决定不在未来的报告中纳入这些数据。三大信用机构删除了纳税人报告上超过 500 万的税收留置权记录。根据金融消费者保护局的说法：通过从公共记录数据库中删除不良信用或判决或留置权的纳税人，他们确实没有看到官方分数的变化，但 65％的纳税人的信用评级仍然是，17％的纳税人信用评级得分有所上升。75％的纳税人表示他们的分数保持不变。6％的纳税人表示自己的得分超过了之前。另外，美国多数商业银行对信用机构删除税收留置权记录表示担忧，并想知道这将如何影响他们的信贷部门的决策。由于税收留置权优于许多债务。如果银行、信用社、信用卡公司或产权保险公司不知道税收留置权记录，这是否会增加贷款或关闭新贷款的风险、风险和监管问题？

（四）信用机构获取美国纳税人信息的许可与限制

在美国，关于税收隐私权是否有助于个人纳税遵从性的争论与所得税本身一样古老。税收隐私权的捍卫者长期以来一直主张，税收隐私权有利于个人遵守税收法规，因为如果没有税收隐私权，纳税人将限制他们向政府披露的信息。由于个人纳税申报表中包含个人收入等敏感信息，税收隐私权的捍卫者认为纳税人可能会感到易受伤害。因此，许多税收隐私的捍卫者推测，只有当个人纳税人相信他们的个人税务信息"与政府无关"时，他们才会遵守税收制度。目前的美国税法包含一个普遍的假设，即纳税申报表信息和纳税申报表是保密的，除非在某些情况下，美国国家税务局或其他联邦和州雇员不得披露。美国《国内收入法》第 6103 条确立了保护纳税人纳税申报的秘密性。[①]首先，第 6103 条第（a）款作了一般的原则性规定：除本条明确规定的例外情形外，纳税申报书及申报信息应当保密，并在（b）款中对纳税申报书及申报信息的概念进行了明确的界定。其次，第 6103 条第（c）款—第（o）款规定了允许披露的 11 种情形及具体披露规则。最后，第 6103 条还规定了税务信息披露的

---

① 26 U.S. Code § 6103 —Confidentiality and disclosure of returns and return information.

程序、备案要求，为防止非法披露、使用而采取的技术、管理和物理上的安全保障措施以及协助国会进行税收监管的审计、记录与报告制度。在税务信息的披露中，经纳税人许可的披露是最易滥用的情形。因为政府机构本身具有强势的公权力，如果又以向纳税人提供的公共服务和产品为理由，要求纳税人只有提供信息披露的许可才能获取相应的公共服务，纳税人的隐私权便极易受到侵犯。

美国《国内收入法》第 6103 条对纳税人信息概念的定义很广泛。如将其中一项有关"纳税人的申报信息"的范围囊括了纳税人的身份、个人收入、个人支出、个人信贷、个人资产净值、个人纳税义务等信息。《国内收入法》第 6103 条的保密规则也适用于向美国国家税务局提交的任何修正案；以及任何纳税人的身份、收入、税收扣减和抵免，或审计和处罚历史记录，以及许多其他项目。[①] 例如，在 Wright v. Experian Information Solutions Inc.案中，法院根据《国内收入法》第 6103 条的保密规则，禁止美国国家税务局向信用机构提供原告 Wright 的税收信息，法官通过援引 Soghomonian v. United States 案的观点，认为美国国家税务局不能发布机密信息，即使在纳税人信息被其他主体获知的情况下，因为第 6103 条的主要目的就是加强对美国国家税务局以外的实体使用纳税信息的限制。[②] 虽然美国联邦税法在《国内收入法》第 6103 条中包含了广泛的税收隐私条款，但它也提供了大量例外情况，根据这些例外情况，美国国家税务局可以与国内其他机构共享个人纳税申报表信息。其中许多例外情况涉及税务管理，例如，允许美国国家税务局向纳税人提供自己的纳税申报表副本，或与州税务机关共享纳税申报表信息的例外情况，但这些例外情况也涉及非税务管理目的。例如，美国联邦税法允许美国国家税务局向其他执法机构披露纳税申报信息，前提是该信息披露与任何恐怖事件或威胁有关。[③]

---

① Gary A. Wright，Plaintiff-Appellant，v. Experian Information Solutions，Inc.；Trans Union Llc，Defendants-Appellees.No. 14-1371.

② Soghomonian v. United States，278 F.Supp.2d 1151，1158（E.D.Cal.2003）.

③ Blank，Joshua D.，United States National Report on Tax Privacy，Tax Secrecy and Tax Transparency—The Relevance of Confidentiality in Tax Law（Peter Lang GmbH-Internationaler Verlag der Wissenschaften，Frankfurt，Germany）（2013），Forthcoming，*NYU School of Law*，*Public Law Research Paper*，2013，Vol.23，No.3.

二、日本纳税信用治理模式

(一)蓝色申报制度的产生基础

蓝色申报制度是一种基于账簿记录进行适当申报的实践制度。1949 年 5月 10 日,根据 GHQ(联合国最高司令官总司令部)的请求,以哥伦比亚大学教授卡尔·沙普博士为团长的 7 名税制使节团来到了日本。该使节团的使命是调查战后日本的税制、税务行政,改造日本战后税收制度。该使团于 1949 年8 月 27 日汇总了《沙普使节团日本税制报告书》(该报告称为沙普报告),并于9 月 15 日发表。① 沙普报告是使节团前往全国各地的纳税者和税务局等开展采访调查等经过实证的调查研究制作的,这是日本在战后税制民主化潮流中引入了纳税申报制度。该申报纳税制度向纳税人提供税额第一次确定权。② 沙普报告认识到税务行政的成功是纳税人和税务行政当局合作的结果,"所得税和法人税是否适当执行,完全取决于纳税人的自发性合作⋯⋯有效执行税务行政的责任不应该只由政府职员和税务人员承担,而是由工资及工资的所得者、农业者和渔业者、小规模经营者和公司的管理者、自由职业者和投资家共同承担,总之关系到全体国民"③。可以说,纳税人的积极协助纳税是其正确填写账簿的前置条件。沙普报告认为,"只出示教育和工具恐怕不够。必须给予积极鼓励纳税人利用这种工具的回报。一种可能性是对进行账簿记录的纳税人规定特殊行政处理"。

(二)蓝色申报制度的框架

蓝色申报主要适用的税种为所得税和法人税,分别由日本所得税法和法人税法明确规定。所得税法中的蓝色申报制度中设置了三种记账方法,第一种是正规的簿记方法。这包括分录、总账、其他必要的账簿,按照正规的簿记原则,包括资产、负债、资本(本金)以及记录与损益相关的事项,由此制作资产负债表和损益表的方法。第二种是简易簿记的方法。这是比上述第一种方法更简单的记账方法,包括资产和负债的一部分(现金出纳、应收账款、应付账款

---

① 山下壽文:《シャウプ勧告と青色申告制度》,载《佐賀大学経済論集》2015 年第4 期。

② 首藤重幸:《青色申告制度の目的と沿革》,载《日秋.研論集》1992 年第 20 期。

③ 古田美保:《青色申告制度をめぐるタックス・インセンティヴ》,载《甲南経営研究》2003 年第 1 期。

等)以及记录与损益相关的事项,以此为基础制作损益表的方法,由于该方法不要求制作资产负债表,所以不需要将明细账、总账作为统计结果。第三种是现金主义的方法。原则上征税所得的计算是根据发生主义来进行的,但是对于部分蓝色申报者,适用于现金收入时、支出时计算征税所得的现金主义的所得计算的特例。在法人税法的蓝色申报制度中,法人有义务按照复式簿记的原则记账。与之前的所得税不同,法人税的记账方法涉及明细账、总账、其他必要的账簿、资产、负债、资本及损益资产负债表和损益计算书,其中登记的内容与所得税法第一记账方法基本相同。[①]

日本蓝色申报纳税人享受特有的税收激励措施,主要体现在以下三个方面:一是纳税人进行更正申报,税务机关原则上不得推翻申报直接核定征税;二是专门适用一定额度的扣除制度;三是日本所得税法、法人税法和租税特别措施法的多数优惠规定,只适用蓝色申报。以所得税为例,蓝色申报者就享受所得税法、税收特别措施法等法律法令规定的存货盘点低价法的选择、生产性设备特别折旧、耐震建筑物特别折旧、特定农产品生产设备特别折旧、设定退休工资支付金、蓝色申报特别扣除、蓝色事业专职人员工资必要经费等50余项特别优惠政策。

(三)蓝色申报制度的实践价值

个人事业者、法人适用蓝色申报总量每年呈动态变化,整体而言,普及占比分别超过了50％和90％。具体年份来看,1996—2003年,个人事业者占比(营业等所得全部申报中的蓝色申报比例)约为50％,法人占比(在全部法人数中的蓝色申报法人比例)则高达98％左右。2014年,个人事业者约占比58％、法人约占比99.5％;2015年上述比例分别变动为55％、90％。这表明,蓝色申报制度在战后经过多年的实践应用后,其普及率达到了其制度价值的临界点,究其原因在于"蓝色申报制度由纳税者的任意选择决定,并且蓝色申报制度的各项优惠措施并未对纳税人发挥引诱效果"[②]。对此,日本国内长期存在废除蓝色申报制度的观点,认为蓝色申报制度已经完成了它的历史使命,应废除该制度。在法人税的蓝色申报制度普及率较高情况下,这一观点的存

---

① 加藤恒二:《青色申告制度の課題——所得税を中心に》,载《税务大学校論叢》2003年第41期。

② 加藤恒治:《蓝色申报制度的问题——以所得税为中心》,载《税务学院评论》2003年第1期。

在具有合理性。但在所得税的蓝色申报制度普及率较低情况下，这一观点则显得较为轻率。在沙普博士看来，蓝色申报制度的作用是提高纳税人的纳税道德，培养纳税人正确记账的习惯。法人税的蓝色申报普及率显示出 90％以上的数值，可以被评价为表示正确的记账惯例的落实，可以理解为法人税的蓝色申报制度发挥了预设作用。从所得税纳税人的记账习惯培养结果来看，现行所得税蓝色申报制度的普及状况还不充分，对于属于低收入阶层的人来说，其收入越低，蓝色普及率越低。也就是说，法人税的蓝色申报普及率之所以如此之高非常重要的原因是日本公司法及其他法律原本就对法人组织有一定的会计准则要求，①但对个人则缺乏相应的制度规训。所以，很难发现个人对蓝色申报制度所体现的道德价值的认可感。此外，也有日本学者认为，公司作为拟制的人根本不存在所谓的道德感，其根本在于作为公司实际操作者的人才具有道德感。

（四）纳税行为治理中的征信体系作用

日本征信体系的建立与日本消费信用发展紧密相关。日本纳税人在日常的生活消费中大量涉及消费信用，与消费相关的信用信息对日本纳税人的日常生活会产生极大的影响。其中，涉及纳税人日常信息、交易信息、债务偿付信息、债务拖欠信息、担保信息以及破产信息等内容将是日本纳税人的消费信用信息的核心组成部分。上述信息是由日本消费信用机构（全国银行纳税人信用中心、株式会社日本信息中心与株式会社信用信息中心）通过会员登记信息、政府公开信息与个人填报信息三个渠道采集。在企业信用市场中，日本数据银行和东京商工所对企业纳税人信用信息进行搜集。②无论是个人纳税人还是企业纳税人，其日常的纳税信息属于政府信息范畴，需要根据《行政机关信息公开法》《关于独立行政法人单位所持个人信息保护法》的规定审查是否公开。若属于政府公开信息则是日本征信机构搜集纳税人信息的合法来源。除日本《行政机关信息公开法》第 5 条各款规定的

---

① 成宮哲也:《中小企業における青色申告制度の会計の実質と今後の方向》，载《中小企業会計研究》2018 年第 4 期。

② 零壹财经·零壹智库:《金融基石:全球征信行业前沿》，电子工业出版社 2018 年版，第 114 页。

保密信息外,应当向信息公开请求人公开。①

《行政机关信息公开法》第 5 条第 1 款规定了个人纳税人的公开审查标准。② 第一,"个人相关信息"是指个人(包括死亡者)的内心、身体、身份、地位及其他与个人有关的一切事项,包括事实、判断、评价等所有信息,以及与个人相关的全部信息。因此,个人活动相关信息不仅限于个人属性、人格以及与私生活相关的信息,还包括与个人知识创作相关的信息、作为组织成员的与个人活动相关的信息。但是,经营事业的个人属于该事业的信息根据《行政机关信息公开法》第 5 条第 2 款的规定进行判断"可通过该信息中包含的姓名、出生年月日及其他记述等识别特定个人的信息""能够识别特定的个人的东西"的范围,这不仅是识别该信息所涉及的个人是谁的姓名及其他记述的部分,也包括通过姓名及其他记述等识别的特定的个人信息的整体。但是,根据《行政机关信息公开法》第 6 条第 2 款的规定③,通过除去能够识别姓名、出生年月日及其他特定个人的记述等部分,即使公开也不会损害个人权利利益的情况下,该部分以外的《行政机关信息公开法》第 5 条第 1 款的信息中不包含第 6 条第 1 款(部分公开)④的规定。第二,作为"其他记述等"是指,除了地址、电话号码、职务名、个人附加的号码及其他符号等(例如汇款账户号码、考试的准考证

---

①　《行政机关信息公开法》第 5 条:一个人相关的信息(经营事业的个人的有关该事业的信息除外),该信息中包含的姓名、出生年月日及其他记述等(指在文件、图画或电磁记录中记载或记录的,或者使用声音、动作及其他方法表示的一切事项。在下一条第 2 项中相同。)可以识别特定的个人(包括通过与其他信息进行对照,能够识别特定的个人的。)或者不能识别特定的个人,但通过公开,仍有可能损害个人权利利益的。但是,除以下信息外。

②　日本国税厅:《行政機関の保有する情報の公開に関する法律に基づく処分に係る審査基準》,https://www.nta.go.jp/about/disclosure/01.pdf,下载日期:2021 年 11 月 30 日。

③　《行政机关信息公开法》第 6 条第 2 款:与披露请求有关的行政文件(仅限于能够识别特定个人的前款第 1 项信息)。如果发现个人的权利和利益不受损害,即使公开,除了描述等部分,可以识别姓名、出生日期或其他特定个人的信息,除该部分外,应视为不包括在同一信息中,并适用前款的规定。

④　《行政机关信息公开法》第 6 条第 1 款:行政机关负责人在与公开请求有关的行政文件部分记录不公开信息时,可以容易地对记录不公开信息的部分进行划分和排除时,应当向披露请求人披露除该部分以外的部分。但是,如果发现除该部分以外的任何部分没有记录任何显著信息,则不适用。

号码或保险证的记号号码等)之外,还可以列举年龄、性别、印影、履历、肖像及汇款金融机关名等。影像和声音也在能够通过其识别特定的个人的范围内包含在"其他记述等"中。第三,"包括通过与其他信息进行对照,能够识别特定的个人的信息",是指虽然不能单独识别特定的个人,但对于能够通过与其他信息进行对照来识别特定的个人的信息,也可作为个人识别信息作为不公开信息。在作为对照对象的"其他信息"中,包含众所周知的信息、一般可获得的信息等普通人通常能得到的信息。对于如果进行特别调查也许能得到的信息,通常不包含在"其他信息"中。但是,根据案件的不同,即使在无法严格识别特定个人的信息的情况下,如果公开了属于特定集团的个人相关的信息,也会对属于该集团的每个人造成不利影响的情况等。从谋求个人权利利益的完整保护的观点来看,可能需要承认个人信息的可识别性。第四,"无法识别特定的个人,但通过公开,仍有可能损害个人权利利益"是指,即使是无法识别特定个人的个人信息,通过公开仍有可能损害个人权利利益的信息不能公开。例如,匿名的作文、无记名的个人著作等与个人人格密切相关的或公开的话,有可能损害财产权及其他个人的正当利益。

在《行政机关信息公开法》第 5 条第 2 款中确定法人不公开信息的范围包括:①第一,关于"法人其他团体"是指股份公司、财团法人、社团法人、学校法人、宗教法人等民间法人外,还包括政治团体、外国法人、虽然不是法人但没有权利能力的社团等。但是,国家、独立行政法人等地方公共团体和地方独立行政法人被排除在该法第 5 条第 2 款的对象之外。第二,关于"与法人及其他团体相关的信息"是指除了法人等组织和事业相关的信息外,还包括法人等与权利利益相关的信息等与法人等具有关联性的信息。第三,关于"经营事业的个人关于该事业的信息"是与事业相关的信息,因此根据与法人等相关的信息同样的必要条件,对经营事业上的正当利益等判断信息的不公开性。第四,关于"为了保护人的生命、健康、生活或财产,必须公开"的信息是指通过公开法人或经营事业个人的相关信息来保护他人的生命、健康等利益。与不公开保护

---

① 《行政机关信息公开法》第 5 条第 2 款:法人及其他团体(国家、独立行政法人等、地方公共团体及地方独立行政法人除外。以下称为法人等。)的相关信息或经营事业的个人关于该事业的信息,如下所示。但是,为了保护人的生命、健康、生活或财产,除了被认为必须公开的信息。通过公开,有可能损害该法人等或该个人的权利、竞争地位及其他正当利益的,接受行政机关的请求,以不公开的条件任意提供的,不作为法人等或个人的惯例公开的,附加其他该条件根据该信息的性质、当时的状况等被认为是合理的。

的法人或经营事业的个人权利利益进行比较,公开该信息的限度是超过了保护前者利益的必要性的情况下,包括但不仅限于现实中对人的生命、健康等造成损害的情况,也包括将来这些被侵害的可能性高的情况。第五,关于"损害该法人等或该个人的权利、竞争地位及其他正当利益的"中的"权利"是指宗教信仰、集会、结社的自由以及财产权等值得法律保护的权利;"竞争上的地位"是指经营法人等或事业的个人在公平竞争关系中的地位。另外,"其他正当的利益"包括技术、信用等法人或者经营事业的个人在运营上的利益。第六,判断"有害处的危险"是否存在时,需要根据法人类型、经营事业的个人的性格、相关权利利益的内容和性质等,保护该法人或经营事业的个人权利。

　　据此,日本国税厅将个人与法人的纳税信息不公开范围罗列为:纳税人申报、申请、通知信息,国内税务调查信息,纳税人纳税情况,拖欠处理信息,税务违法调查信息与个人投诉审查信息列为不可公开信息、作为对各种个人咨询的答复而提交的文件。可见,这些信息若被日本征信机构应用到对纳税人的信用报告与信用评级中,将对日本纳税人的日常行为产生极大的影响。若征信机构无法从日本国税厅采集上述信息,而通过其他途径采集上述信息时需遵守《信用领域个人信息保护指引》。在该指引的指导下,加盟机构对纳税人个人信息的采集、等级,必须限定在对判断信息主体的支付能力、偿还能力最小的范围内,不能涉及信息主体的种族、宗教信仰、政治见解、保健医疗、病历等个人信息范围。在搜集途径中,加盟机构只能通过:(1)从信息主体向信用机构提交的信息;(2)破产、法院宣告禁治产、准禁治产、失踪以及公共报道信息等两处途径获取。①

　　总体而言,在日本的征信体系中,基于纳税信息对纳税人实施行为规范的效果主要依赖纳税信息公开范围的大小。值得注意的是,日本国税厅与商业银行允许纳税人通过信用卡方式缴纳税款,若因缴纳税款而延期偿还信用卡时,会被列入信用信息机构信用历史记录中,视为对纳税人个人信用的严重减损,将限制纳税人的信用卡使用与贷款申请机会。

---

　　① 経済産業省 個人情報保護委員会:《信用分野における個人情報保護に関するガイドライン》,https://www.ppc.go.jp/files/pdf/shinyou_GL.pdf,下载日期:2022 年 1 月 11 日。

第二节　基于纳税信息的欧洲信用治理模式

一、欧盟国家的征信模式

在公共信用信息征信模式下,信用信息的采集是由公共信用信息系统进行的。1992年,欧洲中央银行行长委员会将公共信用信息系统定义为:一个旨在向商业银行、中央银行以及其他银行监管机构提供有关公司和个人对整个银行体系负债情况的信息系统。公共征信系统及机构主要由各国央行或银行监管机构开设,由央行负责运行管理,目的主要是为央行的监管职能服务,而非为社会提供个人或企业信用报告,公共信用信息成为银行监管的重要组成部分。此外,有些国家的其他政府部门或区域性政府机构也会开设公共征信系统及机构,由相关部门负责运行管理,目的主要是为行业部门或区域的发展服务,同时也实现行业部门或区域范围内的信用信息的统一管理。这种为了强化监管职能或更好地进行公共管理的目的,也决定了这类征信系统及机构不同于私营征信机构,一般不采取完全市场化的运作模式。

欧洲各国公共信用信息系统之间最主要的差距在于报告贷款的最低规模要求、所搜集信息的类型和储存设计,但这个门槛在欧盟各成员国高低不同。欧盟成员国之间信用报告系统的内容和功能各不相同,这主要是因为它们的金融发展阶段不同。《消费信贷指令》(2008/48/EC)(CCD)要求债权人"在适当情况下,根据从客户处获得的充分信息,并在必要时,根据对相关数据库的咨询,评估客户的信誉"。同时,欧盟《一般数据保护条例》为相关部门处理个人数据提供了框架,也包括信用数据报告。作为一项最低限度的协调法,一些国家对欧盟《一般数据保护条例》的解释比其他国家更为严格,限制了债权人可以从信贷数据系统获取的信息的类型和范围,以及他们可以从中获取信息的框架。

欧盟目前有三种类型的信用报告系统:私人信用局系统、公共信用系统以及公共信用系统和私人信用局同时运作的双重系统。特定国家的信用报告系统通常取决于历史因素,甚至公共信用系统的作用也有所不同,公共信贷登记(PCR)通常被中央银行用于银行监管,而私人信贷评级机构(CRA)已成为许多成员国金融机构贷款流程的一个组成部分。私人信贷评级机构中的信息用于对借款人进行信用评估和持续监控。公共信贷登记或私人信贷评级机构涵盖的个人信息范围在欧盟成员国之间存在显著差异,广泛反映了信贷市场的不同成熟阶段。概括起来,欧洲各国公共信用信息系统具有如下特点:

第一,从机构组成和主要职能来看,它主要由各国的中央银行或银行监管机构开设,并由央行负责运行管理,目的是为中央银行的监管职能服务。第二,从信用数据的获取来看,公共信用信息系统强制性要求所监管的所有金融机构必须参加该系统,必须定期将所拥有的信用信息数据报告给该系统,但并不搜集所有的贷款资料。第三,从信息数据的范围来看,公共信用信息系统的信用数据既包括企业贷款信息,也包括纳税人借贷信息;既包括正面信息,也包括负面信息。与市场化的征信机构相比,该系统的信用信息来源渠道要窄得多,如它不包括非金融机构的信息,对企业地址、所有者名称、业务范围和损益表以及破产记录、犯罪记录、被追账记录等信息基本不搜集。第四,从信用数据的使用来看,欧盟国家对数据的使用有较严格的限制,数据的提供和使用实行对等原则。第五,信用信息透明度高。各国都通过法律或法规形式对征信数据的采集和使用作出了明确的规定。一般来说,采集和共享的信息包括银行内部的借贷信息与政府有关机构的公开记录等。由于信用信息包括正面数据和负面数据,各国对共享信息的类型通常都有规定,如西班牙限制正面信息的共享。随着并购浪潮的开始,欧洲部分征信机构已开始重新洗牌。美国20世纪90年代开始的征信机构合并的浪潮蔓延到了欧洲,美国最大的3家征信机构在欧洲进行了广泛的收购,甚至将一些全国性征信机构划归帐下。因此,欧洲的征信体系越来越具备美国征信体系的特点。

二、德国纳税治理中的征信体系

(一)德国混合型信用征信体系中的纳税信息定位

德国的信用体系是典型的混合征信模式,涵盖了三种征信模式:以中央银行为主体的公共模式;以私营征信机构为主体的市场模式;以行业协会为主体的会员制模式。

德国公共征信系统及机构由德国央行、联邦法院、联邦税务总局等政府部门或区域性政府机构开设,由相关部门负责运行管理,目的主要是为政府部门的监管职能以及相关信用信息的统一管理服务,而非为社会提供个人或企业信用报告。这种为了强化监管职能或更好地进行公共管理的目的,也决定了这类征信系统及机构不同于私营征信机构,一般不采取完全市场化的运作模式。德国的公共征信系统主要包括中央银行——德意志联邦银行的信贷登记系统,地方法院工商登记信息系统,法院破产记录地方法院的债务人名单以及联邦税务局的纳税人信息。德意志联邦银行的信贷登记系统主要供银行与金融机构使用,工商登记信息系统、法院破产记录和债务人名单均对外公布,以供公众进行查询。联邦税务局的纳税人信息根据《德国税收通则》规定,涉税个人数据的披露应适用于有助于行政程序、审计程序、税务事项的司法程序、税务犯罪的刑事诉讼或与税务有关的行政犯罪的行政罚款程序,有利于监管影响评估、具有令人信服的公共利益的个人信息处理。

Schufa、Creditreform、Buergel 是德国最主要的三家私营征信调查和评估机构,主要从事包括企业与个人信用调查、信用评级、信用保险、商账追收、资产保理等业务的信用服务公司,其业务是通过收集与企业和纳税人个人信用有关的所有信息,并用科学的方法加以分析评估,向顾客提供信用报告和信用评估风险指数。其中,Schufa 的经营范围最为广泛,受认可程度最高。Schufa 信用评分体系包含了个人身份的基本信息、住址、信贷记录、银行账户信息、保险信息、住房、电话和网络缴费情况、犯罪与个人不良记录等等,其中包含因个人涉税违法所产生的税务行政或刑事诉讼记录、个人破产生的破产诉讼记录。对企业的涉税信息披露应根据德国《破产条例》第 23 条的规定,涉及企业破产的税收债务信息登记在联邦各州的破产目录中心名录,并予以公布。①

总体来看,德国公共征信系统中对纳税人信息的搜集既包括税基统计等正面信息的披露,也包括欠税、逃税等负面信用信息。但从为监管及公共服务的目的出发,都仅记录负面信用信息或者以负面信用信息为主。私营征信机构则受到《德国税收通则》《通用数据保护条例》限制,仅能通过公共征信征集税收债务等负面信用信息。

---

① 《德国破产条例》第 23 条【公布财产转让限制】:(1)应公布命令第 21 条第(2)款所述对财产转让的任何限制的决定,并指定临时破产管理人。债务人、对债务人负有义务的任何人以及临时破产管理人应单独提供。同时,应要求债务人的义务人完全按照命令履行对债务人的义务。(2)债务人如在商业登记册、合作社登记册、合伙企业登记册或协会登记册中登记,破产法院登记处应向登记法院发送该命令的副本。(3)第 32 条、第 33 条对土地登记簿、船舶登记簿、在建船舶登记簿、航空留置权登记簿等财产转让限制的登记适用。

(二)《德国税收通则》中对纳税人信息披露的限定

征信行业对个人信息的采集、整理、评价与公开在一定程度上使个人信息处于更高程度的"曝光"状态,为了规范征信行业,保护纳税人的个人数据,《德国税收通则》《欧盟通用数据保护条例》《德国联邦数据保护法》对纳税人信息的披露限定了严格条件。

1.纳税人个人数据处理主体、权利主体限定

《德国税收通则》第 2a 节对处理个人数据的规定应适用的主体限定为税务机关[第 6(2)节]、其他公共实体[第 6(1a)节至第(1c)节]和非公共实体(第 6 条第 1 款)和(第 1e 节)处理个人数据的规定。具体包括:联邦财政部、联邦税务局、海关管理局、个人数据处理中心、司法机构以及联邦的其他公共机构、国有公司、公共机构和基金会及其协会。

《德国税收通则》第 32c 节规定了能够使用纳税人个人数据的访问权标准。包括:第一,数据主体不得享有《欧盟通用数据保护条例》第 15 条规定的访问权。① 第二,数据主体在根据《欧盟通用数据保护条例》第 15 条提出的访问请求中,应具体说明应授予访问权限的数据类型。第三,如果个人数据既非自动化采集,也没有存储在自动归档系统中,则只能在数据主体提供够定位数据的信息的情况下才授予访问权限。第四,如果访问被拒绝,则必须向数据主体通报这种拒绝的理由,并且披露决定背后的事实和法律理由,不能危及拒绝访问所追求的目的。为准备和授予对数据主体的访问权限而存储的数据只能

① 《德国税收通则》第 15 条【数据访问权】:数据主体应当有权从管理者处确认关于该主体的个人数据是否正在被处理,以及有权在该种情况下访问个人数据和以下信息,(a)处理的目的。(b)有关个人数据的类别。(c)个人数据已经被泄露或者将会被泄露给的接受者或接受者类别,特别是第三国或国际组织的接受者。(d)在可能的情况下,预想的个人数据存储期间;或者不可能时,用于确定该期间的标准。(e)有权要求管理者纠正或删除该个人数据或者限制或拒绝处理关于该数据主体的个人数据。(f)向监管机构提出投诉的权利。(g)在个人数据并非由数据主体收集的情况下,关于其来源的任何可用信息。(h)自动化决策,包括第 22 条第 1 款和第 4 款提到的概要,以及所涉及的至少在前述情况下有意义的逻辑方面的信息,和这种处理行为对数据主体而言的意义和预想的后果。如果将个人数据转移到第三国或国际组织,数据主体应当有权根据第 46 条获得有关转让的适当保障的通知。控制者应提供正在处理的个人数据的副本。对于数据主体要求的任何进一步的文本,控制者可以根据管理成本收取合理的费用。如果数据主体通过电子方式提出请求,除非数据主体另有要求,信息应当以常用的电子形式提供。获得第 3 款所指副本的权利不得对他人的权利和自由产生不利影响。

为合理目的和监测数据保护而处理;其他目的的加工应根据《欧盟通用数据保护条例》第 18 条加以限制。第五,如果联邦税务当局未准许数据主体访问,则应数据主体的要求授权联邦数据保护专员,对有关具体情况进行审查,授予此类访问权限可能危及数据主体安全。当联邦数据保护和信息自由专员通知数据保护审查结果的数据主体时,只要税务当局不同意给予更广泛的访问权限,则此类通知不得对税务当局产生进一步效力。

2.纳税人个人信息披露的例外规定

根据《联邦数据保护法》的定义,个人信息是指关于"任何一个已识别的或可识别的个人(数据主体)的私人或者具体情况的信息"。任何机构对于个人数据的征集、使用和处理必须取得数据主体的同意,或者取得相关法令的许可,在具有合法性的基础上进行。数据主体有权在任何时候无条件收回同意授权。征信机构对于个人数据的处理需要对数据主体透明公开,数据主体在任何时候都可以对数据进行查询。任何违反《联邦数据保护法》规定的征信机构的违法行为都会受到惩罚。但《德国税收通则》第 30 条对纳税人数据披露限定一般性情形、①第 31 条则限定了对税基、打击非法就业和挪用福利、打击洗钱和资助恐怖主义等目的的纳税人信息披露条件。

---

① 《德国税收通则》第 30 节【税务保密】:(1)这种披露或使用有利于税务机关按照第 29c(1)条、第 4 条或第 6 条处理;这种披露或使用有利于根据本法第 2 号条例(欧盟)第 83 条(欧盟)第 679 条的规定进行行政罚款程序。联邦法律明确允许披露或使用此类信息。(2)欧洲联盟法律规定或允许披露或使用这种信息,这种披露或使用有助于联邦统计局履行其法定职能;这种披露或使用有利于监管影响评估,并符合第 29c(1)条(第 5 号)第 1 款下进一步处理的条件。(3)有关人员表示同意;(4)这种披露或使用有助于对税务犯罪以外的犯罪进行刑事诉讼,以及此类信息在税务犯罪或与税务有关的行政犯罪的诉讼过程中获得;但是,这不适用于纳税人在不知道刑事诉讼或行政罚款程序已经启动或在税务程序开始前已经知道的事实,或者是在没有任何纳税义务或放弃扣留信息权的情况下获得的。(5)这种披露或使用具有令人信服的公共利益;这种令人信服的公共利益应被视为存在,特别是如果这种披露对于防止对公共利益的重大损害、避免对公共安全、国防或国家安全的威胁,或防止或起诉旨在造成人员伤亡或生命损失或旨在对国家及其机构造成损害的罪行或蓄意犯下的严重罪行,是必要的。经济犯罪正在或即将受到起诉,鉴于其实施方式或造成的损害程度,这些犯罪可能会严重破坏经济秩序,或大大破坏对商业交易完整性或当局和公共机构有序运作的普遍信心,或这种披露对于纠正公开传播的错误事实是必要的,这些事实可能会大大削弱人们对行政当局的信心;这种决定应由负责的最高收入当局与联邦财政部相互同意作出;在纠正事实之前,应征求纳税人的意见。

3.纳税人个人信息保护官制度

数据保护官的主要职责是依据《联邦数据保护法》和其他数据保护法规对征信机构进行监督和建议指导,主要包括:(1)根据《联邦数据保护法》第 8 条的规定,联邦数据保护和信息自由专员应负责监督税务当局在本法范围内处理个人数据的问题,包括《联邦数据保护法》第 13 条至第 16 条的适用。(2)如果联邦的收入主管部门制定了在本准则范围内处理个人数据的自动化程序,则该收入机构有责任根据《2016/679 年条例》(欧盟)第 35 条进行数据保护影响评估。如果联邦收入机构在不改变与数据保护有关的职能的情况下采用这些程序,数据保护影响评估同样应适用于联邦收入当局。(3)土地立法可规定,联邦数据保护和信息自由专员应负责监督土地或市政税务立法框架内的个人数据处理,只要此类数据处理涉及联邦法律规定的税收基础,或基于全国统一的规格和信息自由。

第三节　域外纳税失信惩戒模式经验分析与价值借鉴

域外国家的纳税治理中信用责任模式在价值基础、制度设置、运作目的和发展演变上有着各自的特色。只有结合特定的背景剖析三种不同的纳税信用责任模式,才能在我国纳税失信治理过程中对治理模式的构建科学性和合理性进行调整,进而推动我国纳税失信治理制度的发展。

一、域外国家税收治理的信用责任模式总结

市场经济发达国家的制度基础之一是建立了完备的征信体系,美、日等发达国家的征信模式对促进纳税守信的不同思路,可以从纳税信息的信用责任、纳税信息嵌入信用体系目标与纳税信息的监管等方面予以区分。

(一)域外国家纳税信息的信用责任应用经验

在美国市场型信用责任模式中,欠税、逃税等行为本身不会直接成为纳税人信用报告的内容,对纳税人的信用评级产生影响。但因欠税、逃税行为产生的未付税款经过通知和催告后,未支付或者拒绝支付税款的,联邦税收留置权则自动产生,并且联邦税收留置权在个人信用报告中的记录所产生的影响会

持续困扰纳税人多年。即使欠税人履行纳税义务后，从还款之日起 7 年内，欠税人的个人信用报告上仍会保留税收留置权记录。对美国国家税务局而言，税收留置权记录是最能维护政府税收利益的措施，但对纳税人而言，长时间的税收留置权记录将导致其个人信用报告得不到及时更新，从而影响其个人信用评级，也将影响其他信用报告使用主体的决策。换言之，当纳税人向商业银行申请各类信贷、进行职位招聘、进行房屋车辆交易时，信用报告的内容将决定纳税人是否有资格获得贷款、是否被录用工作、是否能够给予房屋车辆交易资格。因此，商业银行等市场主体依赖于公平准确的信用报告。不准确的信用报告将直接损害市场运行效率，不公平的信用报告将损害公众信心，而公众信心对银行系统的持续运行至关重要。但信用机构有必要公平、公正地履行自己的信用报告责任，保护纳税人的隐私权。虽然上文介绍过税收留置权记录时间为 7 年，但对于未支付税款的税收留置权记录则是无限期存在的。因此，税收留置权记录的持续存在，将导致纳税人信用评分持续下降。另外，税收留置权的使用结果研究表明，美国国家税务局缺乏对税收留置权的适用定位，并没有为增加欠税收入提供额外的收入动力。[1] 1999—2009 年，美国国家税务局对纳税人提出了 730 万份留置权。这一数字在 2010 年达到顶峰，大约有 100 万个税收留置权记录产生，但实际欠税收入下降了 7％。而在 2011—2019 年间，这一数字逐年稳步下降，到 2019 年下降了 50％。2011 年，在申请的税收留置权记录下降的同时，美国国家税务局推出了改变联邦留置权申报程序的计划。在此之前，即使是欠税总额低于 1 千美元的纳税人，也将产生税收留置权。根据该计划，国家税务局只能对欠下 1 万美元或以上的纳税人记录纳税留置权。因此，许多欠税低于 1 万美元的美国人在随后几年里不再作为税收留置权的适用对象。上述计划还引入了一种避免联邦税收留置权的方法，即美国国家税务局不会对欠下 5 万美元以下的人提出留置权，并已订立简化的分期付款协议，以支付所欠款项。[2]

欧洲信用体系发达的法、德等国建立公共信用是关于经济交易和金融活

---

[1] Status Update: The IRS Has Been Slow to Address the Adverse Impact of its Lien Filing Policies on Taxpayers and Future Tax Compliance, https://www.IRS.gov/pub/tas/2010arcvol_1_status_update.pdf.

[2] Andrew Latham 2021 Tax Relief Industry Study, https://www.supermoney.com/studies/tax-relief-industry-study/.

动的风险管理的私人实体的社会信用,包括公共信用和市场信用。公共信用
是由公共机构建立的,以市场主体的身份、资质、行政管理和司法信息为主要
内容,以分类监管和联合奖惩为主要监管方式。公共信用的实质是以信用为
基础对市场主体进行调控,以信用为标准配置公共资源。公共信用信息的采
集是强制性的。相反,市场信用是由各个私营机构建立的,包括行业组织和第
三方信用服务机构,市场信用的主要内容包括交易记录和信用评价信息,他们
会影响经济交易的选择和市场资源的配置。市场信用信息的搜集需要得到市
场主体的同意。就欧洲国家的信用体系而言,始终以公共信用信息体系建设
为重点。公用信用信息能否正确、及时反映纳税人的实际信用状况显得至关
重要。

　　第一,由逃税形成税收债务是否由破产程序中的剩余债务豁免涵盖产生
的争议对公用信用信息的正确性是否能够真实反映纳税人的各项债务信息产
生了挑战。如果纳税人的逃税行为发生在破产申请前3年,根据德国《破产条
例》第290条第2款的规定,"债务人为了获得贷款、从公共资金中获取利益或
逃避公共资金利益,在申请启动破产程序前三年或申请后,故意或严重疏忽的
书面提供了关于其经济情况的不正确或不完整的信息",已申报债权的破产债
权人请求解除剩余债务的,可以豁免偿还剩余债务。这里的"公共资金利益"
是否涵盖因逃税产生的税收债务在德国引发了较长时间的争议。德国税务机
关认为逃税是一种故意侵权,需将逃税税收债务排除在破产剩余债务豁免范
围外。[①] 德国联邦财政法院曾明确裁定,逃税不构成根据《民法典》第823条
第1款下的侵权索赔。税务和责任索赔是属于公法的纳税义务关系产生的独
立索赔。他们受其自身规则的约束,不属于民事侵权索赔,因此此不会产生任何
民事侵权。[②] 但德国最高法院在 Beschlussvorgehend AG Nürnberg 上诉案
中,区分了因逃税而拒绝破产债务履行适用条件与因故意或重大疏忽拒绝破

————————

　　① 德国《破产条例》第302条【排除索赔免除剩余债务不影响】:(1)债务人因故意侵
权、债务人故意不履行义务或税务义务而拖欠法定赡养费而引起的债务,只要债务人最终
根据《德国税收通则》第370条、第373条或第374条被判定犯有与该行为有关的税务罪;
债权人必须按照第174条第2款提出相应的索赔,说明这一法律理由。(2)第39条第(1)
款、第(3)款中的罚款和债务人负债。(3)除了向债务人提供无息贷款以支付破产程序的
费用外,还承担债务。

　　② BFH,Urteil vom 24.10.96,BStBl II 97,308

产债务履行适用条件。① 因此，德国在 2014 年对个人破产债务清偿制度进行修改：将个人破产债务偿还时间缩短为 3 年，将个人破产债务清偿范围明确将根据《德国税收通则》第 370 条、第 373 条或第 374 条，债务人被依法判定犯有与债务有关的税务违法之债排除在外。

第二，由于破产剩余债务范围没有厘清，导致破产债务人无法及时通知破产门户网站处理、变更或删除其相应信息。② 德国联邦地区法院在处理一起删除涵盖税收债务的破产债务信息案中，支持了原告要求 Schufa 删除解除剩余债务信息的诉讼请求。③ 由于原告在 2019 年 9 月 11 日被地区法院批准免除剩余债务，此信息已在德国破产门户网站上发布。Schufa 同步复制了该原告的破产相关信息，并将其保存在数据库中，以便在要求提供有关原告的信息时将这些数据传达给 Schufa 合同的合作伙伴。在该原告破产信息公布 6 个月后，原告要求从 Schufa 删除数据。原告认为过于持久的破产信息公示将给他的日常生活带来极大不利，因涉及税收债务等破产信息不利于原告的信用报告，产生了信贷、租赁与消费限制等负面影响。但 Schufa 驳回了原告的删除要求，并指出 Schufa 必须根据德国信用机构协会的行为准则处理这些数据，而该协会规定了数据储存 3 年后才允许删除。由于这些数据与信用相关，因此对 Schufa 的合同合伙人有合法利益。德国联邦地区法院认为，Schufa 坚持储存 3 年删除信息的观点没有法律依据，其删除期限远远超过《互联网破产程序公告条例》(InsoBekVO) 规定的法定期限。④ Schufa 等信用机构不能依赖信用社协会的行为准则。这些行为准则对原告没有法律效力，有悖于法定

---

① BGH 13.01.2011-IX ZB 199/09

② 在德国，那些不再能够偿还债务的受影响者可以进行破产程序。这个程序时间期限原本是 6 年。《破产条例》立法者将批准剩余债务豁免的诉讼期限缩短为 3 年。在破产程序结束时，债务人可以申请所谓的剩余债务豁免。这意味着，在启动破产程序之前所发生的债务将因这一决定而被取消。根据《破产公告条例》的规定，企业破产决定将在 www.insolvenzbekanntmachungen.de 网站上公布，信息存储期限为 6 个月。

③ OLG Schleswig, Urt. v. 02.07.2021-17 U 15/21 (LG Kiel)

④ 德国《互联网破产程序公告条例》第 3 条【删除期间】：(1)破产程序终止或法律效力终止后 6 个月内，应删除在破产程序(包括启动程序)的电子信息和通信系统中公布的数据。如果诉讼未启动，则从取消已公布的预防措施开始。(2)第 1 条第 1 款应适用于剩余债务偿还程序中的出版物，包括根据《破产法》第 289 条作出的决议，但条件是，关于解除剩余债务的决定具有法律效力。(3)《破产法》规定的其他出版物应在出版第 1 天后 1 个月内删除。

原则。原告可以在地区法院关于解除剩余债务的决定生效 6 个月后,要求 Schufa 等信用机构删除数据。信息公示到期后,Schufa 的进一步处理违反了《互联网破产程序公告条例》第 3 条第 2 款的规定,因此,其行为不再合法。如果原告的数据被非法处理,原告可以根据《一般数据保护条例》第 17 条的规定要求 Schufa 删除其存储的原告原始信息,并根据被遗忘权对数据进行"遗忘处理"。

日本纳税人的纳税信用信息如拖欠公共资金、居民税(公民税和县民税)、国家养老金和国民健康保险等与其个人信用消费没有直接的信息联系。由于纳税信用信息不会在信用信息机构(中投、JICC、KSC)中登记,因此基本上不会影响日本纳税人的信用卡贷款审查。这是因为日本的公共信用组织(市政办公室和日本养老金组织)不是信用信息机构的成员,因此无法审查在信用信息机构注册的个人信用信息。通常情况下,日本信用卡贷款公司不会联系当地政府或国家行政机关,以调查借款申请人是否拖欠了税款。事实上,信用卡贷款公司不会检查是否拖欠税款,欠税是在纳税人使用信用卡支付税款时发生的。

日本允许国家健康保险、国家养老保险和汽车税等税种可以使用信用卡支付。如果信用卡付款不能在到期日从账户中扣除,则此时将拖欠信用卡贷款。当然,在还款日期无法还款的信息将在中投等信用机构记录。信用卡贷款的审查不仅审查纳税人在其他公司的借款数量和金额,还审查对其他公司的还款情况,因此,如果信用卡处于未还款状态,将影响纳税人的信用记录。但是,信用卡贷款公司无法知道纳税人否使用信用卡支付税款。如果信用卡付款被长期拖欠 3 个月或更长时间,则信用卡将被视为强制取消或长期拖欠,从而成为财务事故信息。这些信息将迅速与其他金融机构使用的信用信息机构共享数据,最终将对纳税人的信用卡贷款的审查产生严重影响。

(二)纳税信息嵌入信用评价体系的目标

美国纳税信息嵌入市场信用体系的目标是保障政府财政收入。从税收留置权记录产生、撤销等过程来看,是通过刑事处罚、行政处罚与市场限制等手段来确保美国各级政府的税收收入。美国以市场利益为驱动的市场信用体系与信用评级机构的营利性要求其向市场提供真实、高效的信用信息,从而满足市场交易主体对各种信用信息的需求。而非市场化的税收收入目标则与以市场为导向的信用体系存在一定的目标冲突,导致大量纳税人的个人财产因税收留置权而被扣押、查封、拍卖等强制执行,并且在其信用记录中产生了税收

135

留置权记录。而与纳税人相关的欠税、逃税司法诉讼记录也会记录在纳税人的信用报告中,最终形成信用评分。

欧洲国家纳税人的涉税信息记录并未直接嵌入信用评级体系中,凸显了其保护纳税人个人隐私的传统立场。欧洲国家公共信用机构建立的目的是与欧洲各国的金融管理体系相结合,公共信用系统是以服务国家治理为主要任务的。因此,一般的涉税信息不会开放给私营信用机构使用。除非在法律规范框架内,私营信用机构搜集信息来源时,如果涉及纳税人因欠税等行为发生的刑事诉讼、行政纠纷等信息会作为私营信用机构提供信用报告的信息来源,除此以外,欧洲国家纳税人的涉税信息不会与个人信用评价直接挂钩。

日本纳税人的涉税信息使用双轨模式体现了在保障国家税收收入与保护纳税人隐私之间的平衡。一方面,蓝色申报纳税人享有包括允许更正申报、一定额度的扣除额等权利,还可以得到税理事会、蓝色申报会等组织团体提供的服务,但蓝色申报纳税人违反蓝色申报制度即采用蓝色申报的纳税义务人存在以下行为时,税务机关有权停止其继续使用蓝色申报表,并可以追溯到产生停止使用原因的年度。(1)纳税义务人没有按照大藏省的有关规定进行该年度账簿文书的设立、记录和保存。(2)纳税义务人没有按照税务机关的有关规定办理该年度的账簿文书工作。(3)该年度的账簿文书中隐瞒了部分或全部交易情况,或存在其他虚假记录。以上任何一项情况,都可以作为取消纳税义务人蓝色申报资格的理由。税务机关决定取消纳税义务人的蓝色申报资格时,必须以书面形式通知该纳税义务人,通知上还必须附记取消其资格的依据。另一方面,《贷款业规制法》《个人信息保护法》《政府信息公开法》等多部法律用以保护纳税人信息,规范征信市场的发展,使得纳税人的涉税信息与征信公司的信用报告之间并没有直接挂钩。但由于信用报告是企业开拓新客户、提供信用额度的重要衡量指标,是政府采购时审查企业资质的重要内容,同时也是银行等金融机构对外贷款的重要依据。因此,在普通企业向银行申请抵押贷款、申请车辆房屋贷款时,是需要向银行提供纳税证明的。

(三)纳税信息的监管与失信惩戒

1.税收征管服务理念的趋同

从 20 世纪 70 年代开始,西方国家的公共行政管理理念从公共行政管理转变为公共行政服务。在公共行政管理理念的指导下,政府在行政过程中多是充当管理者角色,其履行职责的过程表现为权力的行使。随着社会的进步和经济的发展,要求政府在经济和社会活动中不能再充当管理者的角色,而是应当转变角色,充当服务者的角色,以此促进经济的进一步发展和社会整体福利的进一步提升。公共行政服务理念与公共行政管理理念最大的区别就是政府职能的转变,政府应当平等地为公民提供服务,保障公民合法权利的实现。税务机关的行政职能涉及国家财政收入,其作为一个国家基本和重要的行政部门,更应当实现从管理角色向服务角色的转变,以公共行政服务作为其理念,"置于各级人民代表大会和全体社会成员的监督之下"。最早提倡税务机关的职能应当以为纳税人服务为理念的国家是美国。美国政府指出税务机关无论通过何种方式实现税款征收都必须在征管过程中为纳税人提供基本服务,这既是实现纳税人权利的要求,也是现代公共行政服务最基本的要求。纳税人的权利构成了纳税服务的内容,西方一些国家的税务机关甚至直接把为纳税人服务作为宗旨执行,其在履行职责或提供服务过程中将纳税人视为"客户",推行"客户至上",在为客户提供舒心、周到的纳税服务的和谐氛围中达到增强纳税意识的良性效果。

2.税收征管法律制度的趋同

美国《国内收入法》、德国《税收通则》、日本《国税征收法》在立法形式上各具特色,但都在结构安排上体现出基本一致的税收管理逻辑进路:纳税人自我核课程序、税务机关税收评定程序、税务机关税收征收程序、税务机关违法调查程序、税务机关争议处理程序。这五个基本程序相互联系,形成了现代税收管理的核心流程,并且体现了现代税收征管法的核心价值理念——将现代民主法治的纳税人自我核税程序作为税收征管的逻辑起点。

美、德、日等国的税务机关都把协助纳税人自我核税、为纳税人自我核税提供完善的服务作为自己的职责,以此提升纳税人自我核税的积极性和准确性。在纳税人自我核税的过程中税务机关需要提供以下服务:协助纳税人的自我评定工作,税务机关不仅需要提供具有普遍性的政策宣传,还需要在纳税人自我评定遇到特殊问题时,及时提供针对个体的具体政策咨询服务;纳税人在自我核定之后,填写并提交纳税申报表,此时纳税人只是在形式上完成了纳税申报,而其只有待税务机关进行税收评定,确定并认可其提供的纳税申报信息之后,纳税人才能从实质上完成纳税申报义务,所以为了提升纳税人自我核税的效率和积极性,税务机关应当及时受理并确认纳税人的纳税申报,使纳税人的自我核税义务能尽量在最短期间内完成,减轻其纳税过程中的行政程序负担。为了保障税务机关及时有效地确认纳税人的纳税申报,美、德、日等国都在其税收征管法中明确规定税务机关拥有税收评定的权力和义务。在通常情况下,涉税信息不仅包括纳税人的纳税申报,还包括行政部门或其他主体依法提交的第三方信息申报以及税务机关依据权限自行采集的相关信息。税收征管法律制度中除了规定与税收征管程序相关的内容外,还应当规定这些涉税信息的采集、管理、运用以及保密等相关法律制度内容。

3.税收征管手段的趋同化

随着信息化时代的到来,信息技术越来越发达,这也为税收征管中最为重要的税源监控带来了根本性变革。在信息技术落后的情况下,税源监控依赖纳税人的主动申报与第三方的主动申报制度,因为一国范围内的税源数量非常庞大,且在税源主体通过各种手段隐瞒甚至欺诈时,税务机关可以实际稽查出逃税漏税的数量其实非常有限,这是造成税收征管工作效率低下的一个非常重要的原因。但在科学技术日益先进的背景下,税务机关可以利用互联网的信息共享优势对涉税的经济活动进行全面有效的监控,还可以通过先进的技术手段将纳税人申报信息、第三方申报信息以及税务机关主动采集的信息进行对比分析,切实核查纳税人的纳税申报是否真实准确,也便于采集并保全纳税人的违法证据,对虚假申报的纳税人施以惩戒。所以全球范围内的科技化和电子化带来了税收征管手段的趋同化。

二、诸国纳税失信治理模式的价值

(一)纳税信息的应用场景

随着经济全球化趋势不断推进,各个国家之间经济相互依赖的现象也越来越明显,可以说,全球市场已经开始形成。在经济全球化的浪潮中,各个国家一方面要维护国家的主权和经济利益,另一方面又要积极进入全球市场,并通过一系列活动寻求经济利益最大化。为了实现上述目标,各个国家都通过制定一些"共同崇尚和遵从人本主义、和谐共存、持续发展的法律制度国际规范",用以化解国际贸易争端中的矛盾,维护全球市场中的市场竞争秩序。而税法作为保障国家财政收入、维护各个国家经济利益的基本法律制度,其在国际经济贸易交往过程中的趋同化趋势表现得非常明显。

美国纳税信息向征信体系开放的动力是以立法作为依据,保障联邦政府的税收收入。因此,一旦纳税信息进入征信体系后,只要涉及经济交易或社会纠纷时,都将促使市场主体考虑其行为的法律成本与经济成本对自己或对方的信用资质的影响,极力避免纳税负面信息所产生的破坏作用。作为信用经济市场发达国家,纳税信息可以体现为纳税人在政治层面的守信表现,如果产生负面信息,那么将严重影响纳税人的身份特征。因此,将纳税信息作为社会信用信息的组成部分,一方面既是鼓励纳税人,另一方面也是限制纳税人的负面行为。

欧洲国家纳税信息的使用则有极大的限制条件。法、德等欧盟国家对公民的纳税信息的使用受到个人隐私保护法律规范的限制,在法定限额内的欠税的信息无法进入信用机构的信息库中,而法定限额外的欠税等信息也需经过法定的行政程序或司法程序裁定成为违法行为或相应法庭记录,才允许向信用机构提供。因此,对个人纳税人信息的使用限制相较于美国的纳税信息使用场景,欧洲各国对个人纳税信息的使用在规模和效率上明显偏低。但也应看到在纳税人信息保护上,欧洲国家在纳税信息的保护标准远比美国严格。

日本对为公民纳税信息的使用结合了美国与欧洲国家的模式。在申报制度中以纳税信息为直接基础的蓝色申报制度保障了纳税信息使用的高效率,在银行抵押贷款的信息提供中以纳税信息为直接基础的信息审查制度保障了信息审查的可靠性。同时,对情节较重、恶性较大的纳税违法行为通过法定程序形成违法记录、法庭案件记录进入个人信用信息系统中又能够依靠日本会员制的征信模式既能保障纳税信息使用的专业性,又能保护纳税人合理的隐私信息。

(二)纳税信息应用过程中的政府角色

美、日及欧盟诸国对纳税信息在信用评级使用过程中所形成的不同模式都存在着如何有效监管纳税信息不被滥用的情况,无论是政府直接参与纳税信息的使用还是间接监管都需要对上述模式中的政府角色功能进行分析。

美国纳税信息的使用是以政府信息公开的相关法律作为依据,将纳税人的税收留置权记录提供给征信机构。但美国市场化的征信体制决定了政府在征信体系中无法成为征信体系的服务者,只能成为监管者,依靠法律工具完善与纳税相关的征信立法或失信惩戒制度。与美国不同,欧盟国家对于纳税信息在征信体系中的使用属于自给自足型,欧盟部分国家的公共征信系统是由政府主导的,其服务对象仅限于本国央行和部分金融机构,因此在公共征信体系中纳税信息适用范围较小。此外,欧盟国家的纳税信息与市场征信体系的关联度也较小,除了法定的违法信息与法庭纠纷可能会进入市场征信机构的信息库中,大部分纳税信息与征信体系没有关联。因此,欧盟能够让政府更清楚地认识到征信体系存在的问题及其根源,也能够以最小的程序阻力来事前预防和化解征信体系中的具体问题。质言之,欧陆国家的征信体系监管,是政府的自我监管。尽管也颁布了不少信用监管法律，特别是对个人征信中的数据保护的法律来规范公共征信部门的行为，但是对于征信体系中个人数据保护之外的监管，存在严重的虚化现象。信用数据征集、评级应用和保护上都较为混乱，对于征信质量和权威性都产生了较为负面的影响。

而日本纳税人信息在除了直接作为日本国税厅审核纳税人的蓝色申报信息来源外，仅能作为商业审查纳税人申请银行抵押贷款的资格材料之一，不能作为在行业协会为主导下的日本证信系统的信息来源。显然在日本的征信体系中，纳税信息基本上将政府在经济和社会管理中征集的社会主体重要信用数据提供给市场型征信系统；在征信体系监管中，政府是信用监管法律的制定者和执法者，通过完善征信立法体系和实施失信惩戒制度来保障征信行业的健康发展。但是，正因为政府参与征信体系的建设的间接性以及监管征信运营的事后性，对于征信体系中的一些问题很难及时准确地找到症结所在，对于失信问题也难以做到事前预防。

（三）数字时代的纳税信息隐私保护困境

在数字化时代，纳税人个人数据的披露并不代表国家税收利益的限制，无论是出于防止逃税的目的，还是涉及保护经济经营者之间的商业关系。[1] 美、日及欧盟等国对纳税信息的隐私保护脱胎于对公民隐私的保护，并将个人隐私作为一种法律价值进行保护。但这里存在两个困难：一是人们把各种相互冲突的要求都看作实在的价值，因此，法律在极少案件中实际强制对个人隐私进行干涉；二是个人隐私的定义不确定，或者由于传统上自由权利不愿禁止可反对可不反对的行为而造成的法律强制实施上的困难。[2] 但随着各国规制措施的逐步增强，尤其是欧美各国的税务管理部门在强制性和自动的基础上交换了越来越多的关于税务事项的信息，这一发展引起了在纳税信息的隐私保护和政府规制之间的强烈冲突。[3]

---

① Purpura, Andrea., Case Law Note: Protection of Taxpayers' Personal Data and National Tax Interest: A Misstep by the European Court of Human Rights, *Intertax*, 2021, Vol.49, No.12.

② ［英］彼得·斯坦、约翰·香德：《西方社会的法律价值》，王献平译，中国法制出版社 2004 年版，第 287 页。

③ Schaper, Marcel, Data protection rights and tax information Exchange in the European Union: an uneasy combination, *Maastricht Journal of European and Comparative Law*, 2016, Vol.23, No.3.

　　以美国为例,在传统上,美国依靠"自愿遵守"在联邦一级征收所得税,即联邦政府依靠个人纳税人正确、及时地计算、报告和支付来履行纳税义务,国家税务局的执法力度很小。国家税务局严重依赖第三方提交的信息报告来核实纳税人自己报告的纳税义务。例如,每个从事贸易或业务的雇主都必须向美国国家税务局提交一份信息报告,美国国家税务局使用此信息报告来验证员工在其个人纳税申报表上申报的收入金额是否正确。由于美国国家税务局可以使用该报告来确定雇主报告的收入金额与雇员报告的金额之间的任何差异,因此受雇主信息报告约束的个人的自愿合规率非常高。[①]

　　2011 年,美国国家税务局成立了合规分析办公室,创建分析程序,识别潜在的退款欺诈,检测纳税人身份盗窃,并提高处理不合规问题的效率。由于资源有限,美国国家税务局选择在投资回报最大的地方利用其信息分析项目——小企业占税收差距的最大部分。这种合规性差距的一个重要原因是缺乏第三方的业务收入报告。为了缓解这种情况,合规分析办公室扩大了其信息资源。[②] 在进行大数据互联网搜索时,如果税务代理基于当时的事实和情况,合理地认为搜索对调查是必要的(适当的),则披露纳税人的姓名和地址可能是允许的。[③]

　　但美国国家税务局在构建包含公共信息的专有信息库时,也极易出现第三方信息的错误性问题。虽然通过信息比对可以核对信息的准确性,降低决策成本,但只有当第三方信息可靠且具有可比对性时,这一策略才行之有效。

　　[①]　Blank, Joshua D., United States National Report on Tax Privacy, Tax Secrecy and Tax Transparency—The Relevance of Confidentiality in Tax Law (Peter Lang GmbH-Internationaler Verlag der Wissenschaften, Frankfurt, Germany)(2013), Forthcoming, *NYU School of Law*, *Public Law Research Paper*, 2013, Vol.76, No.13.

　　[②]　在 Andrea F.Orellana 案中,美国国家税务局调取了原告的各种 eBay/PayPal 记录,以确定未报告的收入。Orellana 在 5 年时间里没有向美国国家税务局申报其在 eBay 上进行 7000 多笔交易的记录。她没有记录的辩护是她不认为自己在做生意,因此不需要记录。由于没有记录,收入的间接核算方法不仅使用传统的银行存款,还使用通过 eBay/PayPal 的现金流。Janet Novack IRS Officer Slapped For Not Reporting eBay Sales, https://www. forbes. com/2010/04/22/IRS-tax-audit-ebay-seller-personal-finance-IRS-worker-loses. html? sh＝22b779cc47d3.

　　[③]　Houser Kimberly, Debra Sanders, The Use of Big Data Analytics by the IRS: What Tax Practitioners Need to Know (February, 2018), *Journal of Taxation*, 2018, Vol.128, No.2.

由于第三方信息多是来自互联网等公开渠道，尤其是纳税人自我信息的发布往往存在轻描淡写或极度夸张的色彩，以此掩盖自身的真实信息。对于在美国这样以个人和小企业作为主要征税对象的国家，美国国家税务局经常被动搜集了上述带有误差的信息。这对其而言，将这些数据纳入国家税务局分析可能会导致对违规纳税人的错误识别。此外，美国国家税务局使用自动化算法决策系统来评估纳税人，则同样出现了对纳税人信息的隐私歧视问题。因此，美国国内呼吁国家税务局公开其算法决策系统内容，但根据合规执行办公室的一份报告①显示，国家税务局愿意提供有关审计选择的一般信息，但不提供DIF算法、大数据或预测分析算法在审计过程中的使用方式。虽然有一些法规规定政府行动需要透明，但法院一直以《美国国内收入法》第6103(b)(2)条为由，拒绝了《信息自由法》要求纳税人访问这些自动化系统的请求。

三、纳税失信治理域外模式的他山之石

欧美国家对纳税人行为规范深植于本国社会信用体系中，而本书考察的诸国的社会信用体系又各自拥有成熟的基础设施和深厚的文化基础。在不同的国家，信用评分制度实施历史悠久并且应用领域广泛。由于我国人口众多，要建立普遍性的社会信用体系难度极高。尽管如此，《规划纲要》仍十分重视在社会信用体系中建立统一的社会信用评分制度。社会信用评分系统的总体目标是预测社会主体在不同领域的风险，其他第三方主体能够使用社会信用评级结果来区分风险的高低。然而，欧美诸国的大多数大型市场信用评级机构设计的信用评级标准已显示出超越其既定职能的迹象，更普遍地作为可信度衡量指数。同时，大量数字平台的出现，加上允许大量数据存储容量的计算发展，正在形成对人类行为和生活的许多方面进行定量测量，人为主观判断正被算法模型所取代，这些模型能够计算人类的价值。量化行为也超出了衡量自我的范围，因为评级文化鼓励数字公民对其

---

① 简单地说，算法是由一系列可应用于数据的步骤和指令定义的。算法生成用于过滤信息的类别，对数据进行操作，寻找模式和关系，或者通常帮助分析信息。算法所采取的步骤取决于作者的知识、动机、偏见和期望的结果。算法的输出可能不会揭示任何这些元素，也可能不会揭示错误结果的概率、任意选择或其产生的判断的不确定性程度。所谓的"学习算法"支撑着从推荐引擎到内容过滤器的一切，它随着贯穿其中的数据集而发展，为每个变量分配不同的权重。最终由计算机生成的产品或决策，用于从预测行为到拒绝机会的一切，可以掩盖偏见，同时保持科学客观性。

他个人和服务的价值进行评价,鼓励个人公布其他个人和服务的公众评论和评级,不参与评级文化可能成为一种社会和经济劣势或边缘化的形式,从而形成社会评级的数字鸿沟。[①] 虽然美、日及欧盟等国尚未建立类似我国统一的社会信用制度体系,但文化和基础设施手段已经在一定程度上应用了社会评级和自我跟踪平台和应用程序,以及文化适应这些日常指标手段,以及更直接和更明确的监督形式。然而,数据政策和监管可能会阻碍近期潜在社会信用体系的进展。例如,欧盟 2018 年实施的《一般数据保护条例》。该法规旨在协调整个欧洲的信息隐私保护法律,重组公司处理个人信息隐私的方式,以及授权和保护欧盟所有公民的信息隐私。虽然执行《一般数据保护条例》仍然困难且耗时,但许多公司已经被迫让个人更容易删除或检索其信息,并确保其信息不会在未经其同意的情况下被收集和共享。《一般数据保护条例》被视为欧盟向全球数据公司更负责任和更透明地使用数据方向实施的重要转变。美国于 2020 年生效的《加州消费者隐私法案》(CCPA)则是更严格地保护公民信息的又一例证。由于欧美国家还继续对公民行为的许多方面进行定量测量,这最终可能对公民守法意愿产生影响。例如,逃税是所有国家都面临的问题,与美、德、日等国相比,北欧国家还披露了纳税人所有的申报信息。有学者认为,公开披露税务合规信息的主要原因是通过宣布逃税者发挥威慑作用,以阻止纳税人逃税。然而,税收宣传策略是不是打击逃税的成功手段还远不明显。公开披露允许观察他人的不道德行为具有潜在的传染性,因为它可能会改变有关合规性的社会规范。发布信息可能会对逃税者起到威慑作用,但久而久之,这种威慑作用会逐渐减弱。由于这些潜在的负面影响一方面增加了羞耻感,另一方面也增加了传染的风险,因此,公开披露对税收遵从性的总体影响尚不清楚。相关的研究结果表明,如果纳税信息以匿名方式披露,在没有税务隐私的情况下,税收违规行为会增加。这说明对违规行为的匿名化公开可能会破坏公平的社会规范,导致税收不遵从加剧。而当两种效应同时存在时,威慑效应不足以覆盖传染效应,由此,公开披露可能会导致更多而非更少的逃税行为,这是

---

① Wong Karen, Li Xan, Amy Shields Dobson, We're just data: Exploring China's social credit system in relation to digital platform ratings cultures in Westernised democracies, *Global Media and China*, 2019, Vol.4, No.2.

因为纳税人的税收遵从意识受到了激励性挤出。[①]

　　与美、日及欧盟等国的评级文化相比,我国的社会信用体系被认为是一个更为复杂的系统,主要关注金融和商业活动,而不是政治活动。[②] 因此,"41号公告"的制度目的,如同《规划纲要》的目的同样明确,即告示我国纳税信用体系的建设目的是"为规范纳税信用管理,促进纳税人诚信自律,提高税法遵从度,推进社会信用体系建设"。2019 年一项大型案例研究的结果表明,大约80%的中国人赞成该制度,并相信社会信用分数是公平公正的。此外,在社会信用体系已经进行了 5 年多的运作后,税收冲突和纠纷减少了 22.8%,民众满意度超过了 96%。这项研究的结果证实了研究人员的假设,即对于中国公民来说,新系统提供的好处多于不便或担心机密信息泄露。[③] 在我国纳税失信治理过程中,纳税人对纳税信用等级给自己财产利益所产生的影响的关注点不同。美国等国的纳税人更在意税务当局利用来自脸谱网等网站的公共互联网数据分析纳税人的个人信息隐私问题。例如,当易趣或亚马逊上的临时交易已经变得相当普遍,许多纳税人没有意识到这些交易应该被审查,以确定潜在的所得税后果。随着美国国家税务局获得信用、借记和 PayPal 记录,将交易与纳税人或小企业进行匹配极易确定纳税人的行为是否存在违法事实。简而言之,在大数据分析时代,纳税人需要非常清楚自己的数字身份信息情况,才能更好地维护自身的财产利益。由此可见,在纳税信用治理过程中,中外各国对纳税信用涉及的隐私权问题和财产权问题有着各自不同的关注点,这也为我们完善我国纳税信用治理的短板提供了可借鉴的他山之石。

---

① Bob Jonathan, Behavioral responses to taxes: fiscal implications of tax range changes, their perception and tax privacy, *Hannover: Gottfried Wilhelm Leibniz Universität Hannover*, 2013, Vol.26, No.3.

② Liang Fan, et al. Constructing a data—driven society: China's social credit system as a state surveillance infrastructure, *Policy & Internet*, 2018, Vol.10, No.4.

③ Kostka G., China's social credit systems and public opinion: Explaining high levels of approval, *New Media & Society*, 2019, Vol.7, No.7.

第五章
纳税失信治理的路径优化与制度完善

通过对我国纳税失信的治理过程回顾,问题反馈,与借鉴域外国家在纳税信息与信用治理方面的制度建设与应用经验,对我国纳税失信治理的基本理念、制度框架与具体实施有着重要的启示意义。简而言之,纳税失信治理的基本理念是实施纳税失信治理的思想指引,对现有纳税失信治理的制度依据、治理成效的过程回顾将问题呈现得更清晰,原因分析得更科学,而域外国家的纳税信息在信用治理过程中的制度搭建与治理经验为我国的纳税失信治理提供了制度经验与方向选择,基于该理念,本部分将从纳税失信治理的理念到治理实践展现一个立体化的制度完善方案。

第一节 纳税失信治理的理念跃升

一、税收治理现代化背景下诚信理念内涵的澄清

虽然中国的税收治理体系并不缺乏纳税诚信的显性制度表达,围绕纳税信用的各种评价、约束与激励等制度在税收治理现代化的进程中逐步建立与完善。但显性的制度建设非但不能昭示中国纳税失信治理现代化的完全实现,更显示着各国在纳税失信治理进程背后所蕴含的理念差异和文化差异。诚信是行动、价值观、方法、措施、原则、期望和结果的一致性的概念。因此,在纳税失信治理的过程中不仅要重视制度建设,也应加强隐性层面的理念浓缩和思想构建,只有这样,才能夯实税收治理现代化的价值基础。通过前文对我国传统价值层面中的诚信内涵的讨论,可以发现诚信理念在国家与纳税人之间关联性具有复杂性的特点。西方国家与纳税信用相关制度产生的历史基础是资本主义发展史、经济基础是商品经济市场化,其制度实质是对交易的风险管理,其制度基础是信用经济,而不是通过建立法律和道德机制解决纳税的诚信问题。与西方国家在纳税信用上所体现的商业化气息不同,中国的纳税诚

信在纳税关系中强调的诚信是价值观、行为准则甚至可表述为文化内涵,体现的是信任社会包括但不限于市场活动。中国纳税失信治理对诚信表达的内涵及特性既有优点也有缺憾。其优点在于能够对纳税诚信的发展形成多维助推作用,具有促进诚信纳税的价值导向,但纳税诚信理念所具有的复杂多重内涵也会对纳税诚信的制度运作产生负面影响,影响税收治理现代化进程。所以纳税信用体系的制度建设阶段性目标是对纳税信用制度从无到有的构建,而纳税信用体系的隐性价值实现阶段目标性则是将纳税信用中的诚信理念如何有效推动纳税信用制度运行,如何体现纳税关系中的诚信理念,如何避免诚信理念的负面效应。因此需要基于纳税失信治理的基本目标理顺诚信理念的内涵结构,纠正诚信理念的工具方向,提升纳税人的社会意识,处理好诚信理念在道德约束和法律约束中的关系地位,尤其要确立二者在纳税失信治理过程中有序作用、共同作用的运行机制,同时也需要结合西方国家在社会信用体系建设过程中对诚信理念的产生源头的重视,即重视外在约束,重视契约理论对纳税诚信理念的影响。

我国纳税信用体系的建设是以强化纳税信用评级制度和对违法纳税信用规定失信惩戒责任为主要内容。相较于欧美国家将纳税信息间接应用在纳税人信用评级的制度逻辑,这种"直接、普遍、重责"的治理模式显然更加注重纳税人外在的行为表现,注重企业纳税人的纳税信用评价,而忽视纳税人内在的诚信观念,忽视自然人的纳税信用评级。这一制度逻辑的优势在于其能够提高治理效率,但容易导致稳定的治理制度沦为短期治理工具,降低纳税信用评级工具的时效性、科学性和正当性。因此,在诚信理念下的纳税信用评价工具应针对性地做出修正,将纳税信用评价对象扩展到自然人纳税人。虽然我国纳税人纳税信用评价是独立于个人征信体系之外的信用体系,但可借鉴类似美国的经验,将纳税信息间接应用到个人信用评级体系中。美国等国家的个人征信产业发达,个人信用评级信息应用范围广泛,个人纳税的负面信息能够对个人信用产生很大的影响。

二、以法治理念为中心的纳税失信治理理念体系

(一)纳税人中心法治理念

作为一项内生于中国本土的信用制度,虽然在行政部门规章层面肯认了作为纳税失信治理的依据。然而,作为社会信用体系组成的纳税信用制度同

样存在饱受争议的"法治不足"的问题,其表现为针对当前纳税信用体系建设中存在的税收遵从度不高、信用数据处理不透明、信用评估公布流程不规范、评级结果应用不充分等突出问题。① 经济合作与发展组织(OECD)研究表明以"客户服务"和"以人为本"成为税收管理的基本规范后,各国税务机关竞相效仿,但"以人为本"目前还只是广泛应用于税收管理者和大型公司客户之间的关系,普通纳税人还是会碰到执行不到位的现象。② 纳税信用在应用过程中的种种法治漏洞不断被放大,这是纳税信用应用的最大矛盾和困境。纳税信用的行稳应用必须重视其法治不足的问题,应当按照法治的正义要求,检讨纳税信用的法治不足,针对性补强法治不足的若干问题,最终实现"还责还权于纳税人"③,这是纳税信用应用过程中法治理念的基本立场。

所谓纳税人中心法治理念,指的是把人民的认同度、支持度和满意度作为评价纳税信用法制建设成效的最高标准的治理理念,其实质体现为以纳税人中心的税收法治理念。以纳税人为中心的税收法治理念具有以下三个方面的特性:一是税收法治理念的纳税人利益中心化。从历史维度来看,不同时期对税收法治理念内涵的解读有各自侧重点,但围绕着纳税人权利保护的向心力自始存在,以"实现……纳税人权利保护的价值追求"④。二是税收法治理念的纳税人保护多元化。从纳税人权利保护理念内涵来看,包含着人民中心、公平正义、权利限制等价值观念,形成了民主认知、责任认知与规则认知等保护认知,构筑了对纳税信用应用(包括纳税失信治理)的治理意识。三是税收法治理念的纳税人共识导向性。税收法治理念既注重法治理念的价值评判,也关注纳税人与国家的权益平衡。因此,其影响了纳税信用应用方式以及纳税失信治理手段的实施。在纳税信用指标设置上应遵循比例原则与信赖利益原则;在纳税信用应用程序上应遵循公开透明原则与程序正当原则。通过诚信的道德倡导、声誉宣示、成本约束与制度限制等各种机制,推动纳税治理体系的信用化、社会化、法治化与现代化的协同形成。

---

① 程前:《区块链技术模式下纳税信用体系建设法治化进路》,载《兰州学刊》2020年第11期。

② [美]黛博拉·布罗蒂加姆、奥德-黑尔格·菲耶尔斯塔德、米克·摩尔主编:《发展中国家的税收与国家建构》,卢军坪、毛道根译,上海财经大学出版社2016年版,第226页。

③ 《税收征管改革探索与实践》编写组:《税收征管改革探索与实践》,中国税务出版社2012年版,第44页。

④ 刘剑文、侯卓:《现代财政制度的法学审思》,载《政法论丛》2014年第2期。

但我国纳税信用体系建设与应用路径带有强烈的"政策推动、行政主导"的特征。国家税务总局以《规划纲要》为依据,颁布"41号公告""95号公告"等众多纳税信用制度规章,成为推动纳税信用体系建设的重要根据。尤其是在纳税信用治理位于《税收征管法》《社会信用法》调整存在交叉空白地带,部门规章对于纳税人行为的合规性发挥着重要的引导和规训功能①。然而,纳税信用政策在解决对纳税信用治理过程中出现的法治不足问题,如纳税信用信息大而全、税收违法黑名单的分散庞杂、纳税信用信息共享宽泛、纳税惩戒不当联结等问题,都显示出纳税信用部门规章存在效力等级不足的局限性。同时,税收程序法与社会信用法相关立法、条款的缺失,导致缺乏直接可供纳税信用制度体系建立的法定依据。如"95号公告""41号公告"的立法目的条款分别规定"根据《中华人民共和国税收征收管理法实施细则》的规定,制定本办法"、"根据《中华人民共和国税收征收管理法》及其实施细则、《国务院关于促进市场公平竞争维护市场正常秩序的若干意见》(国发〔2014〕20号)和《国务院关于印发社会信用体系建设规划纲要(2014—2020年)的通知》(国发〔2014〕21号),制定本办法",但详细查看《税收征管法》及其实施细则条文,并无直接关于纳税信用管理的内容。仅有《规划纲要》规定税收领域信用体系建设的内容。近年来,国内外对中国的社会信用体系建设的观点不一。无论是支持社会信用体系建设能够实现公民诚实信用道德水平提高目的的观点,还是构成社会信用体系是公民隐私威胁的观点,②都提醒我们应当重视社会信用体系建设的法治化,保障社会信用体系建设的正当性与合法性。

(二)纳税失信治理社会化理念

纳税失信治理社会化是基于信用社会化与治理社会化的概念重构。所谓信用社会化理念是以社会信用体系建设为重点,通过体制机制建设强化社会信用管理,鼓励守信、惩戒失信,是社会治理创新的基础性工作。③ 而"治理社会化"是指扭转"过度行政化"的社会管理方式,全面理解社会的重要性,引入

---

① Mac Sithigh, Daithí, Mathias Siems, The Chinese social credit system: A model for other countries?, *The Modern Law Review*, 2019, Vol.82, No.6.

② Horsley Jamie, China's Orwellian social credit score isn't real, *Foreign Policy*, 2018, Vol.82, No.6.

③ 关建中:《信用管理是社会治理的基础》,载《人民日报》2015年3月29日,http://opinion.people.com.cn/n/2015/0329/c1003-26765477.html,下载日期:2022年1月4日。

社会力量,以社会组织和社会资源为基础,推动社会事务多主体合作治理的过程。① 在纳税信用社会化背景下的纳税失信治理的两大任务是加强对纳税信用信息的管理和对传统的纳税管理方式的改造。加强对纳税信用信息的管理基础是继续完善覆盖所有纳税人的纳税人信用信息管理、评价和服务应用体系,构建这一体系仅依靠税务系统是难以为继的,需要依靠各类组织提供信息支持与技术支持。通过近 20 年的纳税信用管理到信用治理的嬗变,税务机关对信用社会化背景下的纳税失信治理的基本规律认知和治理水平决定着其他各类组织所提供的信息与技术支持能否实现纳税信用治理目标。而对传统纳税管理方式应以社会各类组织参与治理为前提,以信息技术治理为工具,实现从"单独管户制"到协同管理,再到纳税治理社会化的治理逻辑嬗变。党的十八届三中全会提出"国家治理体系和治理能力现代化"的目标,明确提出,适合由社会组织提供的公共服务和解决的事项,交由社会组织承担。虽然税收征管事关国家财政安全这一国家核心利益,但纳税信用体系在制度构建逻辑上游离在以《税收征管法》为基础的税款征收程序制度之外。由税务机关独掌纳税信用治理权限,在浅层反映了治理工具、治理技术与治理逻辑的错配,反而加剧了税务机关独揽大权的局面。"纳税失信治理社会化"应是合"税务机关职能专业化"与"社会单元信用参与"的"双重合奏",既要认识其"治理技术优化"的实践意义,又要认识其"牵引治理转型"的制度意义。在一定程度上,社会观念的聚合或社会共识的达成,最终会形成人们对社会事务共同性的理解内容,这种内容通过内在道德约束力的形式得以呈现,形成对失信行为的内在控制以及对失信惩戒的客观认识。②

(三)纳税信用体系建设融贯性理念

纳税信用体系建设融贯性是指纳税信用体系内部组成的逻辑一致性、内聚性。逻辑一致性是融贯性的基础面向,能够促进纳税信用体系的制度逻辑融贯,但纳税信用体系的逻辑一致性不能全然保障整个制度体系的一致性,在信用体系中也存在逻辑不一致的部分。在每一种法律体系内,按照法律体系的生成关系,法律之间都会有一种规定关系。这种关系构成了法律体系的位

---

①　吴晓林:《"社会治理社会化"论纲——超越技术逻辑的政治发展战略》,载《行政论坛》2018 年第 6 期。

②　梅帅:《社会治理视域下失信惩戒机制:治理意义、要素构造与完善方向》,载《征信》2020 年第 12 期。

阶,从而能够明确法律的效力来源。纳税信用制度生成的法律障碍导致纳税信用制度与其他社会信用制度之间结构不稳,权力配置模糊,引发各种社会公共信用评价制度的效力重叠与抵牾,产生信用评价效力的约束瓶颈。例如,国家税务总局将其他外部信用评价信息效力是否置于纳税信用评价的指标体系内,从逻辑上就存在被评价主体在一个领域内是诚信的,在另一个领域内是不诚信的,最终得出该主体诚信逻辑不一致性问题。因此,在实践中产生基于逻辑不一致性,导致各评价机构的效力冲突与互不买账的情况。融贯性还要求纳税信用体系的制度内容的证立关系是趋于合理的,这种合理性表现在各信用评价指标设置上的内容表述合理与结构设置合理。内容表述合理包含着对具体行为判断要件的完整性要求。如,国家税务总局对纳税信用指标主要根据纳税人涉税行为记录,区别行为中体现出的诚信态度(如按期申报、按期缴纳、银行账户设置数量大于向税务机关提供数量等指标)、遵从能力(如纳税人向税务机关办理纳税申报之后的存续时间、账簿与凭证的管理等指标)、实际结果(主要体现在非经常性指标等税务检查指标中)和影响程度(如非正常户的指标)。可见考量纳税人主观态度、遵从能力、实际结果和失信程度四个方面的判断均以客观行为结果作为判断标准,欠缺根据具体行为自身的主观状态加以判断标准的完整性要求。结构合理包含着对各项信用评价指标权重占比的科学性要求。纳税信用指标设置的权重标准虽然没有明确的表述,但从具体行为分值可逆推其标准是以是否实质影响税款征收为准,凸显强烈的国库主义色彩。因此,从纳税信用指标设置证立陈述上看,其内容表述的完整性与结构设置的合理性将影响着纳税信用体系的融贯性。此外,融贯性进一步表现为纳税信用体系的内聚性,即属于一个融贯整体的陈述必须得到这一整体之内其他陈述支持的理念。纳税信用体系作为社会信用体系的重要组成部分,应当得到其他社会信用评价体系的制度支持,不仅包括信息共享、联合惩戒,也应对评级结果实现相互的支持,从而巩固社会信用体系的整全性。易言之,纳税信用体系的融贯性理念须从制度逻辑、规则表述、标准上满足融贯性理论的基本要求。

第二节　纳税失信治理依据的法理整塑

对纳税失信治理依据的讨论需要对纳税失信治理中的信用法律关系逐一

甄别，厘清纳税信用法律关系的主体、客体与内容的具体内涵。明确纳税信用主体的范围，纳税信用客体指向与具体权利义务相关等内容。

一、纳税信用法律关系

对纳税信用的法治化认知应以纳税信用的概念为起点。在概念法学理论中，对法律概念定义的作用不仅在于立法更在于法律适用。作为纳税失信治理的基础概念，前文将"纳税信用"界定为在征纳关系中，国家对纳税人的信赖是基于纳税人良好的自我诚信道德与守法行为，并通过信用评级制度外化纳税人的诚信道德，使其形成一定社会信誉的状态。这一概念界定实际指涉纳税信用法律关系的主体、客体与内容等基本要素。其中，只有确定主、客体概念，才能明确二者的权能责任关系，形成系统的法律关系内容，即权利义务内容。

作为纳税信用行为的参与主体，国家、具有纳税义务的个人、单位和社会组织都应成为纳税信用法律关系的主体，除此以外，其他纳税信用信息的提供主体也应考虑纳入主体范围。因此，纳税信用主体的范围界定标准应以对纳税信用信息控制行为发生作为判断标准。纳税信用法律关系的客体的界定则须考虑客体所具有的权利义务的指向。法律关系的客体可以是列举式的具体事物多元化，也可以是抽象的一元利益化表现。具体到纳税信用法律关系乃至社会信用法律关系中，则体现为本书第三章所提及的纳税信用权的经济利益与社会评价。

二、纳税信用法律关系客体范围的界定

从纳税信用的应用场景来看，纳税信用是具有多重属性特征的信用客体，包括遵守税收法定义务的公共属性、遵守税收契约的道德属性与遵守市场契约的经济属性。其中，遵守市场契约的经济属性是纳税信用与其他社会信用的重大差别，也是世界上其他国家没有的先例。鉴于纳税信用与其他社会信用的属性特征差异较大，基于不同属性特征所产生的信用功能差异甚至摩擦，给纳税信用在纳税失信治理实践中乃至税收治理现代化过程中带来了部分困惑。由此，纳税信用的公共属性、经济属性成了纳税信用法律关系界定的重要分水岭，也是在具体立法中确立纳税信用模式的重要标准。

纳税信用的经济属性是基于银税信息与评级互动产生的以纳税人与商业银行债权债务关系的信用关系。基于纳税信用评级度量纳税人经济信用量的做法逻辑突破了传统信用经济逻辑。西方国家经过长期的法治建设和道德建

设,包括各种各样的机制建设,目前其社会诚信缺失问题已经基本解决,信用建设的主要任务是如何防范信用过度投放和信用交易按照传统经济信用的逻辑,①经济信用应当由市场制度与信用立法定位,即通过信用法律制度(征信法律制度)进行调整,这也是美、日及欧盟等国处理纳税信息与市场主体征信之间关系时采取间接连接模式的基本逻辑。由此,纳税信用的经济属性也应顺应市场经济、信用经济对信用度量的基本逻辑。目前,"银税互动"的框架协议对纳税信用贷款调整的法律基础是《商业银行法》第 36 条、《税收征管法》第 6 条。商业银行应遵循该条要求结合市场经验开展纳税信贷业务。同时,《商业银行法》、《社会信用法》与《税收征管法》也应将纳税信用与商业银行信贷业务的信用信息共享、信用评级规则联系上升为法律规范,形成重要的制度依据。

纳税信用的公共色彩是以纳税人履行法定纳税义务的事实作为评价结果的,不以货币资金度量其可信程度。由于纳税信用与其他社会信用种类都具有此种相同属性的公共色彩,其范畴已经显然超出传统的经济信用范畴,成为提升整个社会不同主体诚信意识,推动国家治理现代化的一项浩大社会工程。我国正处于市场经济转型时期,诚信问题在社会诚信与交易信用均存在不同程度的缺陷,这两类诚信缺陷问题又彼此相互影响,形成普遍的社会失信与市场失信问题。因此,要同时解决社会失信与市场失信的问题必须建立一个广泛且统一的社会信用治理体系,如此才能打破我国长久以来存在的失信问题,否则就会陷入"头痛医头,脚痛医脚"的恶性循环之中。

追溯历史,对纳税行为的诚信价值评判广泛存在于道德与法律领域。在近现代,随着政治国家与市民社会的分立,税收道德规范与税收法律规范逐渐分立为"社会法"与"国家法"。税收道德表现为广泛存在于纳税人心中,依靠社会舆论、榜样激励等形式,发挥着调整纳税人行为的作用;税收法律规范表现为以公开形式,以合理、普遍和确定的强制性规范调整税收活动中市场主体与国家的关系。但税收道德与税收法治均强调对纳税人与国家之间的信赖利益保护与尊重,逐渐出现了税收道德与税收法治的相互融合,对纳税行为的遵从诚信价值观逐步渗透税收法律体系中。诚信价值在现代税法发展过程中表现出明

---

① 西方国家所谓的信用体系主要是围绕着经济交易和金融活动展开的,其实质就是信用交易风险管理体系。之所以如此,是因为西方发达国家现阶段主要面临着信用交易风险问题,诚信缺失已不是其社会信用领域的主要矛盾。韩家平:《中国社会信用体系建设的特点与趋势分析》,载《中国信用》2018 年第 7 期。

显的法定化趋势,实现道德诚信向法定诚信的转换。例如在税收立法中明确规定诚信原则,保护纳税人信赖利益,以税务机关的诚信征税带动纳税人诚信纳税。[1] 税收诚信的法律规范是纳税人的行为准则,税收诚信的道德规范是税收征纳的秩序基础。当前,伴随着近 20 年的纳税信用治理,诚实信用观念已根植纳税人心中,税务机关运用信用手段治理纳税失信形成了系统性实践。

三、纳税信用制度法定化的基本模式

根据纳税信用所涉及领域,纳税信用入法的进路可以分为两种模式。第一种模式是分项调整方案。在主体上分别确定纳税主体的经济属性与遵从属性,在客体上区分纳税信用的经济属性与公共属性,分别在《商业银行法》《税收征管法》中专项调整。第二种模式是综合调整方案,在新《社会信用法》中,将纳税信用以经济属性与公共属性为基础,将其统一归入社会信用立法体系中,以《社会信用法》的基本规则为框架,在行政法规、部门规章层面确立具体的实施规则。

(一)纳税信用的分散立法模式

在第一种模式中,将纳税信用分解到商业银行法律框架与税收征管法律框架中。在商业银行法律框架中,明确纳税信用的经济功能,强调信用的货币度量能力,即纳税信用=守约状态+私权主体。可在《商业银行法》第 36 条中,以但书形式将纳税信用作为帮助商业银行进行业务风险控制、信贷业务管理的重要指标。在税收征管法律框架下,明确纳税信用的公共治理功能,强调纳税信用的守法状态,即纳税信用=税法遵从+纳税义务主体。可在《税收征管法》第 6 条中,确立纳税信用制度的建设内容。因此,第一种模式是典型的分散立法模式。在立法者看来将社会实践累积而来的经验经由法律表述是经典的法律经验主义认识。在我国社会信用体系建设历史不长的几年时间内要实现统一的社会信用立法显然还缺乏大量的实践经验,因此,在法律经验主义者看来,社会信用内容复杂、涉及范围广泛、难以进行集中立法,应当分散立法。[2] 作为社会信用立法的组成部分,纳税信用的立法可以成为单独的一项

---

[1]　施正文:《税法总则立法的基本问题探讨——兼论〈税法典〉编纂》,载《税务研究》2021 年第 2 期。

[2]　荆月新:《论社会信用立法》,载《山东师范大学学报(人文社会科学版)》2005 年第 5 期。

立法事宜,形成众多独立的立法文件,然后将不同层级的相关立法文件组成一个完整的纳税信用立法体例。从短期成本与效益视角来看,纳税信用立法的分散立法思路,回避了集中立法的体制障碍,可能比较符合实务部门的制度实践诉求。但应看到建立在纳税失信治理实践基础之上的分散立法过度强调短期效益,而忽略了纳税信用立法本质上是归属于社会信用体系立法的这一根本属性,极易造成纳税信用法制不健全,也容易产生分散立法时常出现的法律冲突与矛盾、法律漏洞与补充等立法、违法问题,并使纳税信用立法应当具有的解决法治治理成本、促进纳税人道德水准提高、优化税收征管等目标无法有效实现。纳税信用治理的过程是一个集治理权分配、治理方式安排、治理行为互动于一体的有机整体,人为地将其分散到《商业银行法》《税收征管法》等属性不一的不同部门法中,将纳税信用的守信激励与纳税信用的失信惩戒单列成两个体系,致使一个逻辑严密的立法体例被分为《商业银行法》《税收征管法》两次立法活动,同时,两法的立法目的、适用范围、基本原则存在截然不同的规定,将纳税信用同时融入两法中,可能会产生主管机关之间的管理重复与冲突。因此,部分论者眼中的减少立法成本仅仅是减少立法过程中的立法经济成本,而忽略了分散立法所极易产生的制度冲突,从而导致法律文本不能为执法者提供确切的权力依据,也无法为社会提供统一的行为准则。显然这两部法律的修订成本并不如法律经验者眼中的那样能够降低多少立法成本、减少多少立法障碍,[①]反而徒增纳税失信治理的外部成本,更值得警惕的是分散立法模式伴生的部门利益法定化、法律与政策混同及法律实施困境又进一步

---

① 《商业银行法》《税收征管法》修改均是系统性工程,两法修改经历可参见:1994年《关于〈中华人民共和国商业银行法(草案)〉的说明》;1994年《关于商业银行法(草案)修改情况的说明》;1995年《全国人大法律委员会关于〈中华人民共和国商业银行法(草案)〉审议结果的报告》;2015年《中国银行业监督管理委员会关于〈中华人民共和国商业银行法修正案(草案)〉的说明》;2015年《全国人民代表大会法律委员会关于〈中华人民共和国商业银行法修正案(草案)〉审议结果的报告》;2020年《中国人民银行关于〈中华人民共和国商业银行法(修改建议稿)〉公开求意见的通知》;1992年《关于〈中华人民共和国税收征收管理法(草案)〉的说明》;1995年《关于〈中华人民共和国税收征收管理法修正案(草案)〉的说明》;2000年《关于〈中华人民共和国税收征收管理法修正案(草案)〉的说明》;2013年《国务院法制办公室关于〈中华人民共和国税收征收管理法修正案(征求意见稿)〉公开征求意见的通知》;2015年《国务院法制办公室关于〈中华人民共和国税收征收管理法修正案(征求意见稿)〉公开征求意见的通知》。

制约了经济法治的现代化进程。① 在南京创新机电管带有限公司与南京市江宁区国家税务局案中,②法院根据《税收征收管理法》第5条第1款、第7条及相关条款的规定,认为涉案告知函并未为创新机电公司增设新的权利义务,原审法院以对创新机电公司的合法权益明显不产生实际影响为由裁定驳回起诉并无不当。但法院并未如学界观点一般认为纳税信用评定会对纳税人产生实质的利益影响,通过适用与纳税信用没有直接关联的法规回避了由其对争议事实进行实质认定于法无据的尴尬境地。可见分散立法在实质上是注重法律条款的具体功能的"技术治理"或"工具治理"理念的集合体,但"技术治理"、"工具治理"与"法律治理"存在根本性差异,前者更关注纳税信用在不同法律条款上的应用功能而忽视各法内在的独立价值,更关注纳税信用治理的全面性而忽视金融立法、税收立法的基本原则,更多关注经由某些经济治理"技术"或"工具"所具有的经济功能而忽视纳税信用法治的概念整体性和发展逻辑,从而导致分散立法所在主体规范协调的前提下具体规则间的矛盾冲突。可以试想若法院在没有信用立法的条件下,基于"司法谦让"的态度选择国家税务总局的部门规章作为裁判依据,则可能会得出另一种判决结果。因此,在缺乏统一标准的前提下,各法律条文间的价值、功能冲突带给执法者、司法者、守法者的将是对法律规范本身的质疑与猜测,这显然本身就是立法者不诚信的表现。

(二)纳税信用的统一立法模式

在第二种模式中,将纳税信用内化到社会信用概念范畴内,通过对社会信用概念的界定实现对纳税信用概念范畴的界定,将立法形式统一在《社会信用法》的立法框架下。应根据纳税信用法律关系确定纳税信用权的客体,即纳税人的纳税信用所指向的经济利益和社会利益。此时,纳税信用建设就融入社会信用体系建设中,也符合《规划纲要》强调的税收领域信用建设要服务于营商环境优化的宏观政策。但也应注意,纳税信用评价的事实基础是以纳税人存在法定的税收违法事实为前提,规范纳税人的守法状态是纳税信用治理的题中应有之义。在实践中,在各地方各部门的社会信用立法实践中,已有35部法律、42部行政法规、③30部地方性法规

---

① 刘凯:《法典化背景下的经济法统合性立法》,载《法学》2020年第7期。

② 南京创新机电管带有限公司与南京市江宁区国家税务局案,(2017)苏01行终24号。

③ 信用中国:《最全! 信用法律、行政法规、地方法规梳理》,https://credit.shaanxi.gov.cn/394.news.detail.dhtml? news_id=10701338,下载日期:2022年1月4日。

规章①规定了社会信用建设方面的内容。从法律约束效力的角度出发，已有的社会信用立法大多属于"软法"效力，少部分具有"硬法"属性，各方对信用"软法"的性质、作用和效力等也存在较多质疑。② 但由于社会信用立法覆盖领域众多，渊源形式各不相同，能够完整体现社会信用立法的规范文件并不多见，③从而导致各领域的信用规范制度缺乏整体性与协调性，不利于社会信用立法的行为规范和裁判规范功能的发挥。因此，要更好地保障市场机制和政府机构的有效运作，就需要在提炼经济法的原理、原则和规则的基础上，推进立法统合，以便针对复杂的经济社会问题，运用统一的经济法规则，进行更符合法治精神的综合规制或兜底调整，从而弥补原来分散制定的法律、法规、规章的调整不足，更好地实现经济法的制度功能。④

在信用监管的名义下，行政机关的权力迅速扩张，对私权利主体的行动空间带来了很大的限制。面对这种情形，有效平衡公权与私益的关系迫切要求立法先行，在国家层面开展社会信用立法。⑤ 通过法律所独有的权利、义务、责任等调整方式，保障私权利，约束公权力，将有助于解决社会信用建设中诸多的非法治化问题。⑥ "根据宪法比例原则的目的正当性要求，立法时应充分考虑法律、政治、宗教、伦理道德等之间的适当平衡，而非单纯的公共利益与个人利益之间的平衡。"⑦税务部门应立足于工作职责，在社会信用法律的范围内制定部门规章，明确纳税信用的内容、形式、地位和与其他信用领域合作的要求等，履行和推动信息共享机制的职能，将纳税信用融入整个信用体系。⑧

---

① 叶明、石晗晗：《我国地方社会信用立法实证研究》，载《征信》2021 年第 2 期。

② 刘欣琦、陈梅园：《失信联合惩戒合作备忘录的软法性质及其合法性控制》，载《广西社会科学》2020 年第 11 期。

③ 《国务院关于印发社会信用体系建设规划纲要（2014—2020 年）的通知》，国发〔2014〕21 号。

④ 张守文：《经济法的立法统合：需要与可能》，载《现代法学》2016 年第 3 期。

⑤ 张洪松：《大数据时代社会信用立法的宏观思考》，载《人民论坛》2021 年第1 期。

⑥ 王伟：《社会信用法论纲——基于立法专家建议稿的观察与思考》，载《中国法律评论》2021 年第 1 期。

⑦ 门中敬：《信誉及社会责任：社会信用的概念重构》，载《东方法学》2021 年第2 期。

⑧ 唐晓鹰、孙振华、王树韧等：《纳税信用与社会信用体系的融合》，载《税务研究》2016 年第 10 期。

第三节　纳税失信治理的制度完善

一、纳税信用信息采集制度：标准与完善

纳税信用信息采集制度是纳税信用治理制度体系的制度基石。在纳税信用评价领域中，信息偏在的现象普遍存在于税务机关、纳税人与第三方主体之间。首先，税务机关与纳税人之间的信息偏在表现为纳税人信用信息与税务机关法律规范信息的信息偏在，导致纳税失信认定失效的问题。其次，税务机关与第三方主体之间的信息偏在表现为税收法律规范信息获取与纳税人其他相关信息掌握间的信息偏在，导致纳税信用评价失当问题。最后，税务机关之间的信息偏在表现在不同层级机关对纳税人信用信息、纳税信用管理法律制度等信息的了解和掌握程度不同，导致纳税评价重评、复评等问题。全面、有效的纳税信用信息供给将全面提升对纳税失信的治理效果。反之，片面、匮乏的纳税信用信息供给将导致信用评价失真，减损纳税信用信息制度的制度价值。若因纳税失信治理的基石不稳固导致纳税信用评价结果偏差甚至失效，将对税收征纳秩序与社会信用秩序产生严重影响，因此，完善纳税信用信息采集制度关键在于平衡纳税信用治理各参与主体间的信息对称，实现纳税信用信息采集渠道畅通。

多元化的信息采集渠道是保障掌握纳税信用信息全面性的基础。现有的信用信息采集渠道敞口，分为由纳税人信息直供渠道、税务机关征管系统信息渠道与第三方信息共享渠道。纳税信息直供渠道是纳税信用信息采集的基础渠道。随着"互联网＋税务"的普及，网络报税、移动报税与自动化上传等方式越来越体现了自主申报、征纳互信与税收共治等税收治理现代化理念。纳税信用信息直供渠道的底层逻辑仍是由纳税人主导信息提供权，无论纳税人向税务机关提供何种类型的信息，必须经过纳税人从自身利益（隐私、财产、安全）标准自行甄别，才会申报给税务机关。但纳税人直供信息需要经过税务机关的审查方能被采用，导致税务机关处于信息劣势地位，难以充分满足信用信息多元化的需求。税务机关征管系统信息渠道是纳税信用信息采集的主要渠道。早在2001年，国家税务总局关于印发《税务管理信息系统一体化建设总体方案》中就确立了以金税工程为核心的信息化征管体系建设，通过纳税人档

案系统、税务登记系统、纳税申报系统、增值税发票核验系统、税务检查系统、税收调查数据管理系统等相关子系统构建与完善，为纳税信用治理的后续环节提供信息基础。税务机关征管系统提供的信息能直接反映税务机关对纳税人的身份刻画程度，但税务机关征管系统内部信息仍以纳税人信息直供渠道为基础，存在信息范围局限性问题。第三方信息共享渠道是纳税信用信息采集的保障渠道。《税收征管法》《电子商务法》《商业银行法》等众多法律规范确立了第三方主体向税务机关提供纳税信息的协力义务，也是当下纳税信用信息共享渠道建立的法定依据。税务机关由此建立了与金融机构、企事业单位、其他政府机构等第三方通过信息互换、信息开放、网络查询等方式获取涉税信息的采集渠道，成为纳税信用信息采集、识别的重要来源。外部第三方涉税信息作为一种间接信息，来源的渠道复杂，信息量大，存在税源分散隐蔽、结构多元化、取证难度大、信息滞后等采集技术瓶颈。随着管理技术和决策模型朝"定量化"的方向发展，从存储在分布方式虚拟化的现代化数据渠道获取涉税相关数据，已成为大数据时代对纳税评估信息采集的基本需求。[1]

　　成本可控的纳税信用信息采集模式是保障掌握纳税信用信息有效性的基础。从"成本—收益"视角分析纳税信用信息采集，可以发现直供式、专属式与共享式纳税信用信息的采集成本呈逐渐上升的态势。直供模式与专属式纳税信用信息采集渠道在信息标准、采集技术、采集周期与信息规整方面的成本明显低于共享式采集渠道。共享式信息采集涉及信息结构标准与信息标准的冲突与统一问题、采集技术的系统兼容与技术架构的调试与运行问题、采集周期的信息期限与定期机制的衔接与整合问题以及信息规整的数据库构建与信息群交换的过滤与融合问题。上述问题体现在税务机关与其他政府机关、第三方主体签署的各类信息共享与互换协议中。首先，纳税人信用信息呈高度分散与垄断的态势，信息共享机制并不能完全打破纳税信用信息的割裂状态，也无法彻底解决信息不对称所产生的成本问题。[2] 其次，纳税信用信息的内容以行政中心为标准，是基于税务机关征税活动的需要而建立的，实质缺乏对纳税人信息权利、商业秘密保护的"知情—传递"等基本原则的完善措施。易言之，纳税

　　① 何家凤、何少武：《大数据时代的纳税评估信息采集模式》，载《财经理论与实践》2014年第12期。
　　② 王艳梅：《企业信用信息传递机制构建中政府与市场的法律功能定位》，载《当代法学》2019年第5期。

信用信息交换不仅是基于税务机关征税活动的需要，也是基于其他主体的不同需求才能实现成本最小交换。但纳税信用信息的传递交换需求在中小企业与大型企业间存在显著差别，致使对中小企业存在信息供给过度，信息需求处理信息的成本加大，而对以上市公司为代表的大型企业仍存在信息供给不足的问题，故信用信息传递亟须根据共享式信息采集所涉及的信息结构标准与信息标准的冲突与统一问题、采集技术的系统兼容与技术架构的调试与运行问题、采集周期的信息期限与定期机制的衔接与整合问题以及信息规整的数据库构建与信息群交换的过滤与融合问题进行细化。① 最后，共享式纳税信用信息传递与采集的法定依据层级较低，若纳税人因信息传递瑕疵，其相关权益将得不到有效保护。从信息经济学的角度来看，上述缺陷对除税务机关以外的主体而言意味着极高的成本，也反映出"政府行政科层体制所内含的行政治理及晋升需求与以实现信息效益最大化的市场企业信用信息需求相矛盾。政府内部本身存在着高成本的长期博弈关系，横向的政府各部门与纵向的各级政府基于政绩、晋升、地区发展、部门利益等各项因素制约了政府全面供给符合市场需求信息类型的能力，也难以确保企业信用信息供给的完整与准确"②。在国家税务总局的框架下，建立统一的纳税信用信息共享机制，并由各省市税务局负责本辖区内的具体合作与协作事宜。但在纳税信用信息的共享实践中，税务机关与辖区内的其他政府部门、社会组织、市场主体，与辖区外的税务机关的信息贡献协作机制执行情况并不理想，纳税信用信息的共享机制仅能在本区域内发挥一定的作用，未能形成跨区域的效力作用。同时，在更广泛的区域社会信用体系建设过程中，纳税信用所需的外部信息缺乏持续性的供给。税务机关与其他政府机构的信用信息交换存在安全、舆情等多重影响因素，导致共享信息范围较窄，且信息集中度不高，没有完全打通信息屏障。目前，基层税务机关对本辖区的纳税信用信息展示还凭借"公告"进行，向其他政府部门与社会推送的信用信息的频率不高，利用效率较低。在缺乏更具体的执行规范条件下，基层税务机关很难与其他部门形成常态化的守信激励和失信惩戒工作机制。例如，对 A 级纳税人提供财政资金优先安排的信息在部分财政与税务部门间存在沟通不畅的问题，导致联合激励的效应没有完全体现。

---

① 吴韬：《企业信用信息公示，还需再细些》，载《人民论坛》2017 年第 13 期。

② 王艳梅：《企业信用信息传递机制构建中政府与市场的法律功能定位》，载《当代法学》2019 年第 5 期。

因此,需要从全面与有效两个标准入手,完善纳税信用信息采集制度。一方面,根据《国务院关于加快推进全国一体化在线政务服务平台建设的指导意见》,在税务机关外部发挥国家数据共享交换平台作为国家政务服务平台基础设施和数据交换通道的作用,对于各省(自治区、直辖市)和国务院有关部门提出的政务服务数据共享需求,由国家政务服务平台统一受理和提供服务,并通过国家数据共享交换平台交换数据。进一步加强政务信息系统整合共享,简化共享数据申请使用流程,满足各地区和国务院有关部门政务服务数据需求。落实数据提供方的责任,国务院有关部门按照"谁主管,谁提供,谁负责"的原则,保障数据供给,提高数据质量。另一方面,根据《个人信息保护法》《税收征管法》等法律规范完善纳税信用信息共享制度。纳税人信用信息是高效社会管理系统的运作工具,"智慧税务"模式下的纳税信用信息早已溢出私人法益的范畴,具备公共性权利属性。2015 年,《深化国税、地税征管体制改革方案》明确规定加快税收征管法修订和实施进程,依法规范涉税信息的提供,落实相关各方的法定义务。建立统一规范的信息交换平台和信息共享机制,保障国税、地税部门及时获取第三方涉税信息,解决征纳双方信息不对称问题。依法建立健全税务部门税收信息对外提供机制,保障各有关部门及时获取和使用税收信息,强化社会管理和公共服务。全面建立纳税人信用记录,纳入统一的信用信息共享交换平台,依法向社会公开,充分发挥纳税信用在社会信用体系中的基础性作用。《环境保护税法》《契税法》《耕地占用税法》等法律规范从法律层面为税务机关与其他政府部门之间的具体税种涉税信息共享制度提供了法律依据,但应完善基于信息共享的安全目标设置限制税务机关纳税信用信息共享信息的标准、种类与界域,以实现通过保护纳税人隐私权与信息权,间接约束公权力行使的目的。国家税务总局、司法部等部门须定期发布纳税信用信息共享安全审查指南,并公布涉及纳税人隐私、商业机密的范围。对接收、保存、共享与应用纳税信用信息过程中的安全保密事项作出具体规定。与此同时,为最大限度地保护纳税人隐私权,应建立共享信息销毁机制,及时删除与纳税信用评级活动不相关的信息,且对网络威胁指征的储存期也施加限制。构建对诚信申报人的激励机制,对于一定时期内无失信申报行为的纳税人给予一定的税收激励。①

---

① 马雷:《反思与借鉴:美国网络安全信息共享规制研究》,载《河海大学学报(哲学社会科学版)》2019 年第 5 期。

二、纳税信用等级评价指标：指标逻辑与体系完善

纳税信用等级评价指标由 2014 年的 61 项指标增加到 2017 年的 97 项系统自动采集指标和 20 项人工采集指标。评价方式由 2016 年底在金税三期征管系统内实现了自动采集、自动评价。根据各地方的评价指标扣分情况来看，纳税信用评价指标项指标平均只有 55 项指标进行了扣分，超过 50% 的指标并没有真正地起到评价作用，这一方面说明，指标设置没有能够完全切中纳税人诚实信用要害。另一方面说明，数据采集和指标需求并未完全对应，采集的数据未能完全适应指标要求。

纳税信用评价指标逻辑设置存在一定的不合理。一是部分评价指标关联不合理，例如评价指标中有"010103，未按规定期限填报财务报表（按此计算每次扣减 3 分）"与评价指标"040204，明确不能按照国家统一的会计制度规定设置账簿，并根据合法、有效凭证核算，向税务机关提供准确税务资料的纳税资料情况（扣 11 分）"之间存在着对"按照规定期限填写财务报表"这一行为进行重复评价关联，对评分的合理性造成了不利影响。二是部分评价指标偏离现实。例如外部信息指标"090101，纳税人银行账户设置数大于提供数（扣 11 分）"属于经常性扣分指标，除纳税人主观瞒报意图外，纳税人通过刷卡机电子纳税时，刷卡机缴费银行账户与纳税人在税务局签订的电子税务局三方协议中登记的银行账户信息不一致，造成指标扣分，进而影响纳税人的信用评价结果。可见，这一指标的设置存在一定的局限性。又如涉税申报评价指标"010104，评价年度内非正常原因增值税或营业税连续 3 个月或累计 6 个月零申报、负申报的（扣 11 分）"，纳税人常因行业交易习惯原因，造成增值税进项大于销项的状态持续较长期间，进而导致纳税人零申报。有的建筑企业财务经理向笔者抱怨："现在建筑业不好干，跟销售企业没法比，他们通常收到货款才发货。""我们需要由施工进度表，但甲方一般不会按照这个进度支付工程款，没有收到工程款，我们却要按施工进度与合同约定的款项申报缴纳企业所得税、增值税，对企业会造成很大负担。"在对建筑业行业传统"先收款后开票"交易习惯的改造过程中，税法对提供建筑劳务或销售建筑服务的纳税义务发生时间的确认，亦未充分考虑建筑行业的客观事实。税务管理系统对这类指标自动采样分析无法甄别其中的客观原因，往往在自动判分过程中形成纳税

信用评价结果,缩小了纳税人与税务机关的沟通渠道。[1] 算法决策程序存在着人类无法了解到的处理隐患,及其黑箱性。[2] 纳税人只能通过信用复评的方式向主管局阐述原因,这也大大增加了信用复评工作量。

纳税信用评价设置标准逻辑不合理。其一,90 分起评设置标准过高,造成实现纳税诚信的不公平待遇。对于常年以 90 分起评的纳税信用历史评价记录优秀的企业纳税人,其较少受到税务机关关注,相应的纳税评估、税务审计、反避税调查或税务稽查活动较少,致使类似的纳税人容易因极微小的扣分项降为 B 级纳税人,导致纳税人承担着极高的纳税诚信压力,也给纳税人的生产经营产生不良影响。其二,"D 级评价保留两年"规则加剧了纳税人经营状况恶化。由于 D 级评级保留期两年的事先规定,导致 D 级纳税人在较长期限内会受到各种限制,不仅造成融资需求、现金转出、交易受限等困境,也会事实恶化 D 级纳税人的营商环境,过度损害其修正失信行为的积极性。尤其是在当下愈加需要激发市场主体活力的环境中,纳税信用治理不仅要严惩失信者,也需要给纳税人提供合理的制度空间,为纳税人创造可接受的市场环境,从而打破 D 级评价保留期过程中所产生的恶性循环。

自"48 号公告"发布以来,该评价指标体系基本没有变动。但随着营商环境的发展,某些指标已无法真实反映纳税人的纳税信用情况。因此,只有不断适应市场环境变化的纳税信用等级评价标准体系方可保障纳税人的诚信纳税行为影响与其市场生产经营活动的契合度,有助于提升纳税信用评级结果的公正度与社会认可度。具体而言,可从评价指标内容与分数的设置、调整等维度予以完善。第一,多元化角度下的纳税信用评级指标设置。在纳税信用评价各项指标优化过程中,税务机关应根据《规章指定条例》程序,广泛征求各方主体等相关方的意见与建议,调整各项指标之间的逻辑关联,增加能够影响纳税人诚信纳税人能力的财务指标、经营指标等事项,增加区分纳税人失信行为的主观状态扣分事项,实现"主观意愿—客观能力—最终行为"的信用指标体系的完整化,合理安排指标事项与分值分布的结

---

① 公共行政中行政主体相对人的"人际交互"需要借由正当程序予以协调,因为行政相对人所享有的程序性权利确保其能够介入行政活动。

② 雷刚、喻少如:《算法正当程序:算法决策程序对正当程序的冲击与回应》,载《电子政务》2021 年第 12 期。

构,进而提升纳税信用评价指标体系的科学性和接受度。第二,差异化纳税信用评级评价结果。应改变扣分制的纳税信用评价模式,扣分制给纳税人产生过重的纳税道德压迫感,不利于鼓励纳税人诚信纳税,反而存在加剧征纳紧张关系的空间。加分制则给纳税人产生正向的心理激励,[①]应实现加分制与扣分制的结合,并同步告知纳税人评级过程,直观展示纳税信用评价分数变化,发挥纳税信用共治的功能,使纳税人处于自治与他治相结合的环境中,体现纳税信用治理的服务理念。

三、纳税信用信息披露公示制度:基本原则与制度完善

(一)基本原则

原则1:分级披露公示原则

市场经济是信任经济,为推动市场主体间的普遍信任,市场主体信息外溢已是普遍现象,极端的信息保护思维反而会破坏市场经济运行秩序。由此,纳税人的纳税信用信息可以在"知情—同意"的民法框架下或其他法定条件下分别应用到市场交易和公共治理场景中。但纳税信用信息的共享公开存在诸多难点。首先,纳税人身份差异导致纳税信用信息用途截然不同。第一,从事生产经营的纳税人信息的外溢程度高于个人纳税人信息公开程度。从事生产经营的纳税人多是企事业单位,根据企业社会责任理论,企事业单位信息披露详尽程度应与企业规模成正比。如,根据《中小企业划型标准规定》划定的标准要素,企业规模通常以资产规模、营收比例、单位人员等核心指标为判定标准。另如,《企业信息公示暂行条例》规定企业的投资情况、资本构成等财务信息为必须公示项。[②] 企事业单位公示企业信息的要求也因企业属性差异存在不同。因此,大型企业信息披露的详尽程度要高于中小型企业。但企业所有权人、高管等人员信息也属于强制披露的范围,法律并未区分企业规模差异。企业的纳税信用信息属于企业信息组成部分,出于保证国家财政安全、市场交易安全和利害关系人安全的考量,大型企业纳税信用信息公示标准要高于中小型企业。除了税收黑名单制度外,

---

① 高娟、王鹏、王晓田等:《得失情境下他人参照点及心理距离对自我—他人利益权衡的影响》,载《心理学报》2020 年第 5 期。

② 冯果:《企业社会责任信息披露制度法律化路径探析》,载《社会科学研究》2020年第 1 期。

大型企业的纳税信用信息公示应以完整、系统、正规等标准为基础,建立完整的公示规则。而中小企业的纳税信用信息公示应根据最小成本、最低必要的标准进行公示。因此,对纳税人信用信息披露的制度选择要实现差异化的构造。第二,对于个人纳税信用信息的公示,涉及个人纳税人的信息保护、隐私保护等问题。但在实践中,各国税务机关及工作人员侵犯纳税人隐私权、信息权的现象时有发生。例如,在陈某某、张某某等侵犯公民个人信息罪案中,被告人陈某某为宣传公司业务,需要大量企业人员的联系方式,便向被告人西安市高新区税务局高新路税务所税务专管员张某某提出拷贝其管理的企业人员信息的要求。2020 年 6 月 17 日,张某某通过自己管理的账号登录税务内网金税三期平台,导出税务机关管理的大量企业人员信息形成数据文件。法院认为被告人张某某违反国家有关规定,将在履行职责过程中获得的公民个人信息提供给他人,情节严重,其行为均已构成侵犯公民个人信息罪。[①] 另如,税务机关违反法律规定变更纳税人信息用途。在马某与国家税务总局周口市税务局第二稽查局税务行政管理(税务)纠纷案中,国家税务总局周口市税务局第二稽查局下达的商水地税稽罚(2016)1 号税务行政处罚决定依据由商水县地税局城关分局税源普查表两份产生争议。[②] 根据国家税务总局相关文件显示,税源普查表的功能是为税收征管提供宏观信息来源。[③] 但在该案中,周口市税务局第二稽查局将税源普查表作为处罚决定的证据显然改变了税源普查表的法定功能,侵犯了纳税人的信赖利益。

原则 2:提供基础信息的原则

社会各界普遍要求扩大市场主体纳税信用信息公示的范围,并且有一种多多益善的倾向。但纳税信用信息的公开要平衡纳税人隐私保护和国家、社会利益的需要,因此,应对公众公开纳税信用的基础评价信息,而对纳税人的利益关系方则应配合其他社会信用信息公开途径进行查询。可见,在纳税信

[①] 《陈某某、张某某等侵犯公民个人信息罪刑事二审刑事裁定书》,(2021)陕 01 刑终 226 号。

[②] 《马某与国家税务总局周口市税务局第二稽查局税务行政管理(税务)一审行政判决书》,(2019)豫 1681 行初 38 号。

[③] 《国家税务总局关于进一步加强资源税管理工作的通知》,国税发〔2007〕77 号;《关于贯彻落实国务院关于修改〈中华人民共和国城镇土地使用税暂行条例〉决定的通知》,财税〔2007〕9 号。

用信息的应用上,税务机关应当秉持"必要"公开的基本立场,遵循"谨慎介入、禁止侵害"的原则,为市场主体的信息交换需求提供不同的传递渠道,便于信用评级机构、金融机构等市场主体对纳税人的纳税信用信息进行市场化应用,为市场、社会提供可靠优质的信用评级服务。

从平衡交易安全和交易效率的角度出发,目前企业纳税人的纳税信用评价范围和内容还有较大的局限。一是 A、D 级纳税人范围较窄,B、M、C 级纳税人的信用等级评价未公示,使上述三类纳税人与 A、D 级纳税人的市场信息公示地位不平等,不利于展开公平计征。二是纳税信用信息公示内容较少,仅有纳税人名称、识别号两类形式性内容。应当进一步考虑细化公布在动态调整期间纳税人的纳税信用评价指标的扣分项、加分项的行为清单,以便直观地向社会展示其诚信纳税激励、失信逃税惩戒的事实。

(二)完善多元化的纳税信用信息公示服务机制

"40 号公告"建立了差别待遇的纳税信用信息公示制度。对 A 级纳税人、D 级纳税人及其直接责任人员信息主动公开,对 B、M、C 级纳税人适时公开,但这一差别待遇公示制度显然存在一定的缺陷。税务机关会在每年定期公布A、D 级纳税的纳税信用等级,其余纳税人不予公开。对纳税人而言,A、D 级纳税人获知自己纳税信用等级信息渠道需要通过被动推送、告知或主动向税务机关查询。而 B、M、C 级纳税人只能主动向税务机关查询。但税务机关在告知纳税人信用等级过程中发现,大量纳税人不会主动查询自己的纳税信用等级,直到其在办税过程中因纳税信用等级过低遇到阻碍,或被行政处罚时才会主动查询自己的信息。此时,纳税信用信息公示机制显然被空置于法律文本中,没有发挥其实际功能。值得注意的是,从纳税人知情权保障角度来看,"40 号公告"的纳税信用信息的差异化公示制度为 A、D 级纳税人创设了完整的知情权行使渠道,但对 B、M、C 级纳税人的差别待遇则损害了他们的知情权。而就税务机关的角度而言,没有完整的纳税人信用评价结果不仅影响其本部门的正常工作流程,也会缩减税务机关与其他政府部门进行信息交换的渠道,导致各个政府从本单位利益出发,最终的信用信息共享机制悬空。在现实中,市场主体的纳税信用信息应当被视为一个信息整体,对其信息公示不能仅反映一个侧面,而通过网络公示机制展现的信息非常有限,通常仅能获知纳税人的纳税信用等级的基本信息。纳税信用信息公示与查询作为一种政府公共服务,也需要遵循"受益理论"的公共服务理念,方才能够建立起可持续发展的纳税信用信息服务机制。

　　纳税信用信息公示基本模式应在网络公开、数据库实名查询的基础上再增加信息关联推送。具体设想是,将纳税信用信息看作整体进行分类公示。第一,除维持现行网络公示信息模式外,增加纳税人失信行为信息,同时公示规模较大企业的基础信息。第二,对于不适宜公示的纳税信用信息,应以金税工程数据库为基础设置实名查询模式。除允许与纳税人失信行为相关利益关系方查询外,可借鉴日本纳税信用公示的会员制模式,还可允许市场化的信用评级机构对数据库进行细分为个人利益、企业利益和公共利益等具体情形进行有偿评级查询。第三,增加信息关联推送渠道。目前,《涉税信息查询管理办法》对获取所需涉税信息的查询渠道、范围限制过严。欧盟《一般数据保护条例》规定在某些情形下应该优先保护信息的正当利益,体现出欧盟调节各方信息权益时的权衡和取舍。[1] 当前在纳税信用信息知情权的权利义务结构安排中存在错配,税务机关的告知义务在内容安排上缺乏精准告知的义务事项。尤其是在互联网时代,主动推送纳税人的纳税信用信息的边际成本极低,因此,在税务机关、纳税人、利益关联方、其他公共部门之间妥善安排信息告知的权利义务机构,量化税务机关、纳税人、利益关联方、其他公共部门的利益诉求,[2]解决各方的信息需求冲突,切实扩大信息获取渠道,合理放宽信息查询范围,是下一阶段纳税信用信息公示制度的发展趋势。

四、纳税失信黑名单制度:法律边界与监督机制

　　"31 号公告""54 号公告"等纳税失信黑名单管理规范本质上是税务行政机关对失信纳税人采取的一种监管、督促手段。然而现行纳税失信黑名单性质不明、黑名单信息全面公开合法性与正当性不足等问题逐渐凸显,随着黑名单制度的实施力度的加大,税收征管权力的扩张极有可能对失信纳税人权利造成过度侵害。[3] 因此,在加快推进法治政府建设时代背景下法律属性的界

---

　　① 商希雪:《超越私权属性的个人信息共享——基于〈欧盟一般数据保护条例〉正当利益条款的分析》,载《法商研究》2020 年第 2 期。

　　② 黄春林:《网络与数据法律事务》,人民法院出版社 2019 年版,第 34 页。

　　③ 刘珊:《纳税失信黑名单制度的理论探析及其优化路径》,载《税收经济研究》2020年第 6 期。

定与明确是不可回避的前置性问题。① 关于纳税失信黑名单制度的法律属性,可分别关注"行政处罚说"、"违法事实说"和"类型化说"。② 纳税失信黑名单制度本身具有侵益属性,会对纳税人行为构成一定的拘束,为了保护被限权主体的利益、防止滥用行政黑名单,有必要构建行政黑名单滥用的救济机制。③

(一)确立纳税失信黑名单制度法治依据

确立纳税失信黑名单制度法律依据是将其纳入法治化范围的根本措施。现行《税收征管法》没有"信用"二字的表述,只在实施细则第 49 条中出现了"信誉"的表述,"40 号公告"出现的"规范纳税信用管理"才有了较为规范的表述。从《税收征管法》无"信用"到实施细则的"有信誉",再到"40 号公告"的"信用"表述,显然不符合严谨的法律逻辑关系。基层税务机关在执行纳税信用管理规范时,偏重于对纳税信用等级最高的 A 级纳税人进行管理。为此,应在《税收征管法》纳税信用管理部分增设税务机关纳税失信黑名单的管理权限与范围。根据"31 号公告""54 号公告"纳税失信黑名单的公布范围,要求对于达到一定涉案金额的偷税、逃税、骗税、抗税、虚开增值税专用发票、虚开普通发票等直接判定为 D 级纳税人的失信信息予以公布。公布的信息包括纳税人的名称(姓名)、组织机构代码(身份证号码)、主要违法事实、相关法律依据、行政处理及处罚情况、实施检查单位等。因此,纳税失信黑名单公布范围不得超过必要限度,若超过一定限度对纳税失信人的失信行为形成二次处罚,则过度侵犯纳税人应有的合法权益。应考虑从量的层面考量,体现对行政"累犯"的特别规制;从质的层面考量,体现对行政法治底线的坚守。首先,应严格

---

① 范伟:《行政黑名单制度的法律属性及其控制——基于行政过程论视角的分析》,载《政治与法律》2018 年第 9 期。

② 胡建森:《"黑名单"管理制度——行政机关实施"黑名单"是一种行政处罚》,载《人民法治》2017 年第 5 期;林沈节:《食品安全重点监管名单的法律性质厘足——基于 14 个 4 级地方规范性文件的分析》,载《河南财经政法大学学报》2016 年第 6 期;章志远:《作为行政强制执行手段的违法事实公布》,载《法学家》2012 年第 1 期;施立栋:《论行政机关公布违法事实行为的法律性质》,载姜明安主编:《行政法论丛》(2014 年第 17 卷),法律出版社 2014 年版,第 157~173 页;张佳芊:《经济法语境下黑名单制度滥用的法律规制——基于案例的整理与研究》,载《中南大学学报(社会科学版)》2016 年第 4 期。

③ 王丽娜:《行政黑名单救济机制的困境与破解》,载《河南师范大学学报(哲学社会科学版)》2019 年第 2 期。

划定黑名单信息公开的范围,避免与纳税人的隐私权、信息权等基本权利发生冲突。其次,应当明确规定个人信息中涉及个人隐私的部分不得公开,纳税信息中涉及商业秘密的部分不得公开,相关违法信息及关联信息可以公开。在失信纳税人被纳入纳税失信黑名单之前,应当增设一个纳税信用风险预警机制,明确告知纳税人进入纳税失信黑名单后可能面对的风险。从真诚为纳税人合法利益考虑的角度出发,督促纳税人依法履行纳税义务,防范纳税失信黑名单风险,降低税收失信成本。[①]

(二)纳税失信黑名单制度的程序控制

纳税失信黑名单制度的效力发挥必须依赖于程序规范,通过规范程序联结纳税信用评价和失信惩戒,实现纳税失信黑名单制度的纽带作用。纳税失信黑名单制度是以一定程序安排将三种阶段性行为(拟列入行为、列入行为、公布行为)连结为一体的复合型行政活动方式。[②] 因此其程序规范既要从整体视角把握纳税人权利与税务机关行政权的关系,也要在各程序环节控制税务机关的程序规范和纳税人权利保护控制。具体而言,其一,拟列入行为的预先警告机制,包括风险告知、权利告知与纳税人申辩三个部分。在风险告知部分应充分说明纳税人的违法事实与失信黑名单列入关系,以及列入黑名单所面临的惩戒风险;权力告知部分应充分告知纳税人的知情权、申辩权等程序性权利保障;纳税人申辩部分应充分听取纳税人的申辩意见并回复纳税人是否采纳意见的决定与理由。若纳税失信人申辩理由充分,其书面承诺在规定期限内作出补救措施及不再犯等内容,经税务机关认可的列入观察名单。其二,列入行为的决定通知纳税失信人,包括告知列入黑名单决定以及其救济权利。列入黑名单决定内容应根据"54号公告"第6条的规定包括纳税人的基本信息、案件基本事实、接受惩戒的类型等事关纳税失信人核心利益的内容。其三,公布行为的中止性程序。鉴于纳税失信黑名单公布范围的广泛性,倘若行

---

① 徐晓明:《行政黑名单制度:性质定位、缺陷反思与法律规制》,载《浙江学刊》2018年第6期。

② 范伟:《行政黑名单制度的法律属性及其控制——基于行政过程论视角的分析》,载《政治与法律》2018年第9期。

政机关因纳税信用评级不实、行政违法事实认定错误①而将在法律上不应被非难的纳税人列入黑名单,将给无辜纳税人造成不可挽回的声誉减损与经济损失。因此,在公布行为过程中纳税人有随时申请撤销权,经税务机关认可的,可暂列黑名单外,待税务机关核实后再行最终决定。

(三)纳税失信黑名单公布后的监督救济机制

若经过前述程序后,税务机关仍决定将纳税失信人列入失信黑名单的,纳税失信人将最终面临黑名单公示的声誉罚和失信联合惩戒的制裁罚时,应当拥有相应的救济权利,而这也是纳税失信黑名单制度的法治不足的表现之一。由于纳税失信黑名单公布按照行政救济理论,纳税失信黑名单制度的结果救济机制应有内部机制与外部机制相结合。在纳税失信黑名单法定性质不明的情况下,存在两种不同诉由的救济机制。一是当面向纳税失信人公布黑名单的,纳税人认为公布程序侵犯其合法权益的,根据从公布行为的形式外观看,其属于政府信息公开范畴。可根据《政府信息公开条例》第 33 条②、《最高人民法院关于审理政府信息公开行政案件若干问题的规定》第 1 条的规定,获得行政诉讼救济权,但这并不足以使纳税人获得足够的救济。二是面向社会公众的公布行为,学理上其性质属于行政事实行为,应当排除在司法审查范围之外。但应注意由于纳税失信黑名单公布后可能牵扯到与纳税失信人有利益关系的相关方,因此,应当提供行政体系外部的监督机制,以便相关人员通过参

---

① 《国家税务总局关于发布〈重大税收违法失信案件信息公布办法〉的公告》(国家税务总局公告 2018 年第 54 号)第 6 条:"符合本办法第 5 条规定的重大税收违法失信案件,税务局稽查局依法作出《税务处理决定书》或者《税务行政处罚决定书》的,当事人在法定期间内没有申请行政复议或者提起行政诉讼,或者经行政复议或者法院裁判对此案件最终确定效力后,按本办法处理;未作出《税务处理决定书》、《税务行政处罚决定书》的走逃(失联)案件,经税务机关查证处理,进行公告 30 日后,按本办法处理。"

② 《中华人民共和国政府信息公开条例》第 33 条公民、法人或者其他组织认为行政机关不依法履行政府信息公开义务的,可以向上级行政机关、监察机关或者政府信息公开工作主管部门举报。收到举报的机关应当予以调查处理。公民、法人或者其他组织认为行政机关在政府信息公开工作中的具体行政行为侵犯其合法权益的,可以依法申请行政复议或者提起行政诉讼。

与和监督成为重要的制约行政权力的力量。①

五、纳税信用修复制度:主体资格与程序完善

纳税信用修复制度允许失信纳税人在满足一定条件后恢复正常纳税信用,契合纳税人权利保护、税收效率提升、征纳秩序优化的法益目标。② "37号公告"③"31 号公告"④等有关纳税信用评价与修复的规范性文件设定了纳税信用修复制度,从修复主体资格、修复范围、修复条件、修复方式、修复程序、修复程度进行了规定。由于理念、制度等多重因素的影响,在实践运用中出现了诸如"修复即洗白""修复即缴纳罚款""修复即走流程"等现象,在一定程度上使得"信用修复"化约成了"修改信用数据"。⑤

信用修复对象的主体资格作为失信主体进入信用修复制度的准入条件之

---

① 相关人是除了相对人之外的公民、法人或其他组织。行政行为直接指向的是行政相对人,而行政相关人是行政行为的作用所辐射的对象,尽管都有权利义务关系,但行政相关人不是行政行为所设置的权利义务的直接承受者。行政相关人参与行政法律关系,同时也加大了对行政行为的监督力度。在涉及行政相关人的行政行为中,行政相关人即享有一定的权利,如听证的权利、提起诉讼的权利等,行政主体便由此也负有一定的义务,行政相关人与行政主体之间构成法律上制约与监督机制。行政主体除受相对人、法定监督机关监督外,还要受到行政相关人通过行使实体尤其是程序性权利的监督与制约,从而构成一种多重制约监督机制。行政相关人对行政主体的制约尤其具有实践意义,如在行政许可、确权等行政行为中,常有强势之相对人,与行政机关串通损害相关人权益甚至是公共利益,如果没有行政相关人的制约,损害相关人利益的行为势必会长驱直入,而违法行政也将畅通无阻。在只有行政相对人与行政机关两方的情况下,从权力制约原理上看,这种制约不彻底,出现双方妥协、串通甚至勾结的概率大。这时必须有第三方的"场内监督",才有可能形成有效的制约监督机制。肖金明、张宇飞:《关于行政相关人问题》,载《政治与法律》2005 年第 6 期。

② 胡元聪、闫晴:《纳税信用修复制度的理论解析与优化路径》,载《现代法学》2018年第 1 期。

③ 《国家税务总局关于纳税信用修复有关事项的公告》国家税务总局公告 2019 年第37 号。

④ 《国家税务总局关于纳税信用评价与修复有关事项的公告》国家税务总局公告2021 年第 31 号。

⑤ 卢护锋:《信用修复的实践误区及其立法应对》,载《广东社会科学》2020 年第6 期。

一，按照"惩罚与教育"相结合的原则，[1]决定着哪些主体有机会进行自我信用修复。"37 号公告""31 号公告"确定的失信纳税人修复对象的主体资格条件的扩大[2]，表明纳税信用修复制度的目的是给予纳税失信人恢复合格信用主体资格，激励其遵从法纪，因此相关资格条件的设定与纳税失信人的核心利益尤其相关。在激励失信纳税人回复纳税信用的同时，为防止纳税信用修复制度与税收黑名单制度发生效力对冲，从而减损纳税失信治理效果，应在惩戒制度与修复制度之间建立衔接机制，使纳税人修复成本最小化与失信成本最大化，以保障对国家财政秩序、市场信用秩序与社会公众利益的威胁被有效清除。因此，纳税失信人应对各类纳税失信行为进行补救，包括补充申报信息、规范账簿会计资料、补缴税款、滞纳金与罚款等。但上述行为仅是惩戒制度的组成部分，要进一步修复自身纳税信用，应根据国务院办公厅《关于加快推进社会信用体系建设构建以信用为基础的新型监管机制的指导意见》，设置相关纳税信用承诺、完成信用整改、通过信用核查、接受专题培训、提交信用报告、参加公益慈善、纳税信用修复观察期等制度内容，让纳税失信人深刻认识到信用的宝贵性和失信的严重性，同时这也是对社会公共利益的一种补偿。此外，一些特殊类型的纳税人的纳税信用修复也应受到重视，例如破产企业的纳税信用修复问题。重整制度的本质是保留原债务企业外壳下所实施的各类经济

---

① 王伟：《信用监管的制度逻辑与运行机理——以国家治理现代化为视角》，载《科学社会主义》2021 年第 1 期。

② a.纳税人发生未按法定期限办理纳税申报、税款缴纳、资料备案等事项且已补办的。b.未按税务机关处理结论缴纳或者足额缴纳税款、滞纳金和罚款，未构成犯罪，纳税信用级别被直接判为 D 级的纳税人，在税务机关处理结论明确的期限期满后 60 日内足额缴纳、补缴的。c.纳税人履行相应法律义务并由税务机关依法解除非正常户状态的。d.破产企业或其管理人在重整或和解程序中，已依法缴纳税款、滞纳金、罚款，并纠正相关纳税信用失信行为的。e.因确定为重大税收违法失信主体，纳税信用直接判为 D 级的纳税人，失信主体信息已按照国家税务总局相关规定不予公布或停止公布，申请前连续 12 个月没有新增纳税信用失信行为记录的。f.由纳税信用 D 级纳税人的直接责任人员注册登记或者负责经营，纳税信用关联评价为 D 级的纳税人，申请前连续 6 个月没有新增纳税信用失信行为记录的。g.因其他失信行为纳税信用直接判为 D 级的纳税人，已纠正纳税信用失信行为、履行税收法律责任，申请前连续 12 个月没有新增纳税信用失信行为记录的。h.因上一年度纳税信用直接判为 D 级，本年度纳税信用保留为 D 级的纳税人，已纠正纳税信用失信行为、履行税收法律责任或失信主体信息已按照国家税务总局相关规定不予公布或停止公布，申请前连续 12 个月没有新增纳税信用失信行为记录的。

资源的重组。换言之,除了企业资格保持一致以外,重整企业的本质已经发生了变化,其内部构成要素已经如同新设企业。① 因此,纳税信用作为企业内部构成要素的对外展示,也应根据重整制度进行信用重整。

纳税信用修复承诺是由纳税失信人对其纳税失信事实进行纠错的真实性、客观性进行自我承诺,并接受公开监督的制度。纳税信用修复承诺是其他纳税信用修复程序的起始制度,只有作出纳税信用修复承诺的纳税人才能开展进一步诸如培训、考核等纳税信用修复行为,并且为保证纳税信用修复承诺能切实兑现,应根据纳税失信人的不同失信行为分类安排培训知识和考核时限。例如,对扣分为 11 分或直接判定为 D 级纳税信用等级的骗税、偷税、逃税、虚开增值税发票等严重税收失信行为的培训不仅对培训时限、考核方式有严格要求,还要注重对相关直接负责人的培训、整改,督促其在生产经营过程中建立守法与守信之间的紧密联系意识。若纳税失信人经考核通过之后,税务机关应当为纳税失信人出具培训证书和信用报告作为其向税务机关申请信息修复的材料。但纳税信用修复培训仍然以税务机关为主导,相应的培训模式以讲座、知识考核等被动模式为主,纳税信用修复效果仍值得进一步观察。为激活第三方社会信用服务机构参与纳税信用修复的活力,可以在国家公共信用信息中心框架下,由有资质的第三方社会信用服务机构参与纳税信用修复的咨询服务、培训活动、认证活动,从而提高纳税信用修复的效率。② 除此以外,应针对性安排不同纳税失信人参与增强其诚信纳税意识的公益活动。如组织 B 级、M 级轻微纳税失信人进行税法普及的网络宣传;安排 C 级、D 级失信主体对税务机关的工作人员赔礼道歉、安排义务劳动以及组织慈善募捐等活动消除其不良社会影响。这样通过差异化的修复方式避免惩戒威力的弱化。③ 在纳税失信人完成纳税信用修复行为后,税务机关应按照不同等级对

① 张世君、高雅丽:《论我国破产重整企业纳税信用修复制度之构建》,载《税务研究》2020 年第 4 期。

② 国家公共信用信息中心根据《关于进一步完善"信用中国"网站及地方信用门户网站行政处罚信息信用修复机制的通知》,发布第一批可承担信用修复专题培训任务的 13 家信用服务机构名单和第一批可为信用修复申请人出具信用报告的 62 家信用服务机构名单。《关于发布可承担信用修复专题培训任务的信用服务机构名单(第一批)的公告》,http://www.gov.cn/fuwu/2019-07/03/content_5405512.htm,下载日期:2022 年 1 月 5 日。

③ 张俊慈:《信用监管视域下纳税信用修复的功能优势及制度建构》,载《征信》2020 年第 4 期。

纳税人进行纳税信用修复观察期管理,要对轻微纳税失信人设置最短观察期,对严重纳税失信人设置最长观察期。在最短公示期之内不允许其从黑名单中删除,并对其按照不同等级纳税人标准进行严格管理。如果纳税失信人通过观察考核后,税务机关对其信用记录采用标注的方式进行信用修复,其提供纳税信用修复信息的认定、登记、传递等环节在不同纳税信用部门的快捷、便利通知服务,及时实现纳税信用修复信息在各类信用信息平台与使用主体的更新,达到纳税信用的联合修复的目的。信用修复要体现法律的仪式感。失信者应在信用中国网站公开作出信用修复宣誓,并在誓词中如实报告信用整改情况等相关信息。[①] 此外,也应根据特殊类型纳税人的纳税信用修复制定针对性制度,如最具潜力、最适合重整企业的信用修复方式当属信用承诺。[②]

　　在完善纳税信用修复的实体制度的同时,也要规范信用修复的程序条件,包括纳税信用修复的异议申请机制与监督机制。纳税失信修复的异议申请有助于税务机关完善纳税信用评价结果,缓解税务机关与纳税人之间的意见冲突,因此,应向纳税人提供多元化的异议申请通道,并对申请主体、申请对象、申请方式、申请时限方面的制度进行设置。税务机关应提供网络化与便捷化相结合的异议受理渠道,在各级税务网站设立纳税信用修复异议申请模块,在税务大厅设立接收异议申请受理窗口。同时,具有税务机关可授权给资信良好的信用修复机构向纳税失信人提供纳税信用修复异议申请服务,帮助纳税失信人审核其异议申请的有效性,减少税务机关接受无效申请的比率,提升修复效率。完备的纳税信用修复监督机制能够防止纳税信用修复的异化,保障纳税人的合法权利。在现行的联合惩戒和信用修复机制下实行"谁产生、谁提供、谁负责"的原则,纳税修复的主体为各级税务机关,单一的修复机关可能存在不作为或者乱作为的情况。同时,因失信联合惩戒是由多方行政机关共同实施的,所以对纳税失信人进行信用修复时,其他行政机关也应加强对税务机关系统的内部监督。税务体制改革后,税务机关在税收征管、纳税服务、信息

---

　　① 刘俊海:《信用责任:正在生长中的第四大法律责任》,载《法学论坛》2019 年第 6 期。

　　② 作出信用承诺无须重整企业花费大量的资金和时间成本,只需重整企业在相应领域作出承诺即可成立,而政府和银行可以在作出信用承诺后对重整企业进行监督,若重整企业违反信用承诺的内容,政府和银行可以此作为施加新的信用惩戒的依据,保持了信用惩戒对重整企业的威慑力。闫海、王天依:《论重整企业信用修复的特征、机制与方式》,载《征信》2021 年第 1 期。

共享等工作上形成更加规范、统一的管理,进一步提升了税务机关内部监督的效率,便于上级主管机关进行工作督查。税务机关作出信用修复决定后,应当及时将信用修复决定书报告至上级税务部门,由上级税务部门进行监督。同时,还应建立跟踪反馈机制,对修复后的纳税人进行监督,检查修复完成的案件是否存在税务机关失职及修复对象是否出现"再犯"的情形。建议规定对在1年之内再次失信者,不允许其再次修复,而是按照最长公示期进行公示。最后,应强化纪检监察部门的监督。纪检监察部门将税务机关进行纳税信用修复的情况纳入执纪、监察的范围之内,定期和不定期对税务机关的修复情况进行检查,对违法违纪行为抓早抓小。此外,外部监督也不能缺位,应扩大税务机关对信用修复工作的公开范围和程度,加强新闻媒体和社会公众的监督力度。

参考文献

一、古籍类

1.《荀子·君道》第十二篇《君道篇》。

2.《商君书》。

3.《管子》第三章《权修》。

4.《论语·宪问》。

5.《论语·公冶长》。

6.《礼记·大学》。

7.《论语·子路》。

8.《孟子·离娄上》。

9.《朱子语类》卷三十七《论十九》。

10.《史记·平准书第八》。

11.《史记·平准书第八》。

12.《新唐书·李峤传》。

13.《四库全书·唐会要》卷八十五。

14.《庆元条法事类》卷四十七。

15.《宋会要辑稿·食货》。

16.《宋史》卷一百三十九。

17.《庆元条法事类》卷十五。

18.《太宗永乐实录》卷一二五。

二、著作类

1.国家税务总局稽查局编:《中国税务稽查年鉴(2016)》,中国税务出版社2017年版。

2.陈新:《纳税信用体系研究》,人民出版社2008年版。

3.蔡昌:《税收信用论:基于产权与税收契约视角》,清华大学出版社 2014 年版。

4.黄春林:《网络与数据法律事务》,人民法院出版社 2019 年版。

5.零壹财经·零壹智库:《金融基石:全球征信行业前沿》,电子工业出版社 2018 年版。

6.陈少英:《税收债法制度专题研究》,北京大学出版社 2013 年版。

7.《税收征管改革探索与实践》编写组:《税收征管改革探索与实践》,中国税务出版社 2012 年版。

8.苏志伟、李小琳:《实际主要国家和地区征信体系发展模式与实践——对中国征信体系建设的反思》,经济科学出版社 2014 年版。

9.孙志伟:《国际信用体系比较》,中国金融出版社 2014 年版。

10.贺燕:《实质课税原则的法理分析与立法研究——实质正义与税权横向配置》,中国政法大学出版社 2015 年版。

11.何柏生:《法律文化的数学解释》,商务印书馆 2018 年版。

12.刘初旺、沈玉平:《税收征管执法风险与监管研究》,经济管理出版社 2013 年版。

三、译著类

1.[美]腾尼·弗兰克:《罗马帝国主义》,宫秀华译,上海三联书店 2008 年版。

2.[美]理查德·A.爱波斯坦:《简约法律的力量》,刘星译,中国政法大学出版社 2008 年版。

3.[澳]彼得·哈里斯:《公司税法结构、政策与实践》,张泽平、赵文祥译,北京大学出版社 2020 年版。

4.[德]迪特尔·比尔克:《德国税法教科书(第十三版)》,徐妍译,北京大学出版社 2018 年版。

5.[日]神野直彦:《财政学——财政现象的实体化分析》,彭曦、顾长江、韩秋燕等译,南京大学出版社 2012 年版。

6.[美]B.盖伊·彼得斯:《税收政治学》,郭为桂、黄宁莺译,江苏人民出版社 2008 年版。

7.[日]神野直彦:《体制改革的政治经济学》,王美平译,社会科学文献出版社 2013 年版。

8.[美]黛博拉·布罗蒂加姆、奥德-黑尔格·菲耶尔斯塔德、米克·摩尔主编:《发展中国家的税收与国家构建》,卢军坪、毛道根译,上海财经大学出版社 2016 年版。

9.[英]维克托·迈尔-舍恩伯格、肯尼思·库克耶:《大数据时代:生活、工作与思维的大变革》,周涛译,浙江人民出版社 2012 年版。

10.[美]布鲁斯·宾伯:《信息与美国民主:技术在政治权力演化中的作用》,刘钢等译,科学出版社 2011 年版。

11.[英]彼得·斯坦、约翰·香德:《西方社会的法律价值》,王献平译,中国法制出版社 2004 年版。

四、论文类

1.卢代富、刘云亮:《诚实信用原则的经济法解读》,载《政法论丛》2017 年第 10 期。

2.蔡昌:《论税收契约的源流嬗变:类型、效力及实施机制》,载《税务研究》2012 年第 6 期。

3.闫坤、马蔡琛:《我国公共财政体系演进轨迹与总体方略》,载《改革》2013 年第 10 期。

4.李颖:《我国企业失信行为的文化根源探析》,载《西安财经学院学报》2004 年第 5 期。

5.涂永珍:《从"人伦"到"契约":中西方信用文化的比较分析及法律调整》,载《河南大学学报(社会科学版)》2004 年第 2 期。

6.杨君武:《诚信的三个限度》,载《伦理学研究》2005 年第 10 期。

7.高跃、冀云阳、吴莉昀:《企业纳税信用影响因素研究——基于征纳双方特征的实证分析》,载《税务研究》2019 年第 8 期。

8.范可:《人类学与人地关系视野里的边疆》,载《云南社会科学》2020 年第 9 期。

9.徐伟学:《大数据语境下的涉税信息共享与信用规制》,载《学术界》2019 年第 12 期。

10.曾远:《税银互动多元目标机制的实证检视与路径优化》,载《金融理论与实践》2020 年第 5 期。

11.徐家良、薛美琴:《行业协会惩戒政府职能转移特征分析》,载《上海师范大学学报(哲学社会科学版)》2015 年第 5 期。

12.蔡佳红、杨佳骏:《集团企业:请留意成员企业纳税信用"短板"》,载《中国税务报》2021年12月1日第3版。

13.孙成军:《税收之债不履行的构成要件》,载《税务研究》2014年第4期。

14.柯林霞:《失信惩戒制度下失信行为的范围及限度》,载《河南社会科学》2021年第1期。

15.杨福忠:《诚信价值观法律化视野下社会信用立法研究》,载《首都师范大学学报(社会科学版)》2018年第5期。

16.徐国栋:《罗马的包税人——公务承包制、两合公司在古罗马》,载《吉林大学社会科学学报》2010年第6期。

17.徐国栋:《罗马法学家昆图斯·穆丘斯·谢沃拉与客观诚信和主观诚信的聚合》,载《暨南学报(哲学社会科学版)》2012年第9期。

18.李嘉莉、党志峰:《西方诚信观念:历史嬗变中的综合》,载《伦理学研究》2014年第7期。

19.何乐:《关于完善公司税收道德约束机制若干问题的思考》,载《国际税收》2020年第5期。

20.姚轩鸽、马岩:《税收道德的核心价值——国内税收伦理研究现状述评》,载《社会科学论坛》2019年第1期。

21.郭丽冰:《南宋经界法实施利弊之探讨》,载《黑龙江社会科学》2008年第2期。

22.戴昕:《理解社会信用体系建设的整体视角法治分散、德治集中与规制强化》,载《中外法学》2019年第1期。

23.王伟:《失信惩戒的类型化规制研究——兼论社会信用法的规则设计》,载《中州学刊》2019年第5期。

24.陈娟:《从法律视角看纳税信用管理》,载《国际税收》2020年第2期。

25.戴昕:《理解社会信用体系建设的整体视角法治分散、德治集中与规制强化》,载《中外法学》2019年第1期。

26.余泳泽、郭梦华、胡山:《社会失信环境与民营企业成长——来自城市失信人的经验证据》,载《中国工业经济》2020年第9期。

27.杨丹:《失信惩戒对象的程序权利研究》,载《河南社会科学》2020年第3期。

28.刘慧萍:《完善我国税收风险管理与纳税信用管理》,载《湖南税务高等专科学校学报》2019年第3期。

29.崔源潮、丛斌:《实行纳税信用等级制度的思考》,载《税务研究》2001年第3期。

30.李万甫、刘和祥、邓学飞:《应用区块链技术推动我国纳税缴费信用管理研究》,载《税务研究》2018年第12期。

31.张世君、高雅丽:《论我国破产重整企业纳税信用修复制度之构建》,载《税务研究》2020年第9期。

32.刘晗、叶开儒:《平台视角中的社会信用治理及其法律规制》,载《法学论坛》2020年第2期。

33.胡凌:《论地方立法中公共数据开放的法律性质》,载《地方立法研究》2019年第3期。

34.张涛:《自动化系统中算法偏见的法律规制》,载《大连理工大学学报(社会科学版)》2020年第4期。

35.喻少如、雷刚:《精准扶贫中个人信息的利用及其边界》,载《北京理工大学学报(社会科学版)》2022年第1期。

36.范志勇:《自然人债务清理咨询制度研究:域外经验与启示》,载《税务与经济》2020年第3期。

37.李嘉明、闫妍妍:《税收征管效率研究述评》,载《重庆大学学报(社会科学版)》2014年第2期。

38.刘冰:《国民税权的内涵界定及其引申》,载《改革》2009年第11期。

39.冯杰:《分税制下中国税权配置的进路选择》,载《税务研究》2018年第6期。

40.杨嵘均:《论网络空间治理体系与治理能力的现代性制度供给》,载《行政论坛》2019年第2期。

41.孟天广、李锋:《网络空间的政治互动:公民诉求与政府回应性——基于全国性网络问政平台的大数据分析》,载《清华大学学报(哲学社会科学版)》2015年第3期。

42.王刚:《论我国纳税信用治理的非正式制度变迁》,载《涉外税务》2005年第2期。

43.范瑗瑗:《我国纳税信用等级制度设计》,载《当代财经》2002年第10期。

44.张美中:《纳税信用理论研究》,载《中央财经大学学报》2003年第11期。

45.刘蓉、陈云燕:《转轨时期税收征纳行为的博弈模型与对策分析》,载《税务与经济》2005年第2期。

46.孙雪娇、翟淑萍、于苏:《柔性税收征管能否缓解企业融资约束——来自纳税信用评级披露自然实验的证据》,载《中国工业经济》2019年第3期。

47.李林木、于海峰、汪冲、付宇:《赏罚机制、税收遵从与企业绩效——基于纳税信用管理制度的研究》,载《经济研究》2020年第6期。

48.叶永卫、曾林、李佳轩:《纳税信用评级制度与企业创新——"赏善"比"罚恶"更有效?》,载《南方经济》2021年第5期。

49.吴宗法、张英丽:《所有权性质、融资约束与企业投资——基于投资现金流敏感性的经验证据》,载《经济与管理研究》2011年第5期。

50.蔡昌、李蓓蕾:《我国不同所有制企业实际税负比较研究》,载《南方经济》2017年第11期。

51.刘元春:《国有企业的"效率悖论"及其深层次的解释》,载《中国工业经济》2001年第7期。

52.刘元春:《国有企业宏观效率论——理论及其验证》,载《中国社会科学》2001年第5期。

53.郑琴琴、陆亚东:《"随波逐流"还是"战略选择":企业社会责任的响应机制研究》,载《南开管理评论》2018年第4期。

54.范子英、田彬彬:《税收竞争、税收执法与企业避税》,载《经济研究》2013年第9期。

55.高跃、冀云阳、吴莉昀:《企业纳税信用影响因素研究——基于征纳双方特征的实证分析》,载《税务研究》2019年第8期。

56.张一培:《税收违法"黑名单"制度的思考》,载《税务研究》2017年第1期。

57.王文华:《解决失信惩戒泛化问题需厘清制度边界》,载《人民论坛》2021年第2期。

58.沈岿:《社会信用惩戒的禁止不当联结》,载《暨南学报(社会科学版)》2021年第11期。

59.张勇:《论大数据背景下涉疫情个人信息的法律保护》,载《河南社会科学》2020年第2期。

60.曲崇明:《行政惩戒的法律属性与司法规制——以公共信用领域失信惩戒机制为例》,载《江西社会科学》2021年第3期。

61.罗培新：《遏制公权与保护私益：社会信用立法论略》，载《政法论坛》2018 年第 11 期。

62.王曙光、李晨希：《县域小微企业融资困境疏解方略——基于"政府—市场关系"视角》，载《长白学刊》2020 年第 2 期。

63.张斯琪：《金融科技视角下银行对民营企业的信贷支持及监管分析》，载《新金融》2019 年第 3 期。

64.黄庆华、段玲玲、周密、张校溱：《小微金融改革服务实体经济研究：银行例证》，载《宏观经济研究》2018 年第 7 期。

65.魏修建、姜博、吴刚：《企业纳税信用行为选择与政府税收治理杠杆》，载《西安交通大学学报(社会科学版)》2017 年第 6 期。

66.陈果、陈文裕：《协同治理视角下的银税互动》，载《税务研究》2017 年第 2 期。

67.高小平、杜洪涛：《我国税务系统绩效管理体系：发展、成效和特色》，载《中国行政管理》2016 年第 6 期。

68.李天德、武春桃：《大型商业银行支持小微企业的信贷风险研究》，载《湖南社会科学》2015 年第 6 期。

69.李晓安：《我国社会信用法律体系结构缺陷及演进路径》，载《法学》2012 年第 3 期。

70.杨龙见、吴斌珍、李世刚、彭凡嘉：《"以税增信"是否有助于小微企业贷款？——来自"银税互动"政策的证据》，载《经济研究》2021 年第 7 期。

71.李增福、骆展聪、杜玲、汤旭东：《"信息机制"还是"成本机制"？——大数据税收征管何以提高了企业盈余质量》，载《会计研究》2021 年第 7 期。

72.王丽娜：《行政黑名单移除制度的审视与完善》，载《中州学刊》2020 年第 3 期。

73.贾茵：《失信联合惩戒制度的法理分析与合宪性建议》，载《行政法学研究》2020 年第 3 期。

74.王秀哲：《大数据背景下社会信用体系建构中的政府角色重新定位》，载《财经法学》2021 年第 4 期。

75.卢护锋：《信用惩戒滥用的行政法规制——基于合法性与有效性耦合的考量》，载《北方法学》2021 年第 1 期。

76.门中敬：《失信联合惩戒的正当性拷问与理论解决方案》，载《法学杂志》2021 年第 6 期。

77.赵宏:《从信息公开到信息保护:公法上信息权保护研究的风向流转与核心问题》,载《比较法研究》2017年第2期。

78.王秀哲:《大数据背景下社会信用体系建构中的政府角色重新定位》,载《财经法学》2021年第4期。

79.漆亮亮、赖勤学:《共建共治共享的税收治理格局研究——以新时代的个人所得税改革与治理为例》,载《税务研究》2019年第4期。

80.孟融:《国家治理体系下社会信用体系建设的内在逻辑基调》,载《法制与社会发展》2020年第4期。

81.刘珊:《税收违法黑名单制度的理论探析及其优化路径》,载《税收经济研究》2020年第6期。

82.邓永勤:《税收共治的历史逻辑与实现路径》,载《税务研究》2016年第12期。

83.叶金育:《国税总局解释权的证成与运行保障》,载《法学家》2016年第4期。

84.彭錞:《失信联合惩戒制度的法治困境及出路——基于对41份中央级失信惩戒备忘录的分析》,载《法商研究》2021年第5期。

85.唐清利:《社会信用体系建设中的自律异化与合作治理》,载《中国法学》2012年第5期。

86.袁明圣:《我国税收行政立法权的合法性危机及其出路》,载《法商研究》2010年第1期。

87.滕祥志:《税法行政解释的中国实践与法律规制——开放税收司法的逻辑证成》,载《北方法学》2017年第6期。

88.陈翠玉:《政府诚信立法论纲》,载《法学评论》2018年第5期。

89.刘国乾:《法治政府建设:一种内部行政法的制度实践探索》,载《治理研究》2021年第3期。

90.曹阳、黎远松:《构建以纳税人为中心的税收法治理念及其实践路径》,载《税务研究》2021年第9期。

91.张峰、王睿:《政府管制与双元创新》,载《科学学研究》2016年第6期。

92.刘权:《论个人信息处理的合法、正当、必要原则》,载《法学家》2021年第5期。

93.龚文娟:《环境风险沟通中的公众参与和系统信任》,载《社会学研究》2016年第3期。

94.李艳霞:《何种信任与为何信任?——当代中国公众政治信任现状与来源的实证分析》,载《公共管理学报》2014年第2期。

95.曹阳:《大数据背景下的纳税人信息权及其构建研究》,载《法治研究》2020年第5期。

96.胡小红:《论反垄断法所创设的自由竞争权》,载《学术界》2005年第5期。

97.李建革、刘文宇:《基于法经济学视角的信用权》,载《东北师大学报(哲学社会科学版)》2016年第3期。

98.夏伟:《信用权保护规则的刑民一体化构造》,载《现代法学》2020年第4期。

99.李健男:《论信用权及其法律保护》,载《南方金融》2005年第6期。

100.李晓安:《论信用的法权性质与权利归属》,载《法学论坛》2020年第2期。

101.伍治良:《论信用评级不实之侵权责任——一种比较法视角》,载《法商研究》2014年第6期。

102.王瑞雪:《论行政评级及其法律控制》,载《法商研究》2018年第3期。

103.程前:《区块链技术模式下纳税信用体系建设法治化进路》,载《兰州学刊》2020年第11期。

104.刘剑文、侯卓:《现代财政制度的法学审思》,载《政法论丛》2014年第2期。

105.吴晓林:《社会治理社会化论纲——超越技术逻辑的政治发展战略》,载《行政论坛》2018年第6期。

106.梅帅:《社会治理视域下失信惩戒机制:治理意义、要素构造与完善方向》,载《征信》2020年第12期。

107.韩家平:《中国社会信用体系建设的特点与趋势分析》,载《中国信用》2018年第7期。

108.施正文:《税法总则立法的基本问题探讨——兼论〈税法典〉编纂》,载《税务研究》2021年第2期。

109.荆月新:《论社会信用立法》,载《山东师范大学学报(人文社会科学版)》2005年第5期。

110.刘凯:《法典化背景下的经济法统合性立法》,载《法学》2020年第7期。

183

111.叶明、石晗晗:《我国地方社会信用立法实证研究》,载《征信》2021年第2期。

112.刘欣琦、陈梅园:《失信联合惩戒合作备忘录的软法性质及其合法性控制》,载《广西社会科学》2020年第11期。

113.张守文:《经济法的立法统合:需要与可能》,载《现代法学》2016年第3期。

114.张洪松:《大数据时代社会信用立法的宏观思考》,载《人民论坛》2021年第1期。

115.王伟:《社会信用法论纲——基于立法专家建议稿的观察与思考》,载《中国法律评论》2021年第1期。

116.门中敬:《信誉及社会责任:社会信用的概念重构》,载《东方法学》2021年第2期。

117.唐晓鹰、孙振华、王树韧、陈忠:《纳税信用与社会信用体系的融合》,载《税务研究》2016年第10期。

118.何家凤、何少武:《大数据时代的纳税评估信息采集模式》,载《财经理论与实践》2014年第12期。

119.王艳梅:《企业信用信息传递机制构建中政府与市场的法律功能定位》,载《当代法学》2019年第5期。

120.吴韬:《企业信用信息公示,还需再细些》,载《人民论坛》2017年第13期。

121.马雷:《反思与借鉴:美国网络安全信息共享规制研究》,载《河海大学学报(哲学社会科学版)》2019年第5期。

122.雷刚、喻少如:《算法正当程序:算法决策程序对正当程序的冲击与回应》,载《电子政务》2021年第12期。

123.高娟、王鹏、王晓田等:《得失情境下他人参照点及心理距离对自我—他人利益权衡的影响》,载《心理学报》2020年第5期。

124.冯果:《企业社会责任信息披露制度法律化路径探析》,载《社会科学研究》2020年第1期。

125.商希雪:《超越私权属性的个人信息共享——基于〈欧盟一般数据保护条例〉正当利益条款的分析》,载《法商研究》2020年第2期。

126.刘珊:《纳税失信黑名单制度的理论探析及其优化路径》,载《税收经济研究》2020年第6期。

127.范伟:《行政黑名单制度的法律属性及其控制——基于行政过程论视角的分析》,载《政治与法律》2018年第9期。

128.胡建淼:《"黑名单"管理制度——行政机关买卖"黑名单"是一种行政处罚》,载《人民法治》2017年第5期。

129.林沈节:《食品安全重点监管名单的法律性质厘定——基于14个4级地方规范性文件的分析》,载《河南财经政法大学学报》2016年第6期。

130.章志远:《作为行政强制执行手段的违法事实公布》,载《法学家》2012年第1期。

131.施立栋:《论行政机关公布违法事实行为的法律性质》,载姜明安主编:《行政法论丛》(2014年第17卷)法律出版社2014年版。

132.张佳芋:《经济法语境下黑名单制度滥用的法律规制——基于案例的整理与研究》,载《中南大学学报(社会科学版)》2016年第4期。

133.王丽娜:《行政黑名单救济机制的困境与破解》,载《河南师范大学学报(哲学社会科学版)》2019年第2期。

134.徐晓明:《行政黑名单制度:性质定位、缺陷反思与法律规制》,载《浙江学刊》2018年第6期。

135.范伟:《行政黑名单制度的法律属性及其控制——基于行政过程论视角的分析》,载《政治与法律》2018年第9期。

136.肖金明、张宇飞:《关于行政相关人问题》,载《政治与法律》2005年第6期。

137.胡元聪、闫晴:《纳税信用修复制度的理论解析与优化路径》,载《现代法学》2018年第1期。

138.卢护锋:《信用修复的实践误区及其立法应对》,载《广东社会科学》2020年第6期。

139.王伟:《信用监管的制度逻辑与运行机理——以国家治理现代化为视角》,载《科学社会主义》2021年第1期。

140.张世君、高雅丽:《论我国破产重整企业纳税信用修复制度之构建》,载《税务研究》2020年第9期。

141.张俊慈:《信用监管视域下纳税信用修复的功能优势及制度建构》,载《征信》2020年第4期。

142.刘俊海:《信用责任:正在生长中的第四大法律责任》,载《法学论坛》2019年第6期。

143.闫海、王天依:《论重整企业信用修复的特征、机制与方式》,载《征信》2021年第1期。

五、外文文献

1. Hanić A,Ž unić E, Dž elihodžić A., Scoring Models of Bank Credit Policy Management, *Economic analysis*, 2013, Vol.46,No.1.

2. Louizi A., Kammoun R., Evaluation of corporate governance systems by credit rating agencies, *Journal of Management & Governance*, 2016, Vol.20, No.1.

3. Fracassi C, Petry S, Tate G., Does rating analyst subjectivity affect corporate debt pricing?, *Journal of Financial Economics*, 2016,Vol.120,No.3.

4. Kitamura Deanna, Deanne Loonin, Getting Credit Where Credit Is Due: Helping Welfare-to-Work Clients Address Credit-Reporting Issues, *Clearinghouse Rev*, 2000, Vol.34,No.3.

5. Amanda L. Fuchs, The Absurdity of the FTC's Interpretation of the Fair Credit Reporting Act's Application to Workplace Investigations: Why Courts Should Look Instead to the Legislative History, *NW. U. L. REV*, 2000, Vol. 96,No.2.

6. Hong-Barco, Phillip C., How the Fair Credit Reporting Act Fails to Protect: The Case of IRS Tax Liens on Consumer Credit Reports, *Pitt. Tax Rev.*, 2005,Vol.4,No.3.

7. Blank, Joshua D., "United States National Report on Tax Privacy." Tax Secrecy and Tax Transparency—The Relevance of Confidentiality in Tax Law (Peter Lang Gmb H-Internationaler Verlag der Wissenschaften, Frankfurt, Germany)(2013), Forthcoming, *NYU School of Law*, *Public Law Research Paper*, 2013,Vol.23, No.3.

8. Purpura, Andrea, Case Law Note: Protection of Taxpayers Personal Data and National Tax Interest: A Misstep by the European Court of Human Rights, *Intertax*, 2021, Vol.49,No.12.

9. Schaper, Marcel, Data protection rights and tax information Exchange in the European Union: an uneasy combination, *Maastricht Journal of European and Comparative Law*, 2016,Vol.23,No.3.

10. Houser Kimberly, Debra Sanders, The use of big data analytics by the IRS: What tax practitioners need to know, *Journal of Taxation*, 2018, Vol.128, No.2.

11. Wong Karen, Li Xan, Shields Dobson, We're just data: Exploring China's scial credit system in relation to digital platform ratings cultures in Westernised democracies. *Global Media and China*, 2019, Vol.4, No.2.

12. Bob Jonathan, Behavioral responses to taxes: fiscal implications of tax range changes, their perception and tax privacy, *Hannover: Gottfried Wilhelm Leibniz Universität Hannover*, 2013, Vol.26, No.3.

13. Liang Fan, Constructing a data—driven society: China's social credit system as a state surveillance infrastructure, *Policy & Internet*, 2018, Vol.10, No.4.

14. Kostka G., China's social credit systems and public opinion: Explaining high levels of approval, *New Media & Society*, 2019, Vol.7, No.21.

15. Mac Síthigh, Daithí, Mathias Siems, The Chinese social credit system: A model for other countries? *The Modern Law Review*, 2019, Vol.82, No.6.

16. Horsley, Jamie, Chinas Orwellian social credit score isnt real, *Foreign Policy*, 2018, Vol.82, No.6.

17. Neogradi S., Methodology of Credit Analysis Development, *Economic Analysis*, 2017, Vol.50, No.34.

18. Gimpel H., F. Schmied, "Risks and Side Effects of Digitlizion: A Multi-level Taxonmoy of Tth Adverse Effects of Using Digital Technologies and Media" 27th European Conference on Information Systems 2019.

19. 山下壽文:《シャウプ勧告と青色申告制度》,載《佐賀大学経済論集》2015 年第 1 期。

20. 首藤重幸:《青色申告制度の目的と沿革》,載《日秋・研論集》1992 年

21. 古田美保:《青色申告制度をめぐるタックス・インセンティヴ》,載《甲南経営研究》2003 年第 1 期。

22. 加藤恒二:《青色申告制度の課題——所得税を中心に》,載《税務大学校論叢》2003 年第 2 期。

23. 成宮哲也:《中小企業における青色申告制度の会計の実質と今後の方向性》,載《中小企業会計研究》2018 年第 4 期。

六、网络文献

1.国家税务总局办公厅:《关于〈国家税务总局关于发布《重大税收违法失信案件信息公布办法》的公告〉的解读》,http://www.chinatax.gov.cn/n810341/n810760/c3913933/content.html。

2.央视网,《明年起我国将实施纳税信用修复 19种纳税信用失信行为可修复》,http://news.cctv.com/2019/12/08/ARTI0eDTAthKqEv8tZHxEUUF191208.shtml。

3.中国税务网,《国家税务总局纳税服务司有关负责人就纳税信用修复公告答记者问》,https://baijiahao.baidu.com/s?id=1721349414480722127&wfr=spider&for=pc。

4.刘云刚:《全国税务行政诉讼案件为何如此之少?》,https://www.thepaper.cn/newsDetail_forward_2871434。

5.蔡岩红:《全国税务机关累计公布"黑名单"案30645件》,https://www.chinacourt.org/article/detail/2019/10/id/4599864.shtml。

6.湖北省随县人民政府门户网站,纳税信用留瑕疵"同门兄弟"受连带,http://www.hubei.gov.cn/zhuanti/2016zt/swhb/xwbb/gscz/201609/t20160920_898928.shtml。

7.《税务部门提醒:小心纳税信用"污点"影响企业市场信任度》,http://gqc.creditjj.gov.cn/zxzl/fxts/202103/t20210323_4804302.html。

8.《李克强主持召开国务院常务会议 确定完善失信约束制度健全社会信用体系的措施等》,http://www.gov.cn/premier/2020-11-26/content_5565216.htm。

9.新华社,《一季度我国"银税互动"贷款金额达1816.3亿元 同比增长22.3%》,http://www.gov.cn/xinwen/2020-04-23/content_5505275.htm。

10.人民网—江苏视窗,《江苏银行"税e融"以税促贷累计发贷款超78亿》,https://china.huanqiu.com/article/9CaKrnJVEzn。

11.国家税务总局,《关于〈纳税信用评价指标和评价方式(试行)〉的解读》,http://www.chinatax.gov.cn/n810341/n810760/c1152523/content.html。

12.国办督查室,《关于河北省霸州市出现大面积大规模乱收费乱罚款乱摊派问题的督查情况通报》,http://www.gov.cn/hudong/ducha/2021-12/17/content_5661671.htm。

13.广东省信用管理师公共服务平台,《失信惩戒相关行政诉讼案例解读》,http://m.gdcmma.org/h-nd-1785.html。

14.关建中:《信用管理是社会治理的基础》,http://opinion.people.com.cn/n/2015/0329/c1003-26765477.html。

15.信用中国:《最全！信用法律、行政法规、地方法规梳理》,https://credit.shaanxi.gov.cn/394.news.detail.dhtml? news_id＝10701338。

16.Jason B. Freeman：The IRS and Big Data：The Future of Fighting Tax Fraud，https://freemanlaw. com/the-irs-and-big-data-the-future-of-fighting-tax-fraud/.